周文化传承丛书

教 育 卷

总主编◎傅乃璋　　本卷主编◎郑鼎文

岐山周文化研究会　编

中国文史出版社

图书在版编目（CIP）数据

周文化传承丛书．教育卷 / 傅乃璋总主编；郑鼎文
主编；岐山周文化研究会编．—北京：中国文史出版
社，2023.12
　　ISBN 978-7-5205-4369-9

　　Ⅰ.①周… Ⅱ.①傅… ②郑… ③岐… Ⅲ.①周文化
（考古学）－研究 ②教育研究－中国－周代　Ⅳ.
①K871.34 ②G529.431

　　中国国家版本馆CIP数据核字（2023）第232946号

责任编辑：王文运　　赵姣娇

出版发行：中国文史出版社

社　　址：北京市海淀区西八里庄路69号　邮编：100142
电　　话：010-81136606　81136602　81136603（发行部）
传　　真：010-81136655
印　　装：陕西省岐山彩色印刷厂
经　　销：全国新华书店
开　　本：787mm×1092mm　1/16
总 印 张：109
总 字 数：1406千字
版　　次：2024年9月北京第1版
印　　次：2024年9月第1次印刷
总 定 价：360.00元（全八册）

《周文化传承丛书》编辑委员会

序

宫长为

习近平总书记指出："中华优秀传统文化是中华文明的智慧结晶和精华所在，是中华民族的根和魂，是我们在世界文化激荡中站稳脚跟的根基。"传承中华优秀传统文化，弘扬中华民族精神，推动中华优秀传统文化创造性转化、创新性发展，是增强文化自觉、坚定文化自信、培育和践行社会主义核心价值观、建设社会主义文化强国的必然要求，也是历史和时代发展的必然要求。因此，我们要特别重视挖掘中华五千年文明中的精华，弘扬中华优秀传统文化，要从根脉抓起。周文化是儒家文化的源泉，是中华优秀传统文化的主要根脉。

李学勤先生指出："研究周文化，要把目光集中到作为周人发祥地的岐山周原。在整个西周三百年间，岐周一直保持着政治上中心之一的地位，而且从当今的工作来说，探求周文化一定离不开岐周。"这为我们研究周文化指明了方向。岐山是一块物华天宝、人杰地灵的宝地。3000多年前，居住在豳地的周部族首领古公亶父，因受到戎狄部落侵扰，便率部众离开故土，渡过漆水、沮水，翻越梁山，迁徙到岐下周原。在这块钟灵毓秀的土地上，他们修建都邑、建邦立国，拉开了翦商崛起的序幕。历经王季、文王、武王数代人的共同努力，周人励精图治、自强不息，终于推翻了殷商王朝，建立了西周王朝。后继之君成王、康王在周公旦、召公奭、太公望等重臣的辅佐下，开创了我国历史上第一个治世——成康之治。与此同时，周人也创造出博大精深、泽被千秋的周文化。以周公旦为代表的统治者，总结并吸取了夏商两代灭亡的教训，在治国理政的实践中提出了"以德配天""敬德保民""明德慎罚"等德政思想，尤其是他们所创立的礼乐制度对后世产生了深远的影响。周文化是中华优秀传统文化的基石，是中国古代文明发展的高峰。在历史长河中，伏羲、女娲、神农三皇时期，是中华文明的奠基阶段，黄帝、颛顼、帝喾、尧、舜五帝时期是中华文明的开创阶段，而在夏商周三代，中华文明进入了长足发展的阶段，周文化已经显示出人类文明达到了一个前所未有的新高度。岐山作为周原的核心区域之一，文化底蕴深厚，周文化遗存极为丰富，这为我们研究周文化提供了珍贵的资料。

2015年至今，中国先秦史学会周公思想文化研究会在岐山县举办了五届周文化暨周公思想文化研讨会，我因此与岐山结下了不解之缘，也结识了一些岐山朋友。令我印象深刻的是：岐山作为一个文化大县，当地政府非常重视文化建设工作，有一批情系乡梓、热爱地方优秀传统文化的有识之士，每次去岐山，都能在文化建设方面看到新成果。将传承弘扬周文化与培育和践行社会主义核心价值观及乡风文明建设相结合，是岐山县在新时代精神文明建设、公民道德建设和文化建设工作方面的一大创举。2015年10月，全国首届周文化暨周公思想文化研讨会在岐山召开，时任岐山县政协主席傅乃璋先生带领县政协一班人，组织岐山学人历时 4 年，编撰出版了一套八卷本的《周文化丛书》，为当时的研讨会献上了一份厚重的贺礼。《周文化丛书》是岐山县在文化建设工作方面取得的丰硕成果之一，也是中国周文化研究最重要的成果之一，为传承弘扬周文化、宣传岐山作出了重要贡献。陈宗兴、李学勤、孟建国三位先生为丛书作序，予以高度评价。

近年来，受疫情影响，我去岐山的机会少了，但一直关注着岐山周文化研究和文化建设等方面工作。傅乃璋先生乡梓情深，热衷于周文化传承弘扬工作，退休后当选为岐山周文化研究会会长，继续发挥余热。他带领岐山周文化研究会同仁，深入贯彻岐山县第十八次党代会精神，切实落实岐山县委、县政府"做活周文化"战略部署，历时 3 年，数易其稿，精心编撰出一套由《勤廉卷》《德行卷》《诚信卷》《家风卷》《教育卷》《孝道卷》《礼俗卷》《人物卷》共八卷组成的《周文化传承丛书》，基本上涵盖社会主义核心价值观与公民道德建设的方方面面，成就显著。这套丛书与 2015 年出版的《周文化丛书》交相辉映、相得益彰，互为姊妹篇章。这套丛书以传承周文化、弘扬中华传统美德、培育和践行社会主义核心价值观、助推乡风文明建设为宗旨，将周文化思想理念、历史典故、伦理道德、传统美德、礼仪民俗、家风家训、名言警句、岐山教育、岐山名人、现代岐山人先进事迹等融为一体，具有较强的思想性、理论性和可读性，是一套传承和弘扬周文化，培育和践行社会主义核心价值观，推进精神文明建设、公民道德建设和乡风文明建设的文化精品。对传承和弘扬地方优秀传统文化、推进岐山县高质量发展具有重要的借鉴价值和现实意义。

　　《周文化传承丛书》出版在即，傅乃璋先生邀我为丛书作序，盛情难却，写下以上文字为序，是否妥当？敬请广大读者指正。希望这套丛书能得到广大读者朋友们的欢迎，也期盼大家多提宝贵意见，共同将中华优秀传统文化发扬光大，为增强文化自觉、坚定文化自信，建设社会主义文化强国作出更大贡献。

2023 年 12 月于北京

　　（宫长为：中国先秦史学会会长、中国社会科学院中国历史研究院古代史研究所研究员）

目　录

概　述

　　《礼记·学记》云："建国君民，教学为先。"自古以来，我国就有重视教育的优良传统。在历史长河中，历代贤哲无不深刻认识到教育的重要价值，都把发展教育作为治国理政的首要任务，这使我国较早地建立了制度完善、内容丰富、成熟发达的教育体系，成就了灿烂辉煌古代文明。

　　《孟子·尽心上》云："得天下英才而教育之"，这是"教育"一词的最早出处。《说文解字》解释为："教，上所施下所效""育，养子使作善也"，意思为教育就是教诲人、培育人才。从狭义上讲，教育是指专门组织的学校教育；从广义上讲，教育是指影响人的身心发展的社会实践活动。简而言之，教育是以知识为工具教会他人思考的过程，思考如何利用自身所拥有的创造更多的社会财富，实现自我价值的体现。教育关系到个人幸福、国民素质、文化传承、社会进步等，是人类社会发展的动力和基础。

　　我国古代教育源远流长、成就辉煌，长期以来在世界教育史上独领风骚。我国是世界上最早兴起教育的国家之一，也是最为成熟的国家之一，古代教育为中华文明的发展做出了重要贡献。我国古代教育起源于原始社会，与先民所处的生存环境息息相关，主要内容有生产劳动教育、生活习俗教育、原始宗教教育、原始艺术教育、体格军事教育等。学校教育起源于5000多年前，相传在五帝时期就出现了学校教育的萌芽，当时的学校称为"成均"。夏、商、西周时期是我国古代教育的成型阶段，这一时期教育被奴隶主贵族垄断，教育的主要目的是为奴隶主阶级巩固政权提供所需的政治人才。西周时期出现了以"六艺"为主要内容的学校教育，建立了"家有塾，党有庠，术有序，国有学"一整套从地方到中央完善的学校教育机构。东周时期是我国古代教育的奠基阶段，以孔子、孟子、荀子等为代表的儒家学派，掀起了私人讲学的高潮，诸子们发展了教育理论，完善了教育内容，丰富了教育实践，奠定了我国古代教育的基础。先秦之后，历代王朝对周代教育均有继承和发展。两汉时期，学校教育制度逐渐建立，太学教育兴起。魏晋南北朝时期，家庭教育兴起，家风家教盛行。隋唐时期，科举制的创立，对后世产生了深远的影响，还出现了众多来长安留学的外国留学生，可谓我国古代教育发展的黄金时代。唐代以后，历代各具特色：宋代是书院教育的鼎盛时期；明代是地方官学的普及时期，统治者产生了普及教育的思想，并开始实施。清代晚期，西学东渐，留学海外之风，新潮涌动。总之，从西周到清代，我国古代教育不断发展、完善，形成了一个自足、完备的教育体系。与此同时，也产生了诸多教育名家，如周公、孔子、孟子、荀子、董仲舒、韩愈、张载、朱熹、王守仁、颜元、戴震等都是其中的佼佼者。

在我国古代教育史上，周人对古代教育的发展做出了巨大贡献。尧舜时期，周人始祖后稷教民稼穑，对百姓进行农业生产教育；周部族首领不窋、公刘等把农业技术传向四方；周太王古公亶父迁于岐下周原，积德行义，形成了良好的家风民风；太（泰，下同）伯、仲雍让国南来，将周原文明传播到江南地区；王季、文王、武王仁政爱民，教化四方百姓，赢得天下归心；"周室三母"太姜、太妊、太姒贤良淑德，胎教育儿，开创先河，母仪天下；周公握发吐哺，制礼作乐，德化天下，成就儒家元圣；召公甘棠决讼，巡行南国，布文王之化，是为旷代辅弼等等。总之，周人所创造的博大精深的周文化中，教育元素灿若群星，丰富异常，尤其是德教、礼教、家教等内容，都为后世贤哲所继承。西周是我国教育发展史上的一个重要阶段，这一时期建立了较为完善的教育制度和教育体系。这些都对我国古代教育产生了极为深远的影响。

　　教育兴则国家兴，教育强则国家强。国家的兴旺发达，社会的安定繁荣，都依赖于人才，而人才的培养，则离不开教育。从文献记载来看，周代的教育体系是相当完善的，因此长达800年之久的周王朝，必定得益于教育的力量。审视周文化中的教育资源，按照创造性转化、创新性发展的要求，推陈出新，古为今用，使其为培养中国特色社会主义所需要的人才而服务。

第一章 西周的教育制度与内容

《礼记·学记》云："建国君民，教学为先。"西周是我国奴隶社会的黄金时期，是我国教育发展史上的一个重要阶段。西周王朝建立了"家有塾，党有庠，术有序，国有学"的一套较为完整的学校教育制度，形成了从地方到中央不同等级的教育体系。因受当时经济、政治、思想意识的影响，西周统治者对教育非常重视并高度垄断。西周的教育为当时的长治久安、天下太平起到了极其重要的作用，对后世产生了深远的影响。

学在官府

"学在官府"，又称"学术官守"，是西周教育制度最重要的特征。西周统治者明确规定，教育机构必须设于官府之中，学术和教育为官方所把持，国家所有文字记录的法制规章、文献典籍以及祭祀典礼用的礼器全都掌握在官府，普通百姓根本无法接触，造成"惟官有书，而民无书；惟官有器，而民无器；惟官有学，而民无学"的现象。

官师合一、政教一体是"学在官府"的重要标志。官师合一，即官吏既有行政职责，又有教学的任务。政教一体，即当时教育机构与行政机构尚未分离。

"学在官府"体制下，周人形成了从中央到地方的较为完善的学校教育体制以及以礼、乐、射、御、书、数"六艺"为主体的教育内容，极其重视道德教育，以"明人伦"为其核心，培养统治阶级需要的治国人才。

大学与小学

西周的教育，按照入学年龄和程度划分为大学和小学两个层次。设在王都的小学、大学总称为国学。

天子所设大学，规模较大，叫作辟雍（学宫），主要招收王室子弟和朝中卿大夫嫡子入学。辟雍一般建在四面环水的地方，由东序（又称东学，由乐师主持）、瞽宗（又称西学，由礼官主持）、成均（又称南学，由大司乐主持）、上庠（又称北学，由诏书者主持）组成四合式大院。

诸侯所设大学，规模比较简单，仅有一学，半面临水，叫"泮宫"。大学的学习年限为9年，大学教育有一定的限制，只有少数符合资格的人才能受大学教育。一类是贵族子弟，他们按身份入学；另一类是平民中的优秀分子，经过一定程序的推荐选拔，方能进入大学。大学的教学，服从培养统治者的要求，学大艺，履大节。大学实行分科教学，以礼乐为重，射御次之。

小学设于王宫的东南，王宫守卫长官师氏和保氏，兼任小学师长，学习年限约为7年。小学教育强调的是德行教育，包括德、行、艺、仪几个方面，实际上是关于奴隶主贵族道德行为准则和社会生活知识技能的基本训练。

国学与乡学

西周的学校集前代之大成，汇合各种学校构成一套比较完备的学制系统。根据地域和主办者，大体分为两类，即国学和乡学：

国学，由中央政府办理，设于王都之中，是专为奴隶主贵族子弟设立的学校。国学按照入学年龄和程度划分为大学和小学两个层次。

乡学，是地方学校，设于王都郊外六乡行政区，是为一般奴隶主和部分庶民子弟设立的学校。根据地方区域的大小不等，乡学也有不同名称，如乡学、党庠、州序、乡校。由管理民政的官员负责，教育内容以德、行、艺为纲，基本要求与国学一致。乡学与国学登记有别，但可以通过定期考察和推荐，把优异者选送到国学。

家庭教育

西周的教育制度由家庭教育、学校教育和社会教育等组成。贵族子弟的家庭教育，是他们接受教育的第一步，家庭教育后才进行学校教育。在家庭中，从小进行基本的生活技能和习惯的教育，进而教以初步的礼仪知识，以及确立初级的数的观念、方位观念和时间观念。从7岁开始进行男女有别的教育。在男尊女卑思想的支配下，要求男治外事，女理内事。女子接受女德的教育，为将来成为贤妻良母做准备，其教育局限在家庭之内，不必过问"治学"和"从政"的大事。

教育内容

西周学校以"六艺"为基本教育内容。所谓"六艺"，即礼、乐、射、御、书、数。"六艺"之中，又有"大艺""小艺"之分，礼、乐、射、御作为大艺，是大学的课程；书、数作为小艺，主要是小学的课程。

"礼""乐"是大学中最重要的课程。制礼作乐的主持人，是西周初年杰出的政治家周公。西周的"礼"教，主要是国家政治生活中的行为规范、操作技能及个人素养的训练，是贵族子弟必须具备的。"乐"包括声乐、器乐和舞蹈。西周有乐德之教，乐语之教和乐舞之教。"乐"和"礼"紧密相连、互为表里，其教育作用也各有侧重，"乐所以修内也，礼所以修外也"。意思是说，礼的作用在于约束人们的外部行为，具有一定的强制性；而乐则重在陶冶人们内心的情感，使人们潜移默化。实际上，乐教主要是教礼仪中所要使用的乐，所以它又是礼教的组成部分。

"射"指射箭，"御"指驾车，西周时文武尚未分家，贵族子弟都有从军作战的责任。除了战时必用之外，平时有些典礼活动中也要表演"射""御"，而且有一定的技术标准要求，所以也是贵族子弟必须掌握的。

"书"指写字，"数"指算术。读写算是学习一切文化的基础。西周已有供小学文字教学的字书。《汉书·艺文志》载："《史籀》十五篇。"注曰："《史籀篇》者，周时史官教学童书也。"这是中国教育史上记载最早的儿童识字课本（今已失传）。据史书记载，西周识字教学是按字的构成方法分类施教的。《汉书·艺文志》载："古者八岁入小学，……教之六书，谓：象形、象事、象意、象声、转注、假借，造字之本也。"这里的"六书"即"象形、指事、会意、形声、转注、假借"的造字之法。"数"的教育，是与"术"紧密相连的，故称"数术"。"数术"在西周有很大发展，西周时6岁儿童开始学数数，从1至10的数目。9岁儿童学"数日"，指学习记日法，先学甲子纪日，然后再逐渐加深。10岁儿童开始学"计"，即计算能力的培养包括学习十进制元的文字记数方法和计算的方法。后者包括学会使用"筹算"和"九数"的方法。

到了东周即春秋战国时代，随着王权衰落，官学也进入衰废阶段，随后私学兴起，孔子是创办私学的先驱者。私学代替官学，是中国教育发展史上一次重大的变革。它在特定的历史条件下，依靠自由办学、自由就学、自由讲学、自由竞争来发展教育事业，以适应当时社会对人才的需求。

第一章　先周及周代圣贤的教育理念

周文化中的优秀教育元素很多，既体现在周文化历史典故中，也蕴含在周代杰出人物的生平事迹中。既有言传身教，也有开创性的胎教。"周室三太"指周太王的夫人太姜、王季的夫人太妊和文王的夫人太姒。邑姜是姜太公的女儿、武王的夫人。这四位杰出女性，从胎教开始，时时处处以身作则，为周王朝的兴起做出了巨大的贡献，3000多年来一直是广大女性学习的榜样。

胎教理念形成与践行

胎教就是在妇女怀孕期间，科学地调节母体内外环境，母亲保持良好的身心卫生和情绪，防止不良的主观和客观因素对胎儿的影响，提供优良条件，包括饮食营养，有意识地给予胎儿感觉器官以良性刺激，促进胎儿大脑发育，身心健康，为出生后智力发育及健康成长奠定良好的基础。胎教是优生、优育、优教三者的有机结合，也是早期教育的起点。据历史记载，胎教始于王季之妻、文王之母太妊。由于胎教之神效，加上后续优质教育，文王成了德才兼备、智勇双全的圣人级大人物。这种令人鼓舞的成功，在周人的圈子里算是超级新闻，非常振奋人心。在这种情况下，不论是当事人太妊，还是周人的首领们，不断总结经验，将此宝贵财富传承下去。

太姜德教

《列女传·母仪传·周室三母》记载："大（太）姜者，王季之母，有台氏之女。王娶以为妃。生太伯、仲雍、王季。贞顺率导，靡有过失。太王谋事迁徙，必与姜。君子谓姜广于德教。"太姜是太王（古公亶父）的后妃，王季的母亲，文王的祖母。古公亶父有事都会先和妻子太姜商量，有德的君子都称赞太姜能够广布德教。

太姜作为母亲，她母仪儿孙，其德行高尚。相传太姜贞正而又柔善，她以身作则教导儿孙，从来没有任何过失。《论语·泰伯》中孔子称赞道："泰伯，其可谓至德也已矣！三以天下让，民无得而称焉"，说的是太伯、仲雍、王季三兄弟之间推让王位的千古佳话。三兄弟品行操守非常值得世人学习，这当然离不开母亲太姜的谆谆教诲。

太姜智慧非凡，以身作则教导培育自己的儿孙。大儿子太伯与二儿子仲雍，知道父亲古公欲将王位传给弟弟王季和他的儿子姬昌，便以为生病的父亲采药为由主动离开，前往荆蛮。古公去世，季历继位，后传位于子昌，为西伯侯，庙号周文王。

太妊胎教

太妊，生卒年不详，古挚国大奴隶主的女儿，出嫁到周国（今陕西省岐山、扶风一带），太王、太姜之儿媳，王季之妻，文王昌之母。是继太姜之后周室的第二位圣母。

《史记·周本纪》载："太姜生少子季历，季历娶太妊，皆贤妇人，生昌，有圣瑞。"太妊本是大家闺秀，知书达理。生性端正严谨、庄重诚敬，凡事合乎仁义道德才会去做。《列女传》记载，太妊怀孕之后"目不视恶色，耳不听淫声，口不出傲言，能以胎教子"，站有站相，坐有坐相，睡有睡相，走有走相，心态淡定，神色安详，语言谨慎，举止得体，所以文王生下来就一表人才，聪明异常，教一知十。当时所谓胎教，就是当母亲怀孕的时候，要处处谨慎，严以律己，绝对不做任何的恶行，不出任何的恶言，甚至不起一个恶念，一定要纯净纯善。胎儿在这个纯净纯善的氛围当中，还没出生，他的先天之本，就已经定了。所以文王之所以成为圣人，因为他有圣母。正如古人所说："妇人知以胎教子者，必生圣贤之辈。"古时候的胎教远比我们现代人要全面、严谨得多。按古文的记载，妇女从受孕开始，要"寝不侧""坐不边""立不跛"；还要做到所谓"四勿"（非礼勿视，非礼勿言，非礼勿听，非礼勿动），即从身体、言语、意念三方面要保持内心的清静；另外在饮食上也有"割不正不食，不时不食"的宝贵经验。还将胎教的方法写于玉板上，藏于金柜中以作为后世的训导。古人认为胎儿在母体中能够受孕妇言行的感化，故孕妇须谨守礼仪，全方位地给胎儿以良好的影响。

太妊最可称道的是她是中华胎教第一人。她深知"太子正，邦国正"的道理，深知女人有身孕，必须慎重对待平时所感知的事物，注意自己一举一动，做到感于善则善，感于恶则恶。所以，当她怀上长子昌后，深知责任无比重大，行事更加严守礼仪，对自己越发严格约束，时刻牢记自己是未出生孩子的母亲，更有可能是周室太子母亲。她认为自己的行动就是孩子的行动，只有时时处处注意自己的一言一行，才能是腹内婴儿受到良好的熏陶教育。怀孕七个月的时候，太妊专门请来宫廷里的盲人乐师，为腹中孩儿诵读优美的诗句，鸣奏愉快的音乐。实践证明，她的心没有白操，功夫没有白费，胎教很有效果，生下的儿子昌果然与众不同，十分聪明伶俐。昌在孩提时就能"以一识百，举一反三"，成人后更是才华毕现，宏图大展，50多年就把岐周事业推向鼎盛，而且还推演出享誉千载的《周易》，为人类文明进步立下卓异功勋，是我国历史上著名的大圣人。昌在位50年，后7年由岐迁丰，在岐下周原主政43年，把国家治理得井井有条，达到了富裕强盛的程度，特别是培育了良好的社会风气，使周国境内耕者让畔，行者让路，道不拾遗，夜不闭户，出现了著名的"虞芮之讼"的动人故事，且著有《易经》一书，这些巨大的成就，固然归之于文王德高智强，但也与太妊家庭教育搞得好大有关系。

太姒胎教

太姒是文王之妻，太妊的儿媳，为了使自己的宝贝孙子一出生就很聪明，此时太妊已是国母，她为了周朝的江山社稷，为了民富国强、国运绵长，以天下为公的家国情怀，太妊把胎教之法精心传授给儿媳太姒。

太姒在怀孕之后，也谦恭地向婆婆太妊请教。因为太妊实施了胎教，才生下了既聪明又仁德的文王，使周人在周原富裕强大起来。太姒想让生下的儿女个个聪慧贤德，求教于婆婆太妊，既在情理之中，又是必然选项。若上升到政治高度，这不只是个人或家庭生孩子的问题，也牵扯到周人的兴旺发达问题，甚至关系到周族的前途命运问题。

从实践的角度看，周文王的儿子们大多非常优秀，其中以武王发和周公旦最为突出。武王后来成了开创周王朝的第一代天子，成了赫赫有名的一代明君，并被唐朝著名文学家韩愈尊为大圣人之列。而周公辅佐幼主，东征平叛、制礼作乐，功德显赫。西汉政论家贾谊评价周公说："文王有大德而无大功，武王有大功而无大治，周公集大德大功大治于一身。"近代史学家夏曾佑曾评价周公说："孔子之前，黄帝之后，与中国有大关系者，周公一人而已。"武王和周公这么出类拔萃，卓尔不群，除了其他诸多因素之外，胎教亦是重要原因之一。

邑姜胎教

邑姜是姜太公的女儿，是周朝开国明君武王的夫人，是非常优秀的王后。

对于邑姜作为"周后妃"的身份，王聘珍在《大戴礼记解诂》一书中明确注曰："后妃，武王邑姜也。"《论语·泰伯》里还有一段十分有名的话：

> 武王曰："予有乱臣十人"（在这里，武王所说的"乱臣"，实际上就是"治臣"，即治乱之臣）。孔子曰："才难，不其然乎！唐虞之际，于斯为盛。有妇人焉，九人而已。三分天下有其二，以服侍殷，周之德，可谓至德也已矣！"

对于这段话中的"有妇人焉"，北宋的理学大家朱熹作注时，就是遵从的前人之说，认为所指的就是邑姜。并说在武王的十位"治乱"之臣当中，是"九人治外，邑姜治内"。还有其弟子蔡沈，在为《泰誓》作注时，采取的也是乃师的说法。总之，通过上述几项史料可知，邑姜乃武王正妃或者说王后，并生了太子诵（即成王）和唐叔虞，这是无可怀疑的。

邑姜还是胎教的践行者。邑姜也继承了周王室圣母太妊的胎教美德。据《大戴礼记·保傅第四十八》载："周后妃任成王于身，立而不跛，坐而不差，独处而不倨，虽怒而不詈，胎教之谓也。"就是说邑姜怀第一个儿子周成王时，站立的时候不东倒西歪，坐着的时候端正严肃，说笑的时候不喧闹，独处的时候不随地蹲坐，有了脾气的时候也不随便乱骂人。这些做法，说起来简单，但若没有极大的毅力和克制力，是很难贯彻到底的。可见邑姜实施的胎教是很成功的，有大功于"成康之治"的周王朝第二位周天子成王诵，作为邑姜的大儿子，其功德也离不开母亲的精心培育。

言传身教的启示

身教重于言教。孔子讲："其身正，不令而行；其身不正，虽令不从。"可见身教的作用是很大的。而周族的杰出人物，可以说个个都是进行身教的典范。

后　稷

后稷姬弃是周人的始祖，他从小喜欢做种植庄稼的游戏，长大后亲身实践种植庄稼。他在实践中发现种植庄稼收获的粮食可以做饭吃。为了解决当时人们只能靠捕鱼打猎采集野果子生存的问题。他不仅自己种植庄稼，还教周围的人都来种植庄稼。这样使大家尝到了种植庄稼的甜头，越来越多的人提高了种植庄稼的劲头，这就使农业生产得到越来越大的发展。种植庄稼打下的粮食晒干后可以储存起来，这样一来，即使进入漫长的冬季，人们也不愁吃，可以把储存的粮食经过加工做饭吃。

后稷所推动的农业革命，具有划时代的重大意义。解决了长期以来得不到解决的吃饭问题。因此后稷的功德是非常大的。在这个过程中，后稷起到了老师的作用，可以说跟他学习种植庄稼的人都是他的学生。在这个发展农业的教育活动中，后稷起到了模范带头作用。他以自己的身教带动大家，让大家都投入发展农业的重大社会变革中，培养了许多这方面的人才，推动了社会的进步和发展。

公　刘

公刘是周部族又一位杰出首领。后稷受封邰地之后，精心务农，部族日益兴盛，在虞、夏之际享有美德和盛誉。后稷死后，其子不窋即位，当时夏后氏政治衰败，废弃农官，不再劝民务农。不窋死后，其子鞠继位，鞠之后其子公刘即位，公刘志向高远，重振后稷旧业，因地制宜，精耕细作，日渐富裕，国人行有盘费，家有积蓄。百姓感念，迁居投靠者甚多，周人治道由此大兴。而商朝却对富庶的邰地垂涎三尺，不断进行武力骚扰。在寡不敌众的形势下，为了部族生存，公刘忍痛割爱，毅然率领族人由邰地迁往泾河流域的豳地，即今彬县、旬邑一带。为后世称道的古豳国由此诞生。《诗经·大雅·公刘》对此大加赞颂。由以上故事可以看出，公刘不仅是一位优秀国君，也是周族民众的好榜样。他复兴了农业，使周族富裕起来了，周道由此大兴。公刘的身教，对周人热爱农业、以劳动创造财富、过上好日子起到了很好的教化作用。

可以说，谁为老百姓过上富裕生活做出重大贡献，老百姓就热爱谁、怀念谁、歌颂谁。《诗经》中有专门歌颂公刘的诗篇，彬州市矗立着15米高的公刘塑像。

古公亶父

公刘迁豳传至九代，古公亶父继位成为周部族的国君。他是一位杰出首领，尽力继承后稷、公刘之业，积德行义，富民强国，备受拥戴。可戎狄族却不断骚扰。古公给其财富让其罢军。戎狄得到财富，贪欲更甚，再度攻打不已，企图霸占土地和民众。众人怒不可遏，要求奋起抵抗。古公仁慈，不愿因战争伤害部属，毅然率领族人离开豳地，渡过漆水和沮水，翻越梁山，一直迁徙到岐山之下的膴膴周原。豳人举国扶老携弱，全都跟随古公迁移过来。附近邦国闻听此事，都认为古公仁爱宽厚，纷纷归附。于是古公贬斥戎狄习俗，营筑城郭室屋，分成邑落居住。设立五种官职处理事务。这就为后来周人发展壮大，"百里而王天下"奠定了基础。此事深受孔子称赞，认为这是仁义得国的典范。《诗经·大雅·绵》便是太王创业于周原的壮美史诗。

古公亶父这种热爱和平、竭力避免战争、以人为本、宽厚仁慈、珍惜民众生命、天下为公、不谋私利为了保护民众生命安全宁可做出牺牲、甚至舍弃土地和个人权力也无所谓以及深谋远虑、机智灵活的美德和品性，是非常高贵的，是值得敬佩的，也为周族民众树立了楷模。他的身教，不只是起到了示范作用，对周人的兴旺发达和前途命运也有不可估量的价值。

太　伯

据《史记》记载，商周之际，迁移到陕西渭水流域周原的周太王有三个儿子，长子太伯，次子仲雍，三子季历。太伯勤勉好学，为人宽厚，孝敬父母，兄弟和睦。后来季历生子名昌。昌从小聪慧过人，才华出众，深得太王厚爱。周太王喜欢季历聪明贤能，更对姬昌寄予厚望，想把王位传给季历再传于昌，太王曾说："我世当有兴者，其在昌乎！"太伯仁孝，听得太王之言，为成全父亲心愿，避免龙争虎斗，兄弟相残，决定让位于三弟季历，并说服二弟仲雍，趁父亲生病之时，托言外出采药，隐居于西镇吴山。后来太王去世，太伯奔丧后为避位让贤，与二弟仲雍毅然离开周原。兄弟俩长途跋涉，风餐露宿，奔走数千里，终于来到江南吴地，定居于太湖之滨无锡梅里，文身断发，与当地土著族友好相处，教其种植庄稼，推行教化，备受拥戴，被立为吴太伯。后来季历惨遭商王文丁暗害，太伯返岐奔丧，群臣及侄儿姬昌要求太伯继位，但太伯不为所动，办完丧事后又立即返回江南，王位由侄儿姬昌继承。对此，后世孔子赞美说："太伯可谓至德也矣。三以天下让，民无得而称焉。"即太伯三让天下达到最高道德境界，民众被感动得不知如何称颂才好。

太伯这种孝敬为先、顺从父意、顾全大局、维护稳定、不贪权位、豁达谦让、襟怀宽广、开拓进取、敢为人先、入乡随俗、艰苦创业、改天换地的美德和感人精神，实为好素养、真本事、大英雄，在历史上留下浓墨重彩的一笔好光辉的形象！他的这种感天动地的身教，不仅为周人、也为一代又一代人作出了足以效法的榜样。

王　季

周文王的父亲季历，又称公季、王季，德高望重，爱民如子。一年金秋时节，命其子姬昌在城内扩建祖庙。孰料建筑区域内一座破旧房屋怎么做工作也不愿迁移。原来屋主是一对靠开杂货店勉强度日的老夫妻，姬昌用高价收买也未如愿，不由得有点焦急。其父王季听得此事，便把儿子召来说：你不必难为老人，先去别处施工。同时传话全城军民，都去老夫妻开的杂货店购买所需之物。不久这家杂货店生意兴隆，利润大增，就开始大量进货，致使小店难以容纳，只好自愿申请迁移。王季大喜，随即派人在人口密集的地方为老夫妻盖了一座宽敞的房子。老夫妻喜不自禁，逢人就说国君王季爱护百姓、成人之美的故事。

王季这种宽厚仁慈，以老百姓利益为重，不搞行政命令强行拆迁，而是运用智慧，让利于民，通过启发自觉解决问题的成功做法，不仅在当时堪为楷模，深受好评。就是对今天的棚户区改造和大开发大发展动员拆迁仍有现实性的启发意义和参考价值。

文　王

在儒家经典《礼记·文王世子》中，对文王的孝行作了生动形象的记载。

> 文王之为世子，朝于王季日三。鸡初鸣而衣服，至于寝门外，问内竖之御者，曰："今日安否？何如？"内竖曰："安。"文王乃喜。及日中又至，亦如之，及莫又至，亦如之。其有不安节，则内竖以告文王，文王色忧，行不能正履。王季复膳，然后亦复初。食上，必在视寒暖之节，食下，问所膳，命膳宰曰："末有原。"应曰："诺。"然后退。武王帅而行之，不敢有加焉。文王有疾，武王不说冠带而养。文王一饭，亦一饭，文王再饭，亦再饭，旬有二日乃间。

把上述这段话翻译过来就是：文王当太子的时候，每天三次到他父亲王季那里去请安。第一次是鸡叫头遍就穿好了衣服，来到父王的寝门外，问值班的内竖："今天父王的一切都平安吧？"内竖回答："一切平安。"听到这样的回答，文王就满脸喜色。第二次是中午，第三次是傍晚，请安的仪节都和第一次一样。如果王季身体欠安，内竖就会向文王禀告，文王听说之后，就满脸忧色，连走路都不能正常迈步。王季的饮食恢复如初，然后文王的神态才能恢复正常。每顿饭端上来的时候，文王一定要亲自察看饭菜的冷热；每顿饭撤下去的时候，文王一定要问吃了多少。同时交代掌厨的官员："吃剩的饭菜不要再端上去。"听到对方回答"是"，文王才放心地离开。

《史记·周本纪》对文王的生平事迹记载得很清楚。季历去世以后，儿子姬昌继位，这就是西伯。他继承后稷、公刘的事业，效法古公、公季的治国方法，厚道仁义，尊敬老人，慈爱晚辈。对贤能之士很讲礼貌，能以谦恭的态度表示敬重。只要有人来访，就是日头正午了，仍不敢抽出时间去吃饭，坚持继续接待贤士。天下贤士因此深受感动，争着归附于他。伯夷、叔齐远在孤竹国，听说西伯非常敬奉老人，就商量说，咱们为什么不去投奔西伯呢？太颠、闳夭、散宜生、鬻子、辛甲大夫等一类贤人也都前来归顺了西伯。

从上述史料不难看出，文王不但非常孝敬父亲，而且尊敬老人，慈爱晚辈，尊重贤才，以致吸引了不少贤能之才，为周国的兴盛积蓄了力量。可见文王是人们敬重的国君，也是出色的道德模范，其身教是很有魅力的。《诗经·大雅》中的好多诗篇，都是把文王作为后继君王的楷模来歌颂的。

武　王

《礼记·文王世子》记载，武王做太子时，经常以文王做太子时的行为为榜样，不敢有一点走样。文王如果有病，武王就头不脱冠衣不解带地昼夜侍养。文王吃饭少，武王也就吃饭少；文王吃饭增多，武王也就随着增多。如此这般的十二天以后，文王的病也就好了。百善孝为先，武王的孝道是其道德高尚的基础。

武王坚持以民为本，实施仁政。在《尚书·周书·泰誓》中，就有这样的言论："民之所欲，天必从之"，即人民的愿望，上天一定会依从的。"天视自我民视，天听自我民听。"即上天的看法，出自我们人民的看法，上天的听闻，出自我们人民的听闻。并说老百姓有所责难于我，我一定要依从民意前往讨伐（殷纣王）。"上天惠爱人民，君主遵奉上天。"即上天是爱护造福于人民的，作为君王就要遵从上天的意志，除暴安良，造福民众。

在重用贤才方面，武王像父亲文王一样，也做得很出色。《史记·

周本纪》载："武王即位，太公望为师，周公旦为辅，召公、毕公之徒左右王，师修文王绪业。" 太公望、周公旦、召公奭、毕公高都是德才兼备、德高望重的大贤才，周公继位之后，果断地使用这些重量级的贤才，充分发挥他们的作用，这是武王兴周灭纣的重要因素。无论何时何地，人才都是振兴国家、安定社会、强国富民的最重要的因素，武王对此心知肚明、躬身践行，一直重用贤才，所以能取得重大的成功。

武王还具有谦虚谨慎的美德。《史记·周本纪》载：

> 九年，武王上祭于毕。东观兵，至于盟津。为文王木主，载以车，中军。武王自称太子发，言奉文王以伐，不敢自专。乃告司马、司徒、司空、诸节："齐栗，信哉！予无知，以先祖有德臣，小子受先功，毕立赏罚，以定其功。"遂兴师。

这段话是讲武王在孟津观兵时，敬重先父文王，说自己"无知""先祖有德"，车载文王"木主""言奉文王以伐，不敢自专"。可见武王真正是低姿态，谦虚谨慎有加。当然这也是一种政治智慧，是政治家高度成熟的标志之一。

从以上几方面可以看出，武王的身教是很全面的，在好多方面都做出了榜样，值得效法。

周　公

《史记·鲁公世家》说："自文王在时，旦为子孝，笃仁异于群儿。"这说明周公在孝敬父母方面做得很出色。同时周公还认为，"孝养厥父母"与"祗服厥父母"都很重要，只有既照料好父母的生活，又能继承其事业，才算得上完整的孝敬。

《韩诗外传》载，周成王把周公的长子伯禽封在鲁地。临行之前，周公告诫儿子说：你去以后，千万不要以自己就封鲁国而慢待士人。我是文王之子，武王之弟，成王之叔父，又担任宰相。我对于天下人来说不算低贱吧。但我洗一次头，要几次握住头发，中止洗头来接待士人；吃一顿饭，要数次把食物吐出来，及时回答士人的问题。即使这样，我还担心失去天下贤人辅助。因此你去接管鲁国，一定要谦虚谨慎，尊重贤才。

可见周公除了像文王和武王一样很孝敬父母以外，也非常尊重人才，礼贤下士。周公在奉行孝道、礼贤下士等方面也树立了光辉的榜样，其身教的力量不言而喻。

召 公

文王庶子召公姬奭，与太公、周公同为西周初期重臣。《史记·燕召公世家》载，召公悉心奉行文王德治思想，办事崇尚简朴之风。他时常巡行乡邑，亲自处理民间纠纷。曾在岐山县刘家原村甘棠树下办公断案，深得百姓爱戴。后人怀念召公德政，思其德而爱其树，连他在下面办过公的那棵甘棠树也予以保护，不许任何人砍伐损坏。并作《甘棠》一诗，后被收入《诗经》。

"甘棠遗爱"的典故，举世皆知，天下闻名。由爱戴一个人到喜爱他在下面办过公、做过事、休息过、住过宿的一棵树，进而保护这棵树，不许任何人损害这棵树，这种老百姓发自内心的情感，是感人肺腑的，也是震撼人心的！这就是人格的力量，这就是德政的魅力！由此，收入《诗经》的《甘棠》一诗，成了千古绝唱，成了永远的经典！召公在下面办过公休息过的甘棠树，岐山刘家原有，扶风县召公镇召公中学有，河南省三门峡市有，可见召公活动过的地方很多，召公的官德确实是高尚的、稳定的，走到哪里，就把简朴之风和美德美政流传到哪里。榜样的力量是无穷的，召公就是老百姓心中的官员的好榜样。召公是勤政的典范，也是廉政的典范。

周人的教育艺术

太王遗嘱

太王临终叮嘱季历找回太伯继位，有其很高的教育艺术。太伯、仲雍第一次避位出走是到陕西省陈仓区的西镇吴山，吴山离岐山100多公里，在古公亶父即将去世的时候派大夫邬义找到了太伯、仲雍。古公亶父驾鹤西去之后，太伯、仲雍返回周原奔丧，祭祀完毕后返回吴山。三弟季历亲自追到吴山，迎接太伯回家，要他继承王位。因为按照父亲的临终遗嘱，一定要把王位恭让给大哥太伯。季历为此还写了一首《哀慕歌》给大哥太伯，以表达让贤的决心。兄弟之间多次相互礼让，但太伯态度坚决，再三执手避让王位，一定要三弟季历继续按照父亲最初的意愿照常继位，将来再由侄儿姬昌继位。这种让王让贤的大爱之心不知道感动了多少代有爱心的中国人。季历追到吴山恭让王位的事促使太伯陷入了沉思，太伯知道吴山离岐山周原走路不过三四天的时间，如果长期待在吴山对三弟季历治理周朝大事有很大的消极影响，自己与仲雍让位也就不彻底，三弟季历还是会再来吴山请自己回周原继承王位，所以，他与仲雍等人多次商量，断然决定远走高飞，去南方开辟另一方天地。这样才能让三弟季历不再让位，下决心为振兴周国而励精图治。

王季德政

周文王的父亲季历，又称公季，后被追封为王季。他德高望重，爱民如子。一年金秋时节，他命其子姬昌在城内扩建祖庙。孰料建筑区域内一座破旧房屋怎么做工作也不愿迁移。原来屋主是一对靠开杂货店勉强度日的老夫妻，姬昌用高价收买也未能如愿，不由得有点焦急。其父王季听到这件事后，便把儿子姬昌召来说：你不必难为老人，先去别处施工吧。同时传话全城军民，都去老夫妻开的杂货店购买所需之物。不久这家杂货店生意兴隆，利润大增，就开始大量进货，致使小店难以容纳，只好自愿申请迁移。王季大喜，随即派人在人口密集的地方为老夫妻盖了一座宽敞的房子，支持他们把生意做得更好。老夫妻喜出望外，逢人就说国君王季爱护百姓、成人之美的故事。

王季的德政的故事说明，国家设身处地地为老百姓着想，真心实意地为他们谋利益，就能化解难题，顺利解决问题。不难看出，王季在3000多年前的做法对我们今天城市提升改造中的拆迁工作仍有重要的借鉴价值。王季的儿子能成为一代明君，能够敬老慈少、礼贤下士，敬德爱民，与其父亲王季的教育培养是分不开的。

《周易·蒙卦》

中国，是一个文明古国，也是一个教育大国。翻开中国的历史，在关键时刻，都会涌现出许多教育家，同时他们也是讲演家，还是教育艺术家。从史前的伏羲氏、黄帝到尧、舜、禹、汤、周文王，都重视教育与文化，或可称为重视教化尤其对"顺势教育"很看好。一个国家如果没有创造力，老是跟在别人后面亦步亦趋，就容易被动挨打，而没有创造力的根源在于教育理念的保守性，从而抹杀了学童的创造性思维。其实早在3000年前，周文王在《周易》蒙卦中，就明确提出了要倡导独立思考的教学方针，反对以答案式教学来限制学童的开创性思维。

蒙应该指攀爬类草本植物生长在棚架之上，"蒙"字和卦象规则结合在一起，指在学堂中教与学的关系，即老师搭架，学子攀爬。再进一步展开讲，就是要求老师教授知识，学子自己领悟思考，获取答案，发展智力。这样理解，就明白蒙字后面为什么要写"亨"了。"亨"就是亨通、通达、顺畅。

文王认为，治理家族和治理国家是一样的，孩子有独立的见解，说明能洞察世事，可以做到顺势而为，只有这样的孩子继承家业才能光宗耀祖。所以教育孩子要创造条件，让其发挥主观能动性，独立思考，发展能力。不能被动灌输。

文王《保训》

周文王在位期间，积极推行德政，重视农业生产，礼贤下士，广罗人才，拜姜太公为军师，使"天下三分，其二归周"，并将都城迁到丰（今陕西省西安市），为灭商奠定了基础。周文王被囚禁羑里期间，推演《周易》，为后世儒家所推崇，被孔子赞誉为"三代之英"。

周文王在位第五十年时，得了病重，感到时日无多，担心来不及给太子发（周武王）交代后事，传授宝训。经过深思熟虑后，第二天就召见太子发，叮嘱他继位后施政的重点，其口述的内容就是《保训》。

《保训》是现存最早的成文家训，记载于战国时期的简牍中，这批简牍收藏于清华大学，因此被称为"清华简"。在《保训》中，文王从舜帝勤政爱民，继承了尧帝的事业谈起，告诫太子发：作为君王要谨慎、敬慎，自我修炼心志，不要骄纵；治国要追求和谐中道，不违背民意，施恩于上下远近，这样就会有所成就；改革制度，要理顺各方面的关系。《保训》主要讲了修身与治国之道，体现了文王重视中道和谐的治国思想。

武王没有辜负文王的期望，在文王去世后的第四年，发动灭商战争。他任命姜太公为军师，发兵渡过黄河向东进军，在牧野之战中大败商朝军队，推翻了商纣王的残暴统治，建立了西周王朝。

武王托孤

武王灭商后竭尽心思地去考虑如何稳定天下和防止商人的死灰复

燃，身体日益衰弱，不得不考虑身后之事，作为一个有为的帝王，首先要考虑的就是如何统治百姓和安抚贵族，可是即使身为天下之主，也不会获得比别人更多的寿数，所以，即使武王对各种复杂局面处理得游刃有余，手下的贵族权贵对他心服口服，然而若是年幼的儿子即位，那些臣子和贵族们能够继续对新君效忠吗？儿子的位子能不能坐稳，能不能把权力世袭给自己的后代，这是一门很大的学问。

商周以前的君主继承方式有两种，一是兄终弟及，二是父终子继，从商后期开始由于兄终弟及开始转向父终子继，但是还是有很多是兄终弟及的，还没有形成严格的嫡长子继承方式，作为周人的首领武王是明白这个道理，如何托孤和托孤给谁是他不得不慎重考虑的事了。

如果按照传统的话，三弟管叔和四弟周公旦应该是托孤第一和第二顺序人，但是存在一个很大的风险，按兄终弟及的继承方式的话三弟管叔无疑是第一继承人，如果管叔掌握了辅政权力后完全可以废除自己的儿子而自己上位，周人的贵族们也许会反对，但是也不能保证贵族们妥协，所以他不得不考虑其中的后果。

姜子牙虽然是自己的岳父，但是周人的传统是尊尊亲亲，姜子牙作为外姓肯定会受到同姓族人的排斥，甚至他无法进入周人的权力核心，只能是作为外援，所以周人的旧族宗族长召公奭尤为重要了，召公奭作为周旧族的势力的代理人，他的政治倾向会有决定性作用，而召公奭作为周王族的外围势力是没有王位继承权的，而四弟周公旦能力出众，年富力强，作为一个辅政者无疑是最合格的，作为老四的他虽然也有一定的继承权，但是只要安排得当，应该没多大问题。

其实从武王灭商的时候，他就开始准备了，武王进入商都城的时候，武王在前，周公旦持大钺，召公奭持小钺进城，这无疑给大家一个信号，周公旦和召公奭是他的左膀右臂，是周人核心权力圈的关键性人物，而召公奭作为周族的宗族长掌握周人的嫡系军事指挥权也是无可厚非的，周人的嫡系部队西六师也就是由周人的贵族子弟构成，召公有能力也有权力牢牢控制住。

于是他做出的安排大家也应该知道了，让年幼儿子成王继承王位，周公为太师，召公为太保，太公为太傅，姜太公作为外姓理所当然地离开政治核心圈，去齐国赴任，其他兄弟各自去封国，只留下周公旦和召公奭在京城。西周时期的太保就是王的保护人，作为成王的保护人和周人的宗族长及周人嫡系军队的控制者，召公奭有责任也有义务保证成王的安全，也能震慑那些对王位有欲望的贵族。

武王的安排不可谓不处心积虑，但是即使这样周公旦辅政也引起了三弟管叔的不满，作为武王最大的弟弟，辅政也好，继承王位也好，按传统管叔应该就是第一顺序人，可是武王却让周公旦辅政，或许是嫉妒，或许认为周公辅政是越过了自己，或许是被愤怒冲昏了头脑，他竟然联合纣王的儿子武庚叛乱，这让后人难以理解，差一点让周人几代人的努力付之东流，虽然当时召公奭也对周公旦保持警惕，但是周公旦对召公奭表明没有篡权的心思后，争取到召公奭的支持后平定了管叔和蔡叔的叛乱，成王成年后周公旦毅然决然地还政于成王。

中国历史上托孤的案例很多，其中最成功的无疑就是武王托孤了，武王托孤的背后也有很多的政治斗争，但是武王充分地利用了众兄弟之间平衡和矛盾，完美而成功。尽管不能肯定说周公旦没有一点野心，但是武王的这种安排让周公旦没法有这种野心，外有成王外祖父姜子牙和管叔等诸兄弟，内有族长召公奭的军事制约，使得周公不得不小心翼翼，不敢有丝毫私心杂念。

武王还让年幼的儿子姬诵拜周公为师，这也是很高明的。一则周公德才兼备，德高望重；二则周公善于教育培养下一代。所以这种安排，也就等于在自己极其繁忙的情况下，把教育培养儿子的重任托付给了周公。

历史事实证明武王的安排和做法是成功的。历史上著名的"成康之治",不仅与周公忠心耿耿辅政有关,与成王康王励精图治有关,也与武王的超前预见和正确安排有关。

鞭笞伯禽

《礼记·文王世子》记载:周公在"践阼而治"期间,"成王有过,则鞭笞伯禽,所以示成王世子之道也。"即周公在摄行朝政之时,为了使年幼的周成王尽快成长为一名有为的君主,还特别对其加强教育诱导。可毕竟周成王是身份高贵的君王,虽然周公是他的叔父,但在那时的社会制度下,王权大于一切,名分不可冒犯,即使成王有过失也不便于直接教训责罚,所以周公煞费苦心,把自己的儿子伯禽作为成王的陪读,每当周成王懈怠嬉戏或做得不对时,周公就把对成王的教训和责罚转移到儿子身上,让儿子伯禽代替成王接受责罚,用鞭子抽打伯禽,从而使成王感同身受,动之于心,反思自己的过错,受到潜移默化的教育。在周公坚持不懈地引导下,周成王终于明了许多做人处事的道理和为君之道,为以后治理国家打下了坚实可靠的基础。后来被史家赞颂的"成康之治",就与这种春风化雨的教育艺术不无关系。

周公教子

周公旦作为古代伟大的思想家和政治家是尽人皆知的,就连被国际社会评为世界十大文化名人之一的孔子也对他推崇备至,常以"梦见周公"为乐为荣。周公在教子方面也是十分讲究方法的,因而取得了很好的教育效果。

当将去鲁国执政的儿子伯禽辞行时,周公语重心长地说:"我,文王之子,武王之弟,成王之叔父,我于天下亦不贱矣。然我一沐三握发,一饭三吐哺,起以待士,犹恐失天下之贤人。子之鲁,慎无以骄国人。"仔细分析周公的这段话，我们可以从中发现有以下几个特点：一是以己为例，导之以行。周公不是以三朝元老和亲生父亲的身份与口气向儿子训话，居高临下地作"指示"，而是用自己以国事为重、礼贤下士的做法循循善诱，使儿子从中体会做人的道理。俗话说，身教重于言教，"其身正，不令而行"，因而周公的教育方法必能奏效。二是创设情境，动之以情。"感人心者，莫先乎情。"周公不是对儿子进行干巴巴的政治说教，他把为治理国家而尊重人才、谦虚谨慎这么一个重大而严肃的话题，借用自己的行为转化成"握发吐哺"的动人故事，创造了一个极富感染力的教育情境，很能打动人心。对此，东汉末政治家、军事家、诗人曹操也很有感触，他在《短歌行》一诗中吟道："周公吐哺，天下归心。"三是现身说法，晓之以理。周公对儿子讲治国做人的道理很有特色，他在现身说法的基础上才点明了谈话的主旨，"子之鲁，慎无以骄国人"。即你去鲁国执政，一定要以国家大事为重，谦虚谨慎，尊重人才，千万不可骄傲自大，以致失了人心。这样就容易使人心悦诚服地接受。后来的事实也证明，伯禽果然没有辜负父亲的殷切期望，把鲁国治理得很好。

孔子受困

孔子带着弟子周游列国，来到了陈蔡。这时吴国要讨伐陈，而楚国要救陈，吴楚两国眼看要对峙一战了。楚国听说孔子在这一带，派人拿着礼品来聘请孔子，孔子准备前往。这时陈蔡的大夫慌了，他们不为自己的邦国安危着想，却打起了自己的小算盘：孔子贤良有智慧，指出诸侯的过失都切中要害，现在他已在陈蔡三年了，只是看不上那些大夫的行为才没有辅佐哪一国。现在大国楚国来聘请，如果楚国用了孔子，楚国又救了我们陈蔡，这以后我们陈蔡的大夫还有说话的地方吗？那样，我们岂不是就危险了？于是这些陈蔡的大夫就率领自己的徒子徒孙把孔子和他的弟子围困在旷野上。

在这种危难的形势下，孔子及弟子想走都走不了，连粮食也没得吃了。很多人病倒了，爬也爬不起来。这就是孔子被围于陈蔡时的悲惨情景。可是孔子就是孔子，他镇定自如，不慌不忙，依然坚持每天给弟子们讲课，还拿起琴来弹奏，弦歌不断。子路见了，有些生气，说都什么时候了，也不想想办法，还弹什么琴！终于忍不住了，子路仗着自己仅比孔子小九岁，就大胆而没好气地说："好人应该有好报，难道君子也会有穷途末路的时候吗？"听了此话，孔子放下琴说："君子和小人不同。君子也有穷困的时候。君子之所以是君子，就是在穷困的时候愈加地顽强、坚定（君子固穷），而小人在这个时候就没了底线，胡作非为了（穷斯滥矣）。"

子贡在一旁，脸色也不好看，甚至有些生闷气。孔子说："子贡啊，你认为我学问很多，很有见识，很会随机应变吗？"子贡说："是啊，难道不是这样吗？"孔子说："看来你们还没有真正了解我，我是一以贯之，一直坚持着自己的主张，并不是随时改变的！"

孔子知道弟子们有怨气，想了想，就决定分别教导他们。他把子路叫来，对他说："子路啊，《诗三百》上说，'不是犀牛虎豹之类的野兽，可为什么把我们驱赶在这无边的旷野上'（匪兕匪虎，率彼旷野）。是我给你们教导的道不对吗？我们为什么会遭遇到这样的灾难呢？"子路说："我想是不是我们还没有达到最高的仁，所以别人不相信我们，给我们这么多苦头吃。我还想是不是我们的聪明智慧还不够，所以不被别人理解，别人不让我们通行，把我们困在了这里。"孔子说："嗯，你讲的有一定的道理。但是，子路啊，假使达到了最高的仁，就一定能使别人相信，就一定能顺利吗？那怎么会有伯夷、叔齐的事呢？如果聪明智慧的人就一定吃得开、行得通，那怎么会有王子比干的事呢？伯夷叔齐够仁义了吧，别人依然不信他的那一套，他俩依然只能是悲剧命运。

王子比干是够聪明智慧的人物了吧，不同样行不通嘛！"子路若有所思，似有所悟，便出去了。

子贡进来了，孔子又把刚才对子路说的话重说了一遍。"子贡啊，《诗三百》上说，'不是犀牛虎豹之类的野兽，可为什么把我们驱赶在这无边的旷野上'（匪兕匪虎，率彼旷野）。是我给你们教导的道不对吗？我们为什么会遭遇到这样的灾难呢？"子贡说："老师啊，你给我们教导的道是最伟大的，就因为你传授的道太伟大，别人容不下你！我看你坚持这样伟大的道，天下无处能容得下你！你是否可以考虑把你的道稍稍降低一点呢？"孔子说："子贡啊，这怎么可以！人不能要风得风，要雨得雨，事事都亨通。一个好的农民他可能特别会种庄稼，他不一定特别会收庄稼；一个能工巧匠可能特别心灵手巧，但他未必能让每个顾客都满意。君子能维护和坚持他的道，有条有理，这就够了，不应该去想能不能被别人所容纳、所采用。子贡啊，现在你不想着自己的'修道'之事，只想着被人所容纳，这表明你的志向还不够远大！要好好学习啊！"子贡红着脸出去了。

颜回进来了。颜回是孔子最喜爱的学生，他的好学、他的境界，都让孔子佩服。孔子突然想到把这问题给颜回，看他怎样回答，也算考考他！"颜回啊，《诗三百》上说，'不是犀牛虎豹之类的野兽，可为什么把我们驱赶在这无边的旷野上'（匪兕匪虎，率彼旷野）。是我给你们教导的道不对吗？我们为什么会遭遇到这样的灾难呢？"颜回说："老师，你传授给我们的道是最伟大的，这道比天高，比地大，所以天下容不下。可即使天下容不下你，你依然坚持推广实行，他们容不下你，这是他们的错，并不是你的错！于你又有什么损害呢（不容何病）？越是不见容，越是能见出君子不同于一般人，越能见出君子的持道不变！再说了，对于君子来说，如果他不能够加强道的修养，不能修道持道，这是他的不是，是他的丑；但如果他修道持道，不被人认识，不被人采用，这是拥有权力、掌握国家的君王的不对，是'有国者'的丑。不被人容纳，对于君子自身来说，又有什么过错、什么罪责呢？不被容纳采用，才真正见出真君子的品性呢！"听了颜回的回答，孔子非常高兴。心里想，真是好学生啊！孔子情不自禁地说："这颜家的儿子啊，有这样颜家的儿子就好了！生子当如颜氏子！可惜啊，你居然那样的贫穷！如果你富有，我孔夫子都愿意给你去当会计，为你掌管经济！"孔子久久地赞赏，久久地感叹……

因子贡很有外交才能，口才好，办事也稳妥，孔子就派子贡出使楚国。子贡果然不辜负老师的重托，使得楚昭王派军队来迎接孔子，这才解脱了围困。孔子和学生们总算度过了陈蔡之厄。但因为楚国的大臣也怕孔子到了楚国，自己的地位不保，于是就进谗言。加之楚昭王年事已高，不久就去世了，孔子也就没有去得了楚国，然后打道回府返回鲁国，一边教学生，一边整理文化典籍，终于留下了宝贵的精神财富和文化瑰宝。（见《史记·孔子世家》）

孟母三迁

孟子，名轲，字子舆，是战国时期的大思想家、大教育家、儒家学派代表人物之一。他从小丧父，全靠母亲仉氏一人日夜纺线织布，维持家庭生活。仉氏是个勤劳而有见识的妇女，她希望自己的儿子读书上进，早日成才。但小时候的孟轲偏偏天性顽皮好动，贪图玩耍，不思学习。他整天跟着左邻右舍的孩子爬树捉鸟，下河摸鱼，田里偷瓜。孟母开始又骂又打，什么办法都用尽了，还是不见效果。

她后来一想：儿子不好好读书，与附近的环境不好有关，于是，就找了一处邻居家没有贪玩的小孩的房子，第一次搬了家。但搬家以后，孟轲还是坐不住。一天，孟母到河边洗衣服，回来一看，小孟轲又跑得无影无踪了。孟母心想，这周围又没有小孩，他会到哪里去呢？于是就找到邻居家的院子里，见那儿支着个大炉子，几个满身油污的铁匠师傅正在"叮叮当当"地打铁。孟轲呢，正蹲在院子的角落里，用砖块做铁砧，用木棍做铁锤，模仿着铁匠师傅的动作，玩得正起劲呢！孟母一想，这里环境还是不好，便又搬了家。

这次她把家搬到了荒郊野外，周围没有邻居，门外是一片坟地。孟母想，这里再也没有什么东西吸引儿子了，他总会用心念书了吧！但转眼间，清明节来了，坟地里热闹起来，孟轲又溜了出去。他看到一溜穿着孝服的送葬队伍，哭哭啼啼地抬着棺材来到坟地，几个精壮小伙子用镢头挖好墓穴，接着把装死人的棺材埋了。他觉得挺好玩，就模仿着他们的动作，也用树枝挖开地面，认认真真地把一根小树枝当作死人埋了下去。直到孟母找来，才把他拉回了家。

孟母一看不行，又第三次搬家了。这次的家，隔壁是一所学堂，有个胡子花白的老师教着一群大大小小的学生。老师每天摇头晃脑地领着学生念书，那拖腔拖调的声音就像唱歌。调皮的孟轲觉得有趣，也跟着摇头晃脑地念了起来。孟母以为儿子喜欢念书了，高兴得很，干脆拿了两条干肉做学费，把孟轲送去上学。可是有一天，孟轲又逃学了。孟母知道后伤透了心。等孟轲玩够了回来，孟母问他："你最近书读得怎么样？"孟轲说："还不错。"孟母一听，生气极了，骂道："你这不成器的东西，逃了学还有脸撒谎骗人！我一天到晚苦苦织布为了什么！"说着，揪着他的耳朵拖到织布机房，抄起一把雪亮的剪刀，"哧哧"地剪起来，把织机上将要织好的布全剪断了。孟轲一见，吓得愣住了，不明白母亲为什么这样做。正想弄个明白，只见孟母把剪刀一扔，厉声说道："你贪玩逃学不读书，就像剪断了的布一样，织不成布；织不成布，就没有衣服穿；不好好读书，你就永远成不了人才。"

这一次，孟轲心里感到很震撼。他认真地思考了好长时间，终于恍然大悟，明白了道理，从此专心致志地读起书来。由于他天资聪明，肯下功夫了，后来又专门跟着孔子的孙儿、大学问家子思学习，终于学有所成，成了与孔子齐名的儒家学说的重要代表人物。

从这个典故不难看出，环境淹没人才，环境也造就人才。良好的社会环境与一个人、特别是青少年的成长有直接的关系。

周代圣贤的教育践行

纵观周朝800多年历史，虽说教育家不是很多，但若论其辉煌成就和著名度，应该说周代的教育家数一数二，可圈可点。

周公旦

制礼作乐及敬德保民思想。周公所敬的德，第一是德治，要求统治者明察情况，用贤去奸，不可一味使用暴力，要慎于用刑，这属于政治的范畴；第二是德行，要求统治者勤于国事，检点自己的言行，加强道德修养，这属于道德教育的范畴；第三是德性，是人自身的一种属性，属于我国古代人性论的范畴。周公的敬德学说是他阐述教育作用的重要理论基础。周公从德治论出发，阐述了教育的政治作用，把教育视为治国安邦的重要武器；他从德性论出发，阐述了教育对人后天德性的培养作用，强调指出良好德性的形成，要靠教育和个人的努力。这就开始涉及教育与人自身发展的关系。

重视师保之教。周公十分重视统治阶级内部的道德教育，尤其是最高统治者的道德教育。体恤下民、力戒贪逸，勤勉从政、慎言谨行。官人之法的传授。识人有方，任人唯贤，勤于求贤、善于任贤。包括识别人才、选拔人才和使用人才三方面内容，这是我国最早系统阐述人才问题的理论。

致力于社会教化。提倡彝教。彝教就是对庶民进行的德行规范教育，即古人所说的化民成俗的教化活动。孝与义是周公十分重视的民彝。周公对孝的含义做了重大的扩充和发展，使其变成了君权、父权、夫权三位一体的思想。周公强化了阶级关系，突出义这一道德概念，阶级关系高于血缘关系。观民风以化民俗。于习之善者导之，其可者固之，有弊者严禁以防之，败坏者设法以救之。采风问俗、移风易俗、治国化民。

对"六经""六艺"的贡献。"六经"即《诗》《书》《礼》《易》《乐》《春秋》，"六艺"即礼、乐、射、御、书、数。在这些方面，周公做出了奠基性的贡献。

可以说，周公教育思想的践行取得了极大的成功。周成王成为一代明君，与周公的辅佐与教诲关系极大，可以说周公贵为君王之师；成康之治的开创，也包含着周公教育思想的功德；"四十年刑措不用"，有法而无人犯法，遵法守纪成风气，这肯定也少不了周公的教化之功。

召公奭

召公奭是周初历史上与周公旦齐名的重臣。其身居太保，辅助文王施行教化，协助武王完成灭商大业，辅佐成王巩固周初政权，为历经文、武、成、康的四朝老臣。特别是在周公旦去世以后，长期主持国政，在成王临终之时被命为"顾命大臣"，扶助康王维护政局。为建立稳固的周政权，他主张敬德爱民，勤于政事，遵循法度，重视民风教化，成为周初杰出的政治家、思想家、军事家和教育家。

召公的廉政思想是周初社会转型期总结殷商灭亡的沉痛教训的产物，它继承了前人的廉政思想，并进行了一些创新。召公的廉政思想体现在"爱国""保民""敬德"等方面。"劳己，不劳民；为民，不扰民"和"得民和"是其思想的精髓之所在。甘棠遗爱是其廉政思想的具体体现。作为廉政之鼻祖，召公的廉政思想是当代人反思借鉴的一面镜子，是中国共产党反腐倡廉工作的源头活水，对当前的廉政文化建设有一定的历史镜鉴和现实指导意义。

据考证，《假乐》《公刘》《泂酌》《卷阿》《民劳》《板》六首诗歌是召公教导成王的作品。这些作品的教育思想对于确立成王天子地位，对于让成王敬天法祖、尚德保民、依法治国具有重要价值。

作为重视教育帝王的元老重臣。召公所写的《旅獒》，其主旨就是劝诫武王不要玩物丧志。

在此，不妨将此主要文献附录如下：

西旅献獒，太保作《旅獒》。

惟克商，遂通道于九夷八蛮。西旅底贡厥獒，太保乃作《旅獒》，用训于王。曰："呜呼！明王慎德，西夷咸宾。无有远迩，毕献方物，惟服食器用。王乃昭德之致于异姓之邦，无替厥服；分宝玉于伯叔之国，时庸展亲。人不易物，惟德其物！德盛不狎侮。狎侮君子，罔以尽人心；狎侮小人，罔以尽其力。不役耳目，百度惟贞。玩人丧德，玩物丧志。志以道宁，言以道接。不作无益害有益，功乃成；不贵异物贱用物，民乃足。犬马非其土性不畜，珍禽奇兽不育于国，不宝远物，则远人格；所宝惟贤，则迩人安。呜呼！夙夜罔或不勤，不矜细行，终累大德。为山九仞，功亏一篑。允迪兹，生民保厥居，惟乃世王。"

上文意思为：武王打败商纣以后，便向周围国家开通道路。西方旅国来贡献那里的大犬，太保召公于是写了《旅獒》，用来劝谏武王。召公说："啊！圣明的王敬重德行，所以四周的民族都来归顺。不论远近，都贡献些各方的物产，但只是些可供衣食器用的东西。明王于是昭示这些贡品给异姓的国家，使他们不要荒废职事；分赐宝玉给同姓的国家，用这些东西展示亲爱之情。人们并不轻视那些物品，只以德意看待那些物品。德盛的人不轻易侮慢。轻易侮慢官员，就不可以使人尽心；

轻易侮慢百姓，就不可以使人尽力。不被歌舞女色所役使，百事的处理就会适当。戏弄人就丧德，戏弄物就丧志。自己的意志，要依靠道来安定；别人的言论，要依靠道来接受。不做无益的事来妨害有益的事，事就能成；不重视珍奇物品，百姓的用物就能充足。犬马不是土生土长的不养，珍禽奇兽不收养于国。不宝爱远方的物品，远人就会来；所重的是贤才，近人就安了。啊！早晚不可有不勤的时候。不注重细行，终究会损害大德，比如筑九仞高的土山，工作未完只在于一筐土。真能做到这些，则人民就安其居，而周家就可以世代为王了。"

不难看出，召公在君王的教育引导方面是非常出色的、首先，他作为元老重臣，很有魄力，为周王朝的巩固和发展，敢为帝王师，勇于进谏；其次，他站在以德治国的政治高度，忠心耿耿；再者，他善于讲理，耐心开导，循循善诱，具有极高的劝导艺术。是故，本就英明的武王幡然醒悟，从此更加勤谨治国，终于成为一代明君。

孔　子

孔子（公元前551—前479年），名丘，字仲尼，春秋时期鲁国陬邑（今山东省曲阜市）人，祖籍宋国栗邑（今河南省夏邑县），商王室贵族微仲的后裔。我国古代伟大的思想家、教育家，儒家学派创始人，被后世尊为"大成至圣先师""万世师表"等。

教育思想：

孔子在中国历史上最早提出人的天赋素质相近，个性差异主要是因为后天教育与社会环境影响（"性相近也，习相远也"）。因而人人都可能受教育，人人都应该受教育。他提倡"有教无类"，创办私学，广招学生，打破了奴隶主贵族对学校教育的垄断，把受教育的范围扩大到平民，顺应了当时社会发展的趋势。

孔子主张"学而优则仕"，学习了还有余力，就去做官。他的教育目的是要培养从政的君子，而君子必须具有较高的道德品质修养，所以孔子强调学校教育必须将道德教育放在首要地位（"弟子入则孝，出则悌，谨而信，泛爱众，而亲仁，行有余力，则以学文"）。

孔子道德教育的主要内容是"礼"和"仁"。其中"礼"为道德规范，"仁"为最高道德准则。"礼"是"仁"的形式，"仁"是"礼"的内容，有了"仁"的精神，"礼"才真正充实。在道德修养方面，他提出树立志向、克己、践履、躬行、内省、勇于改过等方法。

"学而知之"是孔子教学思想的主导思想。在主张不耻下问、虚心好学的同时，他强调学习与思考相结合（"学而不思则罔，思而不学则殆"），同时还必须"学以致用"，将学到的知识运用于社会实践。

孔子在教学上要求老师要具备"有教无类""经邦济世"的教育观，"因材施教""启发式"的方法论，并注重童蒙、启蒙教育。他教育学生要有老老实实的学习态度（"知之为知之，不知为不知"），要谦虚好学、时常复习学过的知识，以便"温故而知新"，把新知识引申、拓宽、深入，"举一而反三"。他最早提出启发式教学。他说："不愤不启，不悱不发。"意谓教师应该在学生认真思考，并已达到一定程度时恰到好处地进行启发和开导。

孔子是在教学实践中最早采用因材施教方法的教育家。他主张通过谈话和个别观察等方法，了解和熟悉学生的个性特征，在此基础上，根据各个学生的具体情况，采取不同的教育方法，结果培养出了德行、言语、政事、文学等多方面的人才。孔子热爱教育事业，毕生从事教育活动。他学而不厌，诲人不倦。不仅言教，更重身教，以自己的模范行为感化学生。他关心爱护学生，学生也很尊敬他，师生关系非常融洽。他是中国古代教师的光辉典范。

孔子的教育活动不但培养了众多学生，而且在教育实践的基础上提出了教育学说，为中国古代教育奠定了理论基础，同时为后世教育的发展做出了前所未有的重大贡献。

教师条件：

教学相长。孔子已认识到教学过程中教师对学生不是单方面的知识传授，而是可以教学相长的。他在教学活动中为学生答疑解惑，经常共同进行学问切磋。学生有疑难而请教，教师答疑就本意作了说明，学生得到启发进一步考虑，思考问题更有深度，教师于此反受启发，向学生学习而获益。

孔子是一个"以德服人"的教育家，是中国历史上教师的光辉典范，他所体现的"学而不厌，诲人不倦"的教学精神，已成为中国教师的优良传统。

爱护学生。他爱护关怀学生表现在要学生们努力进德修业，成为具有从政才能的君子，为实现天下有道的政治目标而共同奋斗。他坚信仁道是正确的政治理想，应当争取实现，他把希望寄托在学生们身上。他对学生充满信心，对他们的发展抱有比较乐观的态度。根据发展规律，他认为新一代可能胜过老一代，学生可能会超过老师，学生是事业希望所在，应该加以重视和培养。他能客观公正地看待所有学生，特别是那些有特殊经历的学生。他对学生的健康也十分关心，冉伯生患了不治之症，他亲自探望，表示非常惋惜；颜回病逝，他哭得很伤心，这些都表现了他与学生休戚与共的感情。

以身作则。孔子认为教师对学生进行教育的方式，不仅有言教，还有身教。言教在说理，以提高道德认识；身教在示范，实际指导行为方法。教师身教的示范，对学生有重大感化作用，因此身教比言教更为重要。教师应以自己合乎道德规范的行为给学生做出榜样，凡提倡学生做的，自己必先做到，不要学生做的，自己首先不做。所说的和所做的一致，才能在学生心目中树立威信。

诲人不倦。教育是高尚的事业，需要由对学生有高度责任心、对社会有高度责任心的人来为其服务。教师以教为业，也以教为乐，要树立"诲人不倦"的精神。孔子以自己的行动践行这一原则。他从30岁左右开始办学，几乎毕生从事教育事业。他实行来者不拒的方针，晚年也没有停止传授工作，培养了许多学生。诲人不倦还表现在以耐心说服的态度教育学生，有的学生思想品德较差，起点很低，屡犯错误，他也不加嫌弃，耐心诱导，造就成才。

学而不厌。教师要尽自己的社会职责，应重视自身的学习修养，掌握广博的知识，具有高尚的品德，这是教人的前提条件。要保持一种"学如不及，犹恐失之"的积极精神状态，时刻考虑的是不断进步。如果不学习，不修养，止步不前，就会失去为师的条件，这是值得忧虑的。

温故知新。只能记诵的人，不足以为人师。孔子说："温故而知新，可以为师矣。"教师既要了解掌握过去政治历史知识，又要借鉴有益的历史经验认识当代的社会问题，知道解决问题的办法。"温故知新"这一命题还有另一层含义，就是新旧知识之间的关系。旧知识是已有的认识成果，是认识继续发展的基础，温习旧知识时能积极思考联想，扩大认识范围或将认识进一步深化，从而获得新的知识。巩固旧知识与探索新知识，两者之间存在辩证关系。教师负有传递和发展文化知识的使命，既要注意继承，又要探索创新。

教育方法：

孔子一生从事教育几十年，积累了丰富的教育经验，总结形成了一系列的教育教学方法，他的教育方法有五个方面都是开创了历史的先河。

孔子的启发式教学可以用八个字概括，即"不愤不启，不悱不发"。（《论语·述而》）按宋代朱熹的解释："愤者，心求通而未得之意；悱者，口欲言而未能之貌；启，谓开其意；发，谓达其辞。"可见，"愤"就是学生对某一问题正在积极思考，急于解决而又尚未搞通时的矛盾心理状态。这时教师应对学生思考问题的方法适时给以指导，以帮助学生开启思路，这就是"启"。"悱"是学生对某一问题已经有一段时间的思考，但尚未考虑成熟，处于想说又难以表达的另一种矛盾心理状态。这时教师应帮助学生明确思路，弄清事物的本质属性，然后用比较准确的语言表达出来，这就是"发"。孔子的启发式教学虽然只有八个字，但它不仅生动地表现出孔子进行启发式教学的完整过程，而且还深刻地揭示出学习过程中遇到疑难问题时将会顺序出现两种矛盾的心理状态，或者说两种不同的思维矛盾，以及这两种矛盾的正确处理方法。

孔子的启发式则是以学生为中心，让学生在学习过程中自始至终处于主动地位，让学生主动提出问题、思考问题，让学生主动去发现、去探索，教师只是从旁边加以点拨，起指导和促进作用。两相比较，不难看出，尽管两种启发式在教学中都很有效，都能促进学生的思维，但是显然孔子的启发式有更深刻的认知心理学基础，更加符合学生的认知规律，因而具有更高的理论价值。所以我们的结论应当是：孔子才是世界上启发式教学的真正创始人。孔子的"不愤不启、不悱不发"八个字是关于启发式教学的高度概括，也是最科学、最天才的概括。

学思结合。学习是获取知识的重要方式，孔子学而知之的认识论，提倡博学好学，他提出多闻，择其善者而从之。孔子的教学基本形式是问答法和谈话法，能否提出问题切中要害，对于师生双方都是非常重要的。孔子在教学过程当中主张质疑，鼓励举一反三，并告诫弟子要一丝不苟，不耻下问。孔子在强调博学的基础上，论述学与思的关系时，孔子说，"学而不思则罔，思而不学则殆。"他曾以自己的亲身经历，告诉弟子们，吾尝终日不食，终夜不寝，教育弟子要广泛获取知识并在此基础之上，积极思考，抓住事物的本质。遇到困难的时候呢，多问几个为什么，达到既知其然又知其所以然的境地。

知行统一。孔子不仅提倡学思践悟，更强调要学以致用，将学到的知识用于社会实践之中。他以学诗为例表达了这一思想，他说诵诗三百，光会背诵经典还不行，关键是要应用，体现在社会实践之中，不然，学得再多也没有意义。孔子十分反感言行不一，要听其言而观其行。孔子学思行统一的主张，对以后的教育教学思想产生了深远影响。

启发诱导。孔子是世界上最早提倡启发式教学的教育家，孔子认为老师的点拨要有时机，就是先让学生认真思考，学生虽然努力了，但是仍然有困惑之处不能逾越，这个时候老师就可以点拨了。学生认真思考，一无所得，但尚未能清晰表达出来时，还可以加以提示，帮助他理清思路。孔子的启发式教学有两点甚为关键，一是教师要创设情景，激发学生的求知欲，所以变要我学为我要学；二是教师要仔细观察学生的心理状态，合理地把握教学时机，孔子的启发式教学令弟子们心悦诚服，说孔老师循循善诱，以经典文献丰富我的学识，用礼乐规范我言行陶冶我的情操，这太有趣了，让我欲罢不能。

因材施教。孔子在教学实践中贯彻了因材施教的精神，并且卓有成效。孔子十分留意观察了解学生，对每个学生的个性特长、优缺点都是了然于胸，针对学生个性差异有充分了解了，有效提高教学的针对性。对学生的具体情形清楚了，就对症下药，从学生的具体实际出发进行教育和教学。日常在教学活动中孔子对于学生的同一个题目，常以发问者的个性需要不同而基于不同的回答。孔子对不同年龄阶段的人也有不同的要求，孔子因材施教培养了一大批的德才兼备的学生，他们各有所长，譬如德行方面，有著名的学子颜渊、冉伯牛，在言语方面有子贡，文学方面卓越者有子游，这都是因材施教的结果。

注重道德。注重激发学生的道德自觉，不断提高学生的自我修养能力，教育学生要确立远大的理想，明确前进的方向，坚定必胜的信心，他以自己的人生经验，告诫弟子们要有人生远大目标的追求。孔子提倡处理人与己的关系时，要严于律己，宽以待人，不断提高道德修养的自觉性，他要求弟子见贤思齐焉，见不贤而内自省也，并从反面激励弟子们说，我还真的没有看见过能够发现自己的错误，而又能从内心责备自己，从而改过迁善的人呀。在孔子的耐心教育之下，孔门弟子很好地践行了这种思想。孔子还主张克己复礼，每一个人只要时时刻刻克制自己不正确的言行，非礼勿视，非礼勿听，非礼勿言，非礼勿动，自我克制，自我监督。

墨　子

墨子（前476或前480—前390年或前420年），名翟，春秋末期战国初期宋国人，一说鲁阳人，一说滕国人。宋国贵族目夷的后裔，曾担任宋国大夫。中国古代思想家、教育家、科学家、军事家，墨家学派创始人和主要代表人物。

墨子是墨家学说的创立者，提出了"兼爱""非攻""尚贤""尚同""天志""明鬼""非命""非乐""节葬""节用"等观点，以兼爱为核心，以节用、尚贤为支点，创立了以几何学、物理学、光学为突出成就的一整套科学理论。墨家在先秦时期影响很大，与儒家并称"显学"。战国时期的百家争鸣，有"非儒即墨"之称。

教育思想：

墨子是一位教育家。人类历史上第一个设有文、理、军、工等科的综合性平民学校，就是墨子在30岁前创办的。这个学校培养了大批人才，史称"弟子弥丰充满天下"。

墨子的教育思想是"艰苦实践、服从纪律"，并且提出"兴天下之利，除天下之害"的教育目的。

墨子在逻辑学、数学、物理学和机械制造等方面都有很深的研究和造诣。

轶事典故：

墨守成规。战国时期，有一回，楚国要攻打宋国，鲁班为楚国特地设计制造了一种云梯，准备攻城之用。那时墨子正在齐国，得到这个消息，急忙赶到楚国去劝阻，一直走了十天十夜，到了楚国的郢都立刻找到鲁班一同去见楚王。墨子竭力说服楚王和鲁班别攻宋国。这就是"墨子救宋"。这个故事又衍化出一个成语：墨守成规。墨子劝阻楚王伐宋，楚王终于同意了，但是他们都舍不得放弃新造起来的攻城器械，想在实战中试试它的威力。墨子解下衣带，围作城墙，用木片作为武器，让鲁班同他分别代表攻守两方进行表演。鲁班多次使用不同方法攻城，多次都被墨子挡住了。鲁班攻城的器械已经使尽，而墨子守城计策还绰绰有余。鲁班不肯认输，说自己有办法对付墨子，但是不说。墨子说知道鲁班要怎样对付自己，但是自己也不说。楚王听不懂，问是什么意思。墨子说鲁班是想杀害自己。以为杀了自己，就没有人帮宋国守城了。鲁班哪里知道墨子的门徒约有三百人早已守在那里等着楚国去进攻。楚王眼看没有把握取胜，便决定不攻打宋国了。

快马寓人。墨子学生耕柱子，聪颖过人，但不知发愤努力，墨子总是责备他。耕柱子说："先生，我真的没有什么比别人强的地方吗？"墨子说："我将要上太行山，乘坐快马和牛，你打算鞭策哪一个呢？"耕柱子很自信地说："我要鞭策快马。"墨子追问："你为什么要鞭策快马？"耕柱子说："快马值得鞭策。因为它感觉灵敏，鞭打它可以使它跑得更快！"墨子的用意是启发耕柱子，让他努力求学，奋发上进，现已水到渠成，就对耕柱子说："我也认为你是值得鞭策的！你应该像快马一样力求上进啊！"以后耕柱子发愤读书，力求上进，再也不用老师整日督促了。

孟　子

孟子（约前372—前289年），名轲，字子舆，战国时期儒家代表人物之一，鲁国邹（今山东省邹城市）人。战国时期哲学家、思想家、教育家，是孔子之后、荀子之前的儒家学派的代表人物，与孔子并称"孔孟"。

讲学著书：

孟子一生的经历，也很像孔子，过着长期的私人讲学的生活，中年以后怀着政治抱负，带着学生周游列国。随从的学生最盛的时候，是"后车数十乘，从者数百人"。他也是到处受到当权人物的款待。他到了哪一国，都无所顾忌地批评国君，甚至责备得国君"顾左右而言他"，而他的政治主张却不被接受。孟子晚年回到故乡，从事教育和著述。他说："得天下英才而教育之"是最快乐的事。他在家乡与万章等人整理《诗经》《书经》，阐发孔丘的思想学说，写成《孟子》一书。

教育思想：

孟子的教育思想，也是孔子"有教无类"（《论语·卫灵公》）的教育思想的继承和发展。他们都把全民教育当作实行仁政的手段和目的。一方面，主张"设为庠序学校以教之"（《滕文公》上）加强学校教育；另一方面，要求当政者要身体力行，率先垂范。"君仁，莫不仁；君义，莫不义；君正，莫不正。"（《离娄》上）以榜样的力量，教化百姓。教化的目的，就是要百姓"明人伦"，以建立一个"人伦明于上，小民亲于下"（《滕文公》上）的和谐融洽的有人伦秩序的理想社会。

孟子一贯以孔子的正统的继承者自居，他的教育贡献也是无与伦比的。他不仅授徒讲学，培养出了乐正子、公孙丑、万章等优秀的学生，还与弟子一起著书立说，著《孟子》七篇，留给后世。犹如绵绵春雨，普降于漫漫的历史文化中。

对教育方法的改进，孟子很推崇"易子而教"的传统教育方法。当他的得意门生公孙丑询问有的君子为何不亲自教育自己的儿子时，孟子回答道："势不行也。教者必以正；以正不行，继之以怒。继之以怒，则反夷矣。……古者易子而教之，父子之间不责善。责善则离，离则不祥莫大焉。"（《离娄》上）父子之间由于感情深厚，父亲对儿子的教育往往不严，对于儿子的一些错误和毛病也因为溺爱和娇惯而放任，从而使正确的教育难以为继。所以，"父子之间不责善"，易子让别人来教育，既能从严要求，也能保持父子之间的亲密关系，不伤害感情。

孟子继承和发展了孔子教育方法中的"因材施教"。肯定在进行教育时，必须采取因人而异的多种方法。而且，对孔子的"因材施教"有了发展。认为教育学生必须要有一定的标准，使学生有一个明确的奋斗目标。孟子所倡导的学习方法和教育方法是中国古代教育学的结晶，对今天的学习和教育仍然有着一定的参考价值。

经典故事：

孟子受教。《韩诗外传》载：孟子的妻子独自一人在屋里，蹲在地上。孟子进屋看见妻子这个样子，就向母亲说："这个妇人不讲礼仪，请准许我把她休了。"孟母说："什么原因？"孟子说："她蹲在地上。"孟母问："你怎么知道的？"孟子说："我亲眼看见的。"孟母说："这是你不讲礼仪，不是妇人不讲礼仪。《礼经》上不是这样说吗，将要进门的时候，必须先问屋里谁在里面；将要进入厅堂的时候，必须先高声传扬，让里面的人知道；将进屋的时候，必须眼往下看。《礼经》这样讲，为的是不让人措手不及，无所防备。而今你到妻子闲居休息的地方去，进屋没有声响人家不知道，因而让你看到了她蹲在地上的样子。这是你不讲礼仪，而不是你的妻子不讲礼仪。"孟子听了孟母的教导后，认识到自己错了，再也不敢讲休妻的事了。

　　杀豚不欺子。当孟家还在庙户营村集市旁居住时，孟子看到邻居杀猪，不解地问母亲："邻家杀猪干什么？"孟母当时正忙，便随口应道："煮肉给你吃！"孟子十分高兴，等待食肉。孟母深知做人要诚实，所谓"言必信，行必果"，而且她深深知道身教重于言传。为了不失信于儿子，尽管家中十分困难，孟母还是拿钱到东边邻居家买了一块猪肉，让儿子吃了个痛快。

　　一曝十寒。战国时代，游说之风十分盛行。一般游说之士，不但有高深的学问、丰富的知识，尤其是以有深刻生动的比喻，来讽劝执政者，最为突出。孟子也是当时的一个著名辩士，在《告子上》中有这样一段记载：孟子对齐王的昏庸、做事没有坚持性、轻信奸佞谗言很不满，便不客气地对他说："王也太不明智了，天下虽有生命力很强的生物，可是你把它在阳光下晒了一天，却放在阴寒的地方冻了它十天，它哪里还能活着呢！我跟王在一起的时间是很短的，王即使有了一点从善的决心，可是我一离开你，那些奸臣又来哄骗你，你又会听信他们的话，叫我怎么办呢？"接着，他打了一个生动的比喻："下棋看起来是件小事，但假使你不专心致志，也同样学不好，下不赢，弈秋是全国最善下棋的能手，他教了两个徒弟，其中一个专心致志，处处听弈秋的指导；另一个却总盼望有天鹅飞来，以射鹅为乐。两个徒弟是一个师傅教的，一起学的，然而后者的成绩却差得很远。这不是他们的智力有什么区别，而是专心的程度不一样啊。"后人将孟子所说"一日曝之，十日寒之"精简成"一曝十寒"一句成语，用来比喻修学、做事没有恒心，作辍无常的一种说法。

　　浩然正气。孟子的"浩然之气"，大义凛然，回肠荡气，从古到今激励着每一代读书人。宋代民族英雄文天祥就对孔孟之道深情向往："孔曰成仁，孟曰取义。惟其义尽，所以仁至。读圣贤书，所学何事？而今而后，庶几无愧！"明末抗清民族英雄张同敞慨然发出《浩气吟》

云："白刃临头唯一笑，青天在上任人狂。但留衰鬓酬周孔，不羡余生奉老庄。"春秋战国时期诸子百家迭出，以孔孟、老庄、墨子等为代表，创造了中国历史上思想和文化百花齐放的年代。其中孟子主张性善论。他认为："人皆有不忍人之心。"他以"子产放鱼"的故事，说明"君子可欺以其方"。孟子提出"君子远庖厨"，因为"君子之于禽兽也，见其生，不忍见其死；闻其声，不忍食其肉"。此说直抒胸臆，绝非虚伪。在性善论的基础上，孟子提出"仁政"说。这是孟子思想的核心。他认为："民为贵，社稷次之，君为轻。"这是典型的"以人为本"。孟子说："民事不可缓也。"表明"群众利益无小事"。可见孟子的"仁政"说至今仍有借鉴价值。而孟子思想的精华部分是"正气"说。他提出"浩然之气"的概念，强调"舍生取义"，认为"富贵不能淫，贫贱不能移，威武不能屈。此之谓大丈夫"。孟子又提出"仁者无敌"。并自豪地说道："当今之世，如遇平治天下，舍我其谁也"。人们很难相信这些豪言壮语出自一位文弱书生之口。儒家的理想是"修身、齐家、治国、平天下"。孟子强调个人修养，表现出强烈的自尊自强精神，不是为了培养愚忠之臣和愚孝之子。他直言："说大人，则藐之，勿视其巍巍然。"（劝说地位高的人，要轻视他的地位，不要把他的显赫地位和权势放在眼里。）他引用曾子的话："彼以其富，我以吾仁；彼以其爵，我以吾义，吾何慊乎哉？"孟子的人格理想是"穷则独善其身，达则兼济天下"。他赞美颜回"当乱世，居于陋巷，一箪食，一瓢饮；人不堪其忧，颜子不改其乐"。从孟子身上，我们可以找到正直人的精神气质，感受到"大丈夫"的浩然正气；也可以领略到普通人的尊严感，特别是那句天地间，"民为贵"的呐喊可谓振聋发聩，深入人心！

荀　子

荀子（约前313—前238年），名况，字卿（一说时人相尊而号为卿），战国末期赵国人，两汉时因避汉宣帝询名讳称"孙卿"，思想家、哲学家、教育家，儒家学派的代表人物，先秦时代百家争鸣的集大成者。

荀子曾三次担任齐国稷下学宫的祭酒，两度出任楚兰陵令。晚年蛰居兰陵县著书立说，收徒授业，终老于斯，被称为"后圣"。荀子批判地接受并创造性地发展了儒家正统的思想和理论，主张"礼法并施"；提出"制天命而用之"的人定胜天的思想；反对鬼神迷信；提出性恶论，重视习俗和教育对人的影响，并强调学以致用；其思想集中反映在《荀子》一书中。荀子还整理传承了《诗经》《尚书》《礼》《乐》《易》《春秋》等儒家典籍，为传播保存儒家思想文化做出巨大贡献。

荀子总结百家争鸣的理论成果和自己的学术思想，创立了先秦时期完备的朴素唯物主义哲学体系，他的思想在以后两千多年封建社会的发展中潜移默化地发生着影响。

司马迁所写的《史记·孟子荀卿列传》记录了他的生平。荀子于50岁始来游学于齐国，到襄王时代"最为老师""三为祭酒"。后来被逸而适楚，春申君以为兰陵令，春申君死而荀卿废，家居兰陵，韩非、李斯都是他的入室弟子。

主要思想：

荀子的主要思想有"天道自然""天行有常""天人相分""制天命而用之"等。

天行有常。荀子以为，天不是神秘莫测、变幻不定，而是有自己不变的规律。这一规律不是神秘的天道，而是自然的必然性，它不依赖于人间的好恶而发生变化。其名言"天行有常，不为尧存，不为桀亡"有很大的影响。

天人相分。荀子认为自然界和人类各有自己的规律和职分。天道不能干预人道，天归天，人归人，故言天人相分不言合。治乱吉凶，在人而不在天。

制天命而用之。在荀子看来，与其迷信天的权威，去思慕它，歌颂它，等待"天"的恩赐，不如利用自然规律为人类服务。遵规而行，人定胜天。

荀子生活在战国晚期，当时的天下出现了大一统的趋势，荀子根据时代的变化继承和进一步发展了儒家思想，使其更具有现实性。其人性论、天人观、社会政治理论及正名的思想与孔孟相比有了很大的变化，但其精神实质和追求仍是儒家的传统价值理念。荀子丰富和发展了儒家的思想理论，"孟子以后，儒家无杰出之士，至荀卿而儒家壁垒始又一新"。

荀子是先秦诸子的最后一位集大成者，由于他处在战国末期的时代，诸子各派的思想学说均已出现，这使得他不仅能采纳诸子思想，又可以进行批判和比较，因此他所著的《荀子》一书，内容非常丰富，涉及哲学、政治、经济、军事、法律、伦理、教育、科技、历史、文艺等方面，无不思虑精湛，独辟蹊径。其中有关"修身处世"为主题的名篇可以说是中华民族宝贵的精神财富，能帮助今人完善人品操行，提升人生境界，为实现最高价值的人生提供历史的参照物。

稷下学宫

稷下学宫是世界上最早的官办高等学府，也是中国最早的社会科学院、政府智库。始建于齐桓公田午时期。位于齐国国都临淄（今山东省淄博市临淄区）稷门附近。以荀子为祭酒（学宫之长），韩非、李斯等众学子经常参与辩论，学术氛围浓厚，历史上的稷下学宫，一直辉煌了150多年。

稷下学宫中的"稷下"之意，曾有人认为是"社稷之下"的意思，其实并非如此，"稷下"是一个地名，位于齐国首都临淄的稷门附近。

稷下学宫被誉为"世界上第一所高等学府",对中国古代的文化发展意义重大。战国时期,秦国虽然逐渐崛起,但若论文化的发展,秦国并不领先。当时,七国范围内,有两个地方堪称"文化中心",一个是魏国的安邑,另一个是齐国的临淄。公元前445年,魏文侯继承魏国国君之位,他任用西门豹、吴起、魏成等人才,富国强兵,开国国土,使魏国成为中原霸主。当时魏国虽然国力强盛,家底毕竟浅薄,文化发展不够,魏文侯雄心勃勃,他想让魏国成为后世敬重的国家。魏文侯在一番考量之后,打算请一位"德高望重"的人物来魏国讲学,借以吸引天下学子。当时孔子已经死了,魏文侯就请来了孔子的弟子子夏。

《史记》载:"孔子没,子夏居西河,教弟子三百人,为魏文侯师。"魏文侯请来子夏后,亲自拜子夏为师,子夏居住在安邑,收徒300多人,每日讲学,盛极一时。天下文人闻之,纷纷向魏国靠拢,百家齐放,安邑就这样成了文化聚集地。不幸的是,秦国崛起后,对魏国持续打压,魏不得已迁都到大梁,安邑从此没落。安邑的没落,是先秦文化的损失,然而,与此同时,另一个文化中心顺势崛起,它就是齐国都城临淄。

西周时期,开国元勋姜子牙(姜尚)被周天子分封于齐,齐国世代相传,到了战国初期,齐国的姜氏被田氏所取代,史称"田氏代齐"。齐国的祖先是黄帝的后裔,齐威王为了稳固田氏政权的统治地位,宣扬田氏的正统地位,钦定了"黄老"为齐国的主导思想,并且在稷下设立学宫,弘扬黄老之学,吸引天下人才来齐国,为齐国"养士"。《风俗通义·穷通》记载:"齐威王之时,聚天下贤士于稷下……"齐威王没有想到,稷下学宫创立之后,竟然一度出现百家争鸣的局面,成了齐国的"金字招牌",将齐国的文化提升了一大步,远远超出了齐威王的预想,同时,也为齐国的发展奠定了基础。稷下学宫在齐国设立以来,得到了齐国历代君王的重视,在齐国的默许下,"稷下生"可以任意讨论学术和政治，其中优秀的人才还能获得齐国的封赏和授官，如此一来，稷下学宫成了各学派交流的荟萃之地，云集了儒家、道家、墨家、法家、农家、阴阳家、兵家等各重大学派的"学者"。例如，儒家的两位重要代表孟子和荀子都曾在这里讲学。

孟子一共两次来到稷下学宫讲学，他第一次讲"仁政"，吸引了众多学子来到稷下。第二次讲"浩然之气"，齐宣王听完后如醍醐灌顶，对孟子顶礼膜拜。荀子更是三次担任稷下学宫的祭酒（学宫之长），广收门徒，李斯、韩非、张苍都是荀子的徒弟。可以说，在稷下学宫这个"金字招牌"下，许多身怀绝学的思想家在此成名，同时，这些思想家又成就了稷下学宫，为学宫吸引更多的人才，良性循环，持续发展。

稷下学宫存在150多年，随着齐国的灭亡，秦国统一六国，稷下学宫的历史使命也就结束了，然而，千百年来，稷下学宫对后世影响深远，此后历代著名的书院，都欲效仿稷下，然而，却都未达到稷下之盛。

重视教育是周人的优良传统，也是周族崛起、周王朝建立的一个重要原因。从后稷到周太王，再到王季、文王、武王、成王，周人历代君主统治时期，都留下了脍炙人口的周文化典故。如果仔细加以分析，我们就会发现，这些周文化历史典故中的教育元素是很多的，也涉及教育的方方面面。

后稷教稼

周人始祖后稷，名弃。其母是有邰氏之女姜嫄。姜嫄在野外发现巨人足迹，心里欣欣然，便用脚践踏，结果身子震动好似怀孕一般。后来生下儿子。姜嫄认为不吉利，将儿子抛弃在小巷，好奇怪，路过牛马都避开不踏；又想把儿子放在树林中，正巧碰上那里伐木人太多，就抱着儿子走开；接着置于水渠冰块上，想不到众多飞鸟竟用羽翼为儿子铺盖保暖。姜嫄觉得儿子很神异，就抱回去抚养成人。因最初想抛弃，便取名为弃。弃从小喜欢种植谷物，成年后更以种植农作物为乐，经常教老百姓种植谷子等农作物，结果大家的生活大为好转。尧帝听说此事后便封弃为农师，号后稷，天下皆得其利。后来舜帝把弃封在邰地，即今武功杨凌一带。农耕文明即起始于此。《诗经·大雅·生民》对后稷教民稼穑之事极力歌颂之。

在农业文明未出现之前，原始人的生活还处在渔猎时代，大家所吃的维持生命的食物，主要靠捕鱼、打猎、采集野果子来获取。碰上漫长而严寒的冬季，这些东西就很稀缺，因此饿肚子乃是难以避免的事情。在这样的情况下，喜欢种植谷物的姬弃（第一代后稷）教老百姓种植谷子一类的庄稼，所得到的粮食晒干后可以储存，这样即使到了漫长的冬季，也可以依靠所储存的粮食吃饱肚子，不至于挨饿受饥。所以后稷发明的农业称为农耕革命，在当时具有伟大的历史意义，其重要性绝不亚于后世的工业革命。因为它解决了人们生存所必需的基本的吃饭问题。我们今天还说"民以食为天"，可见后稷发明农业的极端重要性。

被毛泽东和宋庆龄等称为"伟大的人民教育家"和"万世师表"的著名教育家陶行知先生曾经响亮地提出了"生活即教育""社会即学校""教学做合一"等著名口号。后稷教民稼穑，解决了当时民众得以

57

生存下去的基本的生活问题，为社会的发展做出了巨大的贡献。所以尧帝独具慧眼，重用后稷，将其封为农师，让其主管农业，解决民众的吃饭问题。到舜帝时，又把弃封在邰地（今武功杨凌一带）。这也许就等于让后稷在这个水利土质条件好的地方扩大试验、进行推广、让更多的民众受益吧。

由此可见，后稷教稼这个典故，所包含的教育元素是显而易见的。那个时代先民面临的最大问题就是吃饭问题，所以结合实际情况，围绕解决这个紧迫问题，后稷教给民众种植庄稼的方法，在当时应当说是最重要的教育。我们今天不是也强调教育要与生产劳动相结合，要为需要解决的问题服务吗？因此后稷教稼不仅在当时是迫切需要的，就是在今天也具有重要的现实意义。我们现在有好多所农业大学，其所开设的学科也是很多的。这应该说就是面向农业所进行的教育。在我们国家实施乡村振兴战略、大力解决三农问题的今天，后稷教稼的当代价值就显得越来越突出了。

文王演易

太史公司马迁说："文王拘而演周易。"正当西岐在文王治理下蒸蒸日上之时，纣王心腹崇侯虎进谗说："西伯积善累德，诸侯皆向之，将不利于帝。"纣王听信谗言，便以有要事相商为名，把西伯侯姬昌召进朝歌，囚禁于羑里（今河南省安阳市汤阴县）。睿智超凡、内心强大的文王，并未因此绝望而心灰意冷，反而利用这难得的清静时光研究占卜之术，推算吉凶祸福。他先后潜心研究七年，把对自然的审视、对社会的理解、对人生的感悟，概括得极为精当，把阴阳相依、祸福互变的哲理揭示得颇为透彻。这其中凝结的博大精深的学问和智慧，是诸子百家思想的渊源，被后世称为中国的圣经，也是预测学的源头。《史记·日者列传》有言："伏羲作八卦，周文王演三百八十四爻而天下治。"从治学育才的角度看，"文王拘而演周易"的典故，不是一般的历史故事，这是发愤治学、自我成才的典型案例。

一般的人，被突然抓起来关进监狱，会产生什么心态呢？可以说，被突然关进监狱，这是大祸从天降，是严重的打击，是重大的挫折，对于意志薄弱者来说，很可能产生绝望心理，从此一蹶不振，消沉下去，不仅不会有什么作为，甚至会自我放弃、自我颓废、自我毁灭。但志向高远、意志坚强的人却不是这样，往往会从困境中崛起，在危难中抗争，锲而不舍地奋斗，做出一般人想不到的伟大成就，创造出令人刮目相看的辉煌，被永远载入史册。周文王就是这样的人中豪杰，他被殷纣王关进监狱之后，不但没有消沉，没有颓废，没有绝望，反而认为这是另一种难得的机会，有利于实现自己过去一直忙于国事，无暇静下心总结经验著书立说的愿望。这么想着，他很快作出了明智的选择，利用这段时间，在伏羲八卦的基础上，继续推演《易经》，把平时对自然、社会、人生的深刻感悟系统地总结出来，做成一门学问，以供后世借鉴。他这么想着，这么坚持去做，终于推演出了博大精深的《周易》，成为后世诸子百家学说的源泉，成为东方的圣经。什么叫发愤图强？什么叫自我教育？什么叫自学成才？周文王都做出了最好的回答，给古往今来的人们树立了光辉的榜样。

像周文王这样做的，还有诸多志士仁人。对此，司马迁在《报任安书》中这样写道："文王拘而演《周易》；仲尼厄而作《春秋》；屈原放逐，乃赋《离骚》；左丘失明，厥有《国语》；孙子膑脚，《兵法》修列；不韦迁蜀，世传《吕览》；韩非囚秦，《说难》《孤愤》；《诗》三百篇，大底圣贤发愤之所为作也。"把这段话翻译成白话文就是：周文王被拘禁而推演八卦为六十四卦，写成了《周易》；仲尼（孔子）一生困顿不得志而作《春秋》；屈原放逐，写成了《离骚》；左丘明眼睛失明，就有《国语》传世；孙膑受了膑刑，就编著了兵书；吕不韦被流放到蜀地，《吕览》才流传于世；韩非被囚于秦，有《说难》《孤愤》传世；《诗经》三百篇，大都是圣人贤者抒发悲愤之情的作品。

这正如孟子所说："天将降大任于斯人也，必先苦其心志，劳其筋骨，饿其体肤，空乏其身，行拂乱其所为，增益其所不能。"的确，逆境可能毁灭弱者，但却一定会造就强者。也正如北宋苏轼所说："古今成大事者，不惟有超世之才，亦有坚忍不拔之志。"坚强不屈的意志，奋发有为的心态，百折不挠的进取心，才是通向成功的桥梁。古语云："艰难困苦，玉汝于成。""宝剑锋从磨砺出，梅花香自苦寒来。"西哲贝弗里奇说："人们最出色的工作往往在处于逆境的情况下做出。思想上的压力，甚至肉体上的痛苦都可能成为精神上的兴奋剂。"苏联著名作家奥斯特洛夫斯基也说："人的生命，似洪水在奔流，不遇着岛屿、暗礁，难以激起美丽的浪花。"古今中外的这些名言警句，都说明对于有雄心壮志的人来说，逆境、艰险与挫折不但不能把人打垮，反而会激发人的抗争精神和发愤图强的意志，从而战胜艰难险阻，创造出难以想象的奇迹。所以对于发愤成才的人来说，逆境反而会激发出奋发有为的强大动力，使坏事变成好事。

文王礼贤

商朝末年，纣王荒淫无道，残害忠良，鱼肉百姓，致使民不聊生。此时，隶属于商朝，地处西岐的周国已在渭水流域兴起。周国的国君就是有名的周文王，文王姓姬名昌，待人宽厚胸怀大志，以其敏锐的洞察力已预见到商王朝即将灭亡。于是，他广招人才，寻访贤士，为推翻腐朽的商朝做积极的准备工作。一时间，许多贤才纷纷投奔到周国，使国势日渐强盛。但是，周文王觉得还缺少一个能统筹全局、文韬武略的帅才，便希望早日得到这么一位大才。

有一次，周文王外出打猎，在渭水岸边上遇见了一位钓鱼的老人。老人须发斑白，看上去有七八十岁了。奇怪的是他一边钓鱼，一边嘴里不断地念叨："快上钩呀快上钩！愿意上钩的快来上钩！"再一看，老人钓鱼的鱼钩离水面有三尺高，并且是直的，不是弯的，上面也没有钓饵。文王看了很纳闷，就过去和老人攀谈起来。这老人姓姜名尚，又名子牙，是远古时代炎帝的后代。周文王在和姜尚的谈话中，发现姜尚是一个眼光远大，学问渊博的人。他上通天文，下知地理，对政治、军事各方面都很有研究，特别是对于当时的政治形势，分析得头头是道。他认为商朝的天下不会很长久了，应当由贤明的领袖出来推翻它，建立一个新的朝廷，让老百姓能过上好日子。姜尚的话句句都说到了文王心里。他本来就是为了想要推翻商朝，到处去寻访大贤人，这眼前的姜尚，确有经天纬地之才，不就是自己要寻访的大贤人吗？于是文王恳切地对姜尚说："我们盼望您很久了，请您到我们那里去，帮助我们治理国家吧！"说完，就叫手下人赶过车子来，邀请姜尚和自己一同上车，回到岐邑都城。随即拜为国相，总管全国的政治和军事。姜太公果然是个栋梁之材，他做了国相后，帮助周文王大力整顿政治和军事，对内发展生产，使人民安居乐业；对外征服各部族，开拓疆土，削弱商朝的力量。到文王晚年时，已经"三分天下有其二"，为灭商奠定了可靠的基础。周文王去世后，他的儿子姬发继承了王位，就是周武王。周武王继承父亲的遗志，尊称姜尚为师尚父，重用周公、召公等贤才，终于经过牧野之战，于公元前1046年灭掉了殷商，建立了国运长达八百年之久的周王朝。

文王访贤的经典故事，说明文王尊重人才，重用贤才，也说明只要经过长期努力使自己成为人才，就会被发现被重用，从而大显身手，建功立业。

孔子问礼

公元前523年的一天，孔子对弟子南宫敬叔说："周之守藏室史老聃（老聃又叫李耳，被尊称为老子），博古通今，知礼乐之源，明道德之要。今吾欲去周求教，汝愿同去否？"南宫敬叔欣然同意，随即请示当时鲁国的国君。得到国君批准后，派遣了一辆两匹马拉的马车，一个书童，一个车夫，由南宫敬叔陪孔子前往周国。老子见孔丘千里迢迢而来，非常高兴。彻夜长谈之后，老子带孔丘访大夫苌弘。苌弘擅长音乐，授予孔丘乐律、乐理。老子还引孔丘观看祭神之典，考察周国的教育基地和祭祀礼仪，使孔丘感叹不已，获益不浅。在周国待了数日，孔丘向老子辞行。老子送孔子到宾馆之外，语重心长地说道："吾闻之，富贵者送人以财，仁义者送人以言。吾不富不贵，无财以送汝；愿以数言相送。当今之世，聪明而深察者，其所以遇难而几至于死，在于喜好讥人之非也；善辩而通达者，其所以招祸而屡至于身，在于喜好扬人之恶也。为人之子，勿以己为高；为人之臣，勿以己为上，望汝切记。"孔丘顿首道："弟子一定谨记在心！"

两人边走边谈。到了黄河岸边，看见河水滔滔，浊浪翻滚，势如万马奔腾，声如虎吼雷鸣。孔丘伫立岸边，不觉叹曰："逝者如斯夫，不舍昼夜！黄河之水奔腾不息，人之年华流逝不止，河水不知何处去，人生不知何处归？"闻孔丘此语，老子道："人生天地之间，乃与天地一体也。天地，自然之物也；人生，亦自然之物；人有幼、少、壮、老之变化，犹如天地有春、夏、秋、冬之交替，有何悲乎？生于自然，死于自然，任其自然，则本性不乱；不任自然，奔忙于仁义之间，则本性羁绊。功名存于心，则焦虑之情生；利欲留于心，则烦恼之情增。"孔丘解释道："吾乃忧大道不行，仁义不施，战乱不止，国乱不治也，故有人生短暂，不能有功于世、不能有为于民之感叹矣"

老子道："天地无人推而自行，日月无人燃而自明，星辰无人列而自序，禽兽无人造而自生，此乃自然为之也，何劳人为乎？人之所以生、所以无、所以荣、所以辱，皆有自然之理、自然之道也。顺自然之理而趋，遵自然之道而行，国则自治，人则自正，何须津津于礼乐而倡仁义哉？津津于礼乐而倡仁义，则违人之本性远矣！犹如人击鼓寻求逃跑之人，击之愈响，则人逃跑得愈远矣！"稍停片刻，老子手指浩浩黄河，对孔丘说："汝何不学水之大德欤？"孔丘曰："水有何德？"老子说："上善若水：水善利万物而不争，处众人之所恶，此乃谦下之德也；故江海所以能为百谷王者，以其善下之，则能为百谷王。天下莫柔弱于水，而攻坚强者莫之能胜，此乃柔德也；故柔之胜刚，弱之胜强坚。因其无有，故能入于无间，由此可知不言之教、无为之益也。"孔丘闻言，恍然大悟道："先生此言，使我顿开茅塞也：众人处上，水独处下；众人处易，水独处险；众人处洁，水独处秽。所处尽人之所恶，夫谁与之争乎？此所以为上善也。"老子点头说："汝可教也！汝可切记：与世无争，则天下无人能与之争，此乃效法水德也。水几于道：道无所不在，水无所不利，避高趋下，未尝有所逆，善处地也；空处湛静，深不可测，善为渊也；损而不竭，施不求报，善为仁也；圜必旋，方必折，塞必止，决必流，善守信也；洗涤群秽，平准高下，善治物也；以载则浮，以鉴则清，以攻则坚强莫能敌，善用能也；不舍昼夜，盈科后进，善待时也。故圣者随时而行，贤者应事而变；智者无为而治，达者顺天而生。汝此去后，应去骄气于言表，除志欲于容貌。否则，人未至而声已闻，体未至而风已动，张张扬扬，如虎行于大街，谁敢用你？"孔丘道："先生之言，出自肺腑而入弟子之心脾，弟子受益匪浅，终生难忘。弟子将遵奉不怠，以谢先生之恩。"说完，告别老子，与南宫敬叔上车，依依不舍地向鲁国驶去。

回到鲁国，众弟子问道："先生拜访老子，可得见乎？"孔子道："见之！"弟子问。"老子何样？"孔子道："鸟，我知它能飞；鱼，吾知它能游；兽，我知它能走。走者可用网缚之，游者可用钩钓之，飞者可用箭取之，至于龙，吾不知其何以？龙乘风云而上九天也！吾所见老子也，其犹龙乎？学识渊深而莫测，志趣高邈而难知；如蛇之随时屈伸，如龙之应时变化。老聃，真吾师也！"

韦编三绝

"韦编三绝"出自《史记·孔子世家》，是一个十分感人的成语故事。韦，是指熟牛皮带子。古时用竹简写书，竹简用牛皮带编联起来，称"韦编"。三绝，多次断开。是说把用牛皮带编连起来的竹简书卷经常翻来翻去地阅读，久而久之，就连很结实的牛皮带也多次磨断裂开。后用来形容读书非常刻苦勤奋。

孔子是春秋末期杰出的思想家、教育家和政治家，是儒家学派的创始人。他名丘，字仲尼，鲁国陬邑（今山东省曲阜市）人，先世系宋国贵族，好学不倦，多才多艺，学识渊博，主张仁政德治。孔子曾经说过，他的学问都是通过刻苦钻研得来的。孔子幼年丧父，家境贫寒，没有受到良好的教育，只能通过自学来获得知识。他从15岁开始发愤读书，因为没有人教，在学习上碰到难题就多方请教。他不耻下问，请教过做官的人，也请教过普通老百姓，请教过白发苍苍的老人，也请教过头上梳着小辫儿的儿童。由于他虚心好学，发愤努力，30岁时便成为当地较有名气的学者。

在没有纸张制作书籍的年代。把竹子削成一片一片的竹签，刮去上面的青皮，用火烘干后在上面刻字，称为"竹简"。竹简有一定的长度和宽度，一根竹简只能写一行字，多则几十个，少则八九个。写成一部书要许多竹简，书的内容全部写上去以后，要用牢固的牛皮绳子把这些竹片按顺序编联起来，这样才便于阅读。这样做的过程就叫作"韦编"。由于一片竹简只能写很少的字，所以如果一部书的字数很多的话，那就需要几十斤甚至上百斤的竹片。像《易经》这样的书，当时是由许许多多竹简编联起来的，因此相当沉重。孔子到了晚年才开始学习周文王所演的《周易》，即《易经》。《易经》是很难读懂的一部古书，孔子下了很大的功夫，才把它全部读了一遍，还只是基本上了解了它的内容。接着，他又读了第二遍，掌握了它的基本要点。然后，他又读第三遍，对其精神实质有了比较透彻的理解。此后，为了深入研究这部书，同时也为了给弟子们讲解，他不知翻阅了多少遍《易经》，这样读来读去，把串联竹简的牛皮带子也给磨断了好几次，不得不换上新的再读。即使读到了这样的地步，孔子还谦虚地说："假如我能多活几年，我就可以更深刻地理解《易经》的文字与内容了。"孔子不仅读懂了《易经》，还在伏羲、文王和周公编著的基础上，增补了自己研习《易经》的好多精辟见解。所谓《易经》历经四圣而成，臻于完善，就是这个意思。

燕伋望鲁

　　燕伋（前541—前476年），字思，孔门七十二贤之一，渔阳（今宝鸡市千阳县水沟镇燕家山）人。燕伋22岁师从孔子，壮年返乡办起私塾，执教18年。其间，他想念恩师时总要登高望鲁，并用衣襟掬一些黄土堆在脚下，这样天长日久，便堆成了十余米高的土台，人称"燕伋望鲁台"。现宝鸡千阳县有燕伋望鲁台，距今已有2400多年的历史。燕伋因此被世人称为"中华尊师第一人"。据传，燕伋受父亲之命，前去鲁国拜孔子为师。孔子是春秋鲁国儒家学派的创始人，他知识渊博、教学有方，育才有道，是一个人人都想拜他为师的大教育家。他有3000弟子，72位"六艺"皆通的优秀弟子。燕伋就是他其中一个贤人弟子。

燕伋为了去鲁国拜孔子为师，特意带着"秦酒"作为拜师的见面礼。孔子有"酒圣"之称，看见燕伋拿了好酒来拜师，非常高兴，于是就收他做学生。后来，孔子和他的弟子见到老子的时候，便将"秦酒"作为珍品送给他，老子也同样对此酒赞不绝口，在孔子周游列国的时候，又将"秦酒"作为礼品给各国的君王和大臣品尝，他们都赞赏不已。从这里可以看出"秦酒"的尊贵之处，更可以看出燕伋对老师的尊敬之情。燕伋求学归来后，他在渔阳授教18年，将孔子学说发扬光大。在此期间，他也因为思念恩师，常常独自一人饮"秦酒"来表达自己的思念之情。后来更是每天东望鲁国，以表达对恩师孔子的思念之情。在燕伋去鲁国求学时，他的父亲亲手做了一根扁担，让他用来挑书籍和行李。因为求学路途遥远，长途跋涉，燕伋磨破了他的鞋子，摔破了他的衣服，但他的扁担丝毫没有损坏。这根扁担也成了他支撑下去的力量。在遇到豺狼劫匪时，这根扁担也成了他的护身武器，帮他赶走野兽，打跑匪徒。燕伋在鲁求学跟随孔子周游列国时，也是这根扁担为孔子挑起了行李。在燕伋求学回去时，孔子在他的扁担上题上"铁扁担"三个字，以此来激励他。这就是燕伋求学的典故。燕伋望鲁台是春秋战国时期，孔子的学生燕伋逐步堆造起来的土台。燕伋每天在学堂后面的黄土堆上，瞭望远方的鲁国，为了能站得更高，看得更远，燕伋每天用土一点点垫高，久而久之，那土台就越堆越大，越堆越高。后人为了纪念燕伋，就将这堆高大的土台称为燕伋望鲁台。望鲁台，屡经修缮，已经蔚为大观，底径达35米，高11米，连同各种辅助设施，整体占地面积8000多平方米。此台历经沧桑，已有数千年历史，且历代都有修葺，至今依然巍然屹立。燕伋望鲁台已经成为"省级重点保护文物"单位，吸引了越来越多的游客。燕伋登高望鲁，感念恩师，被誉为中华尊师重道第一人。燕伋登台望鲁的历史文化典故，具有厚重的文化蕴含和教育价值。

苏秦刺股

战国时代的纵横家苏秦，早年师从于鬼谷子门下。传说这鬼谷子乃为仙人，欲度一二弟子成仙，自庞涓、孙膑陆续下山求取功名后，鬼谷子更看重苏秦、张仪。可是这师兄弟二人同样无意成仙，见庞、孙二人已在各国建立功名，也想下山入仕。鬼谷子无奈，只好准许二人下山。临行前特意叮嘱二人要齐心合力，万勿效孙、庞二人兄弟相残，并送太公所著《阴符》一册与苏秦，嘱其"若游说失意，只需熟玩此书，自有进益"。于是苏秦辞别鬼谷子下山，回到了洛阳家中。

归家只安顿了几天，苏秦觉得自己学业有成，急欲出游列国寻求富贵。于是向家里请求变卖家财，用以资助自己求仕于列国。可母、嫂并不理解苏秦的这种举动，都极力劝阻："为人要讲究实际，如果你能踏踏实实务农或经商，也许还能获利十之一二，你一心只想游说君王，好高骛远，万一得不到重用，你可能连养家糊口都难呀！"可苏秦一心求仕，并不为所动。恰好当时卫鞅游说秦孝公被委以重任，主持变法成功被封为商君，苏秦觉得秦国可能是自己大显身手之地，于是西奔咸阳。但那时孝公驾崩，商鞅也被处死，秦国由惠文王主政。秦惠文王刚刚杀掉商鞅，心里正讨厌游说之士，便没有给苏秦好脸色。可苏秦并不死心，留在秦国将自己数年来的求学心得写成十余万字的治国方略，先后上书秦王十多次。秦王看是看了，却一点也没有起用苏秦的意思。这样在秦国待了一年多，带来的钱都花光了，也没得到秦王的任用，苏秦无可奈何，只好变卖车马仆从，自己背着行囊徒步而归。母亲本来就不同意苏秦的做法，见到落魄的苏秦后大骂一顿；妻子正在织布，对苏秦的归来视而不见。苏秦又累又饿，只好向自己的嫂子求一碗饭，嫂子看到苏秦的狼狈相，嘴一撇，再也不理睬了。

苏秦看在眼里，痛在心上。心想真是世态炎凉呀，贫贱之时妻不以为夫，嫂不以为叔，母不以为子。失意时突然想起恩师鬼谷子临下山时曾送了自己一本《阴符》，并特意叮嘱自己若游说失败，当仔细研读此书。于是翻出《阴符》，将自己关在屋内潜心研读，至夜深人静时自然困倦。为了让自己精神振作起来，苏秦准备了一把锥子，一旦倦意上来，便拿锥子狠狠刺向自己的大腿，鲜血顿时涌出，直流至脚下，受到这种刺激，倦意自然消失了，于是苏秦夜以继日，苦读不倦。如此经过一年多，世间奥妙，天下大势，强国之道，尽在苏秦掌握之中。他禁不住信心百倍，不但自己仍要游说列国，还将自己的学习心得向兄弟苏代、苏厉等宣讲。这两兄弟也不是一般人物，听了苏秦的理论，认为的确可以在战国之乱世中大显身手。于是一起变卖了家里所有的财产，共同资助苏秦游说列国。因此时七雄中秦国最强，所以这兄弟三人一开始还是想去秦国。可再一想不行呀，苏秦曾向秦王推荐自己一年有余，上书也不下十次，可仍没有得到秦王赏识。如果再次西游，仍然得不到重用，岂不被天下人耻笑？果真如此，还有何面目再游说其他国家？于是他们就先去哪国的问题研究了很长时间，终于有一天苏秦开窍了："观现如今天下大势，虽七雄并列，但秦国最强，其他六国都要看秦国的动静，秦王说东列国不敢说西，秦王一怒，列国无不割地以献之。如果能想一个列国结盟之策，让六国联合起来抗秦，则秦虽强而必不敌六国之众！"想到此，苏秦顿时兴奋不已。于是兄弟三人再三琢磨，反复研究，终于拿出了六国合纵共抗强秦之策。

于是，苏秦先来到燕国拜见燕文公。虽然苏秦游说秦国未得重用，但他为秦王上万言书的名声早已远扬于诸侯之中。燕文公一听大名鼎鼎的苏秦来到燕国，大喜过望，立即将苏秦请上朝堂，当面请教兴国之策。这苏秦功不枉费，总算遇到了能听其纵论天下大势之君。他便拿出平生所学，在燕文公面前点评燕国的国际地位："大王之国虽位列七雄，但土地不过方圆两千里，军队也不过数十万而已，与中原列国相比，恐怕都不及他国一半。但自大王执政以来，几乎听不到金戈铁马之声，也未见到覆车斩将之景，自今好像安居无事，大王是不是也有些奇怪？"说罢苏秦故意顿了顿，见燕文王仍洗耳恭听，便接着说下去："燕国之所以还没有经历刀兵之苦，都是因为您有赵国这个天然屏障，使秦国无法越过赵国直接攻打您呀。如今大王却不与邻邦赵国结好，反而一味想割地以讨好远方的秦国。这种做法是不是有些失策？依在下愚见，如果大王能与近邻赵国结为友好联邦，进而与其他五国共同结盟，那么秦国再强，如何能敌六国之盟？果真如此，天下才可得百世之安！"燕文公听完这一席话，虽然也赞同苏秦之计，但却担心其他各国是否也同意这个计划。苏秦见自己的主张有人同意，立即来了精神，拍着胸脯向燕文公保证："如果大王信得过我，我可以先为大王出使赵国，定让那赵王与大王结盟，进而为大王游说列国，以促成六国之盟！"燕文公听罢大喜，立即出资让苏秦赴赵国游说赵王。到了赵国，苏秦又凭自己的三寸不烂之舌，说服赵王接受了自己的合纵主张，并以相国之印授予苏秦，让苏秦再去游说其他国家。于是苏秦到达韩国游说韩宣王、到达魏国游说魏襄王、到达齐国游说齐宣王、到达楚国游说楚威王。众诸侯均对苏秦合纵抗秦之计大加赞赏，于是六国共约会盟于洹水，达成联合抗秦的盟约。六国因合纵抗秦之计出于苏秦，遂共推苏秦为纵约长，并配六国相印总辖六国结盟大计，同时各赐苏秦黄金百镒，良马十乘，然后各国返回。凭此盟约，此后十五年，秦国再也不敢进攻其他六国。

贵为六国之相，当苏秦再回到家乡洛阳时，旌旗仪仗前呼后拥连接二十里不绝，其威仪毫不逊色于诸侯王。一路上，各级官员见到苏秦，无不望尘下拜。就连苏秦的家人也态度大变，看到如今身配六国相印的苏秦也不敢抬头仰视，皆俯伏郊迎。苏秦坐在车中，看着拜伏于地的嫂子说："从前嫂子连一碗饭都舍不得给我吃，如今为什么又如此恭敬我呢？"其嫂面带愧色答道："如今您位高权重，富贵无比，谁敢不恭敬您啊！"苏秦看着满地俯伏之人，发出一声长叹："世情看冷暖，人面逐高低。现在我才知道了富贵的好处呀！"

第四章　西汉以来历代名家教育思想传承

周代是我国古代教育的奠基阶段，尤其是春秋战国时期，大师辈出、群星灿烂，留下了许多弥足珍贵的教育思想，为后世贤哲所继承。自西汉以来，我国教育名家辈出，历代贤哲无不重视教育，他们在继承周代圣贤教育思想的基础之上，发扬光大，形成了自己的教育思想，既推动了教育的发展，又丰富了教育理论，还留下了值得我们借鉴和学习的典范。

董仲舒

董仲舒（前179—前104年），西汉著名思想家、政治家、教育家、唯心主义哲学家和今文经学大师。汉景帝时任博士，讲授《公羊春秋》。董仲舒在著名的《举贤良对策》中系统地提出了"天人感应""三纲五常""大一统"学说和"诸不在六艺之科、孔子之术者，皆绝其道，勿使并进""罢黜百家，独尊儒术"的主张为武帝所采纳，使儒学成为中国社会正统思想，影响长达2000多年。其学以儒家宗法思想为中心，杂以阴阳五行说，把神权、君权、父权、夫权贯穿在一起，形成帝制神学体系。

教育思想：

董仲舒强调"谨小慎微"，采取"众小成多、积小致巨""渐以致之"的方法。

主张立太学，设庠序，置明师以养天下之士，提出了人才素养的观点。并且主张养士与选士并举，促进了学校教育的发展。

主张以儒家《六经》为教材，道德教育则以三纲五常、正谊明道为内容。

在教育、教学的原则与方法上，提出了多连博贯、学贵专一、勉强学问和以仁安人、以意正我、明于性情、必仁且智的主张。

提出教师应遵循"圣化"的原则，即要求教师要以身作则，注意学生的才性特长，把多种教学原则合理地结合运用，注重教学上的综合效应。

教育实践：

董仲舒在30岁时，开始招收了大批学生，精心讲授。他讲学，在课堂上挂上一副帷幔，他在帷幔里面讲，学生在帷幔外面听。同时，他还经常叫他的得意门生吕步舒等转相传授。

通过讲学，董仲舒为汉王朝培养了一批人才，他的学生后来有的当了诸侯王国的国相，有的成了长史。由于董仲舒广招门生，宣扬儒家经典，他的声誉也日益扩大，在汉景帝时当了博士，掌管经学讲授。他曾走出家门，设坛教授，课讲得十分精彩，弟子很多，弟子再教弟子，一些再传弟子甚至只是听说过他的大名，但没见过他的面。他一门心思教学和研究，甚至三年都没回家看一下。他的行为举止，都遵循礼节，很多读书人都尊他为师。汉武帝继位后，董仲舒出任江都国的国相。他治理江都国，主要是以《公羊》为指导，通过推究"自然灾异""阴阳运行错误"的原因，然后在求雨时能关闭阳气，释放阴气，使天下雨；止雨时，能关闭阴气，释放阳气，使雨停止。在江都国，他这样做，从来都没出现错误。后来，他被废为中大夫。江都王相被罢免后，董仲舒不敢再说灾异之事，而是干起了老本行，从事教学活动，又教了十年的《公羊春秋》。

王　充

王充（27—约97年），字仲任，出生于会稽上虞（今浙江省绍兴市），东汉思想家、文学批评家。王充出身"细族孤门"，自小聪慧好学，博览群书，擅长辩论。后来离乡到京师洛阳就读于太学，师从班彪。常游洛阳市肆读书，勤学强记，过目成诵，博览百家。为人不贪富贵，不慕高官。曾做过郡功曹、州从事等小官，因政治主张与上司不合而受贬黜。后罢官还家，专意著述。晚年，汉章帝下诏派遣公车征召，不就。汉和帝永元年间，卒于家中。

王充是东汉著名的哲学家，其教育思想内容极其宽泛，涉及教育的方方面面，对后世影响深远，对当今教学实践很有启示，他提出要重视教育的作用，培养创新性人才，鼓励批判精神，注重理论联系实际。其敢于怀疑、敢于批判、敢于创新的精神值得当代学习和借鉴。王充在其唯物主义观点的基础上提出了他对于教育各方面的主张，肯定人的知识才干是学而知之，提出教育可以改变人，合理地说明了教育在人的发展中的作用。

王充的代表作品《论衡》，85篇，20多万字，分析万物的异同，解释人们的疑惑，是中国历史上一部重要的思想著作。

教育思想：

王充的教育思想以鲜明的批判精神为特征，尤其是他"不避上圣"的风格具有强烈的学术民主精神。他敢于破除传统，批判权威，给人以耳目一新之感，在一定程度上起到了思想解放的作用。

养"文人"和"鸿儒"的教育目标。王充提出了培养理想人才的教育目的。他将当时的知识分子分成五个级别，分别是：

文吏：受过识字教育，但"无篇章之通，不闻仁义之语"，长大以后，或依靠自己的门第，或攀援权贵，入仕成吏。起用这种人不利于国家实行德治的政策。所以他对这种人持批判否定的态度。

儒生：他们能够精通儒家经书中的一种，"能说一经""旦夕讲授章句"。虽以教学为职资，但知识面极其狭窄，不能博古通今。这种人虽不怎么好，但不能令人满意。

通人：虽然他们"博览古今"，掌握了丰富的书本知识，但他们不能把书本知识和社会实际结合起来，缺乏理论思维能力，不能"掇以论说"。

文人：知识渊博，能够将各种知识融会贯通，将书本知识和实际政治结合起来，利用自己拥有的知识"上书奏记"，对实际政治加以评论和提出自己的建议。他们能成为称职的行政人才。

鸿儒：知识分子中最高级的一层。他们最明显的特征是能够"精思著文，连结篇章""兴论立说"，具有创造性的理论思维能力。他们不仅系统地掌握现存的社会知识，且不受前人思想的束缚，创新知识，是不可多得的理论学术人才。

王充的教育目标是培养文人和鸿儒。即把培养杰出的政治人才和学术人才作为教育的最高目的。在中国教育史上，王充首次明确地提出教育应培养创造性的学术理论人才。

"博通百家"的教育内容。王充认为不仅儒家学术有益于政治，诸子百家的学说同样是"治国肥家之术，刺世讥俗之言"，同样需要学习。知识是改造社会的重要力量，凡是人类社会有史以来所积累下来的一切文化知识都应该学习。善于学习的人，"其于道术，无所不包"。人的知识越广博，思考得越深入，他的观察能力就越敏锐，处理政治事务的能力也就越高强。

王充不仅要求人们从书本中获得知识，而且还应从现实的自然世界和人类社会中获得知识。从某种意义上说，现实的知识比书本知识更为重要。

学习方法：

学知与闻见。王充认为所谓"圣人"的"独见之明，独听之聪"，都是建立在一定的经验凭据的基础上"皆缘前因古，有所据状"，"有因缘以准的之"。所以圣人过人的料事能力并不是"不学自知，不问自晓"，而是他们积累了比常人更为丰富的可以作为"准的"的经验和知识。

"闻见"是圣人积累经验知识的一个基本手段。"圣人不能生知，须任耳目以定情实""如无闻见，则无所状"，他们一方面留心周围的事物，注意积累生活经验；另一方面广闻博览，通过书本或其他间接途径吸收他人的生活经验、他人的思想，接受间接知识。

思考与求是。王充强调"以心原物""是非者，不徒耳目，必开心意"。经验和知识是形成个体分析解决问题能力的第一性因素。缺乏闻见，缺乏学问，就失去了推知事物的依据，思维便缺乏感觉基础。但是要使经验知识转化为分析解决问题的能力，则少不了理性的思考。王充认为，分辨知识真伪的一个行之有效的方法是坚持"效验""有证"的原则，要使立论成立不仅仅要有雄辩的推理，更要有事实的根据，有实践的检验，"事莫明于有效，论莫定于有证"。

问难与距师。"诘难孔子，何伤于义""伐孔子之说，何逆于理？"要获得真正的知识，必须打破唯师是从、唯书是从的心理。"学问之法，不唯无才，难于距师，核道实义，证定是非也。"要打破崇拜古人，崇拜权威的心理。对于古人，包括像孔子、孟子这样的大圣人，如果他们的言论与事实不符或前后自相矛盾，也要敢于提出质疑，对于明显的错误，要敢于否定，敢于批判。

颜之推

颜之推（531—约597年），字介，生于江陵（今湖北省江陵县），祖籍琅琊临沂（今山东省临沂市），南北朝时杰出的文学家、教育家。

颜之推年少时因不喜虚谈而自己研习《仪礼》《左传》，由于博览群书且为文辞情并茂而得到南朝梁湘东王萧绎赏识，19岁便被任为国左常侍；后于侯景之乱中险遭杀害，得王则相救而幸免于难，乱平后奉命校书；在西魏攻陷江陵时被俘，遣送西魏，受李显庆赏识而得以到弘农掌管李远的书翰；得知陈霸先废梁敬帝而自立后留居北齐并再次出仕，历20年，官至黄门侍郎；北齐灭后被北周征为御史上士，北周被取代后仕隋，于开皇年间被召为学士，后约于开皇十七年（597年）因病去世。

学术上，颜之推博学多识，一生著述甚丰，所著书大多已亡佚，今存《颜氏家训》和《还冤志》两书，《急就章注》《证俗音字》和《集灵记》有辑本。

教育地位：

颜之推，南北朝时期杰出的思想家、教育家，著有《颜氏家训》，这是他一生关于士大夫立身、治家、处事、为学的经验总结，在封建家庭教育发展史上有极其重要的影响。后世称此书为"家教规范"。

教育思想：

颜之推认为，教育子女是做父母的重要而严肃的课题。他把儒家的"少成若天性，习惯如自然"作为自己的指导思想。他主张从"胎教"开始，并对"胎教"提出严格的要求。当然"胎教"之法是否科学有待研究，但他十分重视幼儿教育。他认为一般人家没有条件进行"胎教"，也要从婴儿期进行教育。他主张"父以教为事"，但反对一味溺爱"恣其所欲"，把孩子娇惯成家庭的暴君。"少成若天性"，以后再教育就困难了。

在教育方法上，颜之推主张把爱护子女和教育子女结合起来，重视父母对子女的榜样示范作用。在教育思想上，颜之推提倡终身学习，既强调重视儿童的早期教育，又提出直到当代仍有较强指导意义的晚学的思想。在学习内容上，颜之推反对士大夫饱食终日、轻视技艺、不学无术的做法，提倡"实学"，主张封建知识分子要接触社会实际生活，学习经世致用的知识，学习农业生产知识。

韩　愈

韩愈（768—824年），字退之，河南河阳（今河南省孟州市）人，自称"郡望昌黎"，世称"韩昌黎""昌黎先生"。唐代中期官员，文学家、思想家、哲学家、政治家、教育家。

贞元八年（792年），韩愈登进士第，两任节度推官，累官监察御史。后因论事而被贬阳山，历都官员外郎、史馆修撰、中书舍人等职。元和十二年（817年），出任宰相裴度的行军司马，参与讨平"淮西之乱"。其后又因谏迎佛骨一事被贬至潮州。晚年官至吏部侍郎，人称"韩吏部"。长庆四年（824年），韩愈病逝，年五十七，追赠礼部尚书，谥号"文"，故称"韩文公"。元丰元年（1078年），追封昌黎伯，并从祀孔庙。

贡献地位：

韩愈是唐代古文运动的倡导者，被后人尊为"唐宋八大家"之首，与柳宗元并称"韩柳"，有"文章巨公"和"百代文宗"之名。后人将其与柳宗元、欧阳修和苏轼合称"千古文章四大家"。他提出的"文道合一""气盛言宜""务去陈言""文从字顺"等散文的写作理论，对后人很有指导意义。著有《韩昌黎集》四十卷，《外集》十卷，《师说》等。

教育思想：

韩愈认为，要善于识别人才、培养人才。指出，"世有伯乐，然后有千里马。千里马常有，而伯乐不常有。故虽有名马，祗辱于奴隶人之手，骈死于槽枥之间，不以千里称也"。提倡勤奋刻苦、独立思考。"业精于勤，荒于嬉；行成于思，毁于惰。"教学方法上注意生动活泼。

韩愈重视师道尊严，主张学无常师，他认为教师的职责是"传道""授业""解惑"。韩愈三进国子监，任博士一职，后又任国子监祭酒。他力改耻为人师之风，广招后学，亲授学业，留下了论说师道激励后世和提携人才的文章。在教育方面的论文中，他强调了求师的重要性，认为只要是有学问的人，就是自己的老师；把有才能人比作千里马，阐释了在位之人如何识别人才、对待人才和使用人才的问题。

周敦颐

周敦颐（1017—1073年），又名周元皓，原名周敦实，字茂叔，号濂溪，谥号元公，道州营道楼田保（今湖南省道县）人，世称濂溪先生。周敦颐是"北宋五子"（其余四人为张载、程颢、程颐、邵雍）之一，宋朝理学思想的开山鼻祖，文学家、哲学家。著有《周元公集》《爱莲说》《太极图说》《通书》（后人整编进《周元公集》）。周敦颐所提出的无极、太极、阴阳、五行、动静、主静、至诚、无欲、顺化等理学基本概念，为后世的理学家反复讨论和发挥，构成理学范畴体系中的重要内容。

兴教办学：

庆历六年（1046年），周敦颐在担任荆湖南路郴州郡郴州县县令期间，最突出的政绩是兴教办学。一来郴县，周敦颐就在公务之余，利用旧有的县学兴教讲学。二程的父亲大理寺丞程珦在南安（今江西省大余县南安镇）认识了周敦颐，见他"气貌非常人"，与之交谈，更知其"为学知道"，同他结为朋友，随即将两个儿子程颢、程颐送至南安拜其为师受业。庆历六年（1046年）冬，升移到郴州的桂阳任县令（今湖南省郴州市汝城县）。皇祐四年（1050年），被改任为郴州桂阳令，继续兴教办学。

教育思想：

周敦颐教育思想包括三方面：

一是"教人向善，进德修业"的教育目的。周敦颐认为人性向善，很大程度上依赖于师之教。

二是"六经为主，以诚为本"的教育内容。他十分重视儒学经典，始终将"诚"放在育人最显要的位置，反复阐述，在《通书》中"诚"

字的出现就高达20次之多。

三是"自学为主,重在启发"的教育方法。始终坚持开明的教育方法,除了邀请当时的学界名流来讲学,采用学生自学为主,特别注重启发原则。

逸闻趣事:

交谈三日,将妹嫁之:嘉祐四年(1059年),太常丞蒲宗孟从合州经过,与周敦颐交谈三日,既投缘又深感周敦颐的崇高正大,旷达潇洒。就在第二年,把自己的妹妹蒲氏嫁给了周敦颐。三年后生子周涛。

论道王安石,废寝忘餐:嘉祐五年(1060年)六月,周敦颐从合州(今重庆市合川区)解职回京,正好遇上回京述职的王安石。他们相互间仰慕已久,在京城,在一个风清月明的夜晚,周敦颐应邀造访了王安石。王安石对年长自己四岁的周敦颐充满了崇敬,相见恨晚。以至于周敦颐离开了,他还久久地回味着、感慨着,忘记了睡觉和吃饭。他们这次的聚会和交谈,双方都从对方那里得到了新的思想启悟。

庐山结缘:嘉祐六年(1061年),迁国子监博士,通判虔州。周敦颐的好友潘兴嗣,知道他要经过江州,就提前赶到江州等候,在驿馆与周敦颐见了面,邀他一起畅游庐山。

千古绝唱《爱莲说》:嘉祐八年(1063年)五月,周敦颐应邀与一群文朋诗友游玩聚会。兴之所至,大家便相约写诗作文。周敦颐一气呵成挥笔而就一篇119字的散文,就是名传后世的《爱莲说》。

张 载

张载(1020—1077年),字子厚,祖籍大梁(今河南省开封市),生于长安(今陕西省西安市),后侨寓于眉县横渠镇(今陕西省眉县横渠镇)并在该地安家、讲学,世称"横渠先生"。"北宋五子"之一,杰出的思想家、教育家、理学创始人之一，其"为天地立心，为生民立命，为往圣继绝学，为万世开太平"的名言，被称作"横渠四句"，因其言简意赅，历代传颂不衰。

北宋天禧四年（1020年），张载出生，少喜谈兵，曾欲结客收复洮西失地，上陈《边议九条》，交好范仲淹。范仲淹劝其研读儒家"六经"。嘉祐年间中进士，任签书渭州判官公事，协助渭州军帅蔡挺筹划边防。熙宁二年（1069年）为崇文院校书。次年，因病屏居，读书讲学。熙宁十年（1077年），张载同知太常礼院，复以病归；岁末，病逝于临潼，时年五十八，尊称张子，封先贤，奉祀孔庙西庑第三十八位。

张载博览群书，其学以《易》为宗，以《中庸》为体，以孔、孟为法。认为世界万物的一切存在和一切现象都是"气"，即"太虚"，主张"理在气中"。又认为只有"德性之知"才能认识"天下之物"。长期讲学于关中，故其学派称为"关学"。著有《正蒙》《横渠易说》《经学理窟》《张子语录》等，后人编为《张子全书》。

教育思想：

张载关学教育思想，主要有以下几个方面：

以德育人，变化气质。张载认为，人的本然之性，即天地之性，无不善，只是由于气质之性的蔽障，阻塞而有不善。为了使人为善，就必须通过教育、学习、变化气质，返本为善，从而成为有道德的人。教育的最终目的是达到圣人境界。

幼而教之，长而学之。张载对于教育理论的研究极为重视，有独到之见。认为对人的教育要从早抓起，实行胎教，"幼而教之，长而学之"。注意儿童心理，创造良好的环境，发展儿童天性，从小就培养儿童的良好习惯和道德行为，长大继续学习，使之强化，最终造就有用之才（《张子语录》）。强调早期的教育和继续教育，是张载关学教育思想的又一特色。

　　立志向学，勤勉不息。张载认为"志"是教育的大前提，一个人求知为学，为人做官，都必须"立其志""正其志""人若志趣不远，心不在焉，虽学无成"。有了志向目标，就要孜孜不倦，勤勉不息，达到目标，实现理想。（《经学理窟》《正蒙·至当篇》）

　　循序渐进，博学精思。张载对学习方法也进行了深入研究。他认为学习求知是一个循序渐进的"有序"过程。既不能停止间断，又不能急于求成，躐等而教。老师应循序而教，学生应循序而学。他还认为，求学的渐进过程积累功夫，应当以"三年为期"，学者自朝至昼至夜为三节，每天勤学苦读，由日积月，期月成年，至三年事大纲惯熟，经过这样的渐进功夫，学习方可有成。学有所成，还必须博学精思。（《经学理窟》）

　　学贵心悟，去疑求新。关于读书方法，张载强调：人思考的主要器官是"心"，为了思之精，察之微，就要使心常在，常存，心思有疑释之，去之，便会获得新的知识，认识新的义理。所以，他力倡"学贵心悟，守旧无功"的学问之法及求知精神（《张子语录》）。张载对读书求知方法论述要点概括为用心、熟读、精思、经常、不懈、去疑、求新、勿助、勿长、讲论、开塞、实作、实行等。张载关于读书求知方法的论述，得到后世学者的反复评价。如朱熹《近思录卷三》所说："此论甚当，若不濯去旧见何处新所意来。"

　　启发诱导，因材施教。张载作为一个杰出而成功的伟大教育家，对教学原则和教育规律有独到而深刻的论述。张载主张在教学的实际过程中，教师要循循善诱，启发引导学生的求知意识，学习兴趣。同时，要根据学生的不同情况，接受能力，因材施教，满足各类学生的不同需求，从而达到教学目标。

　　虚心求知，择善而从。张载认为，学习求知，必须虚心，虚心方能接纳百物，汇合各种知识，进入神明之境。虚心就是不以己有之知存于心中，干扰接纳新知，所以"虚心"就是"静心""一静"。张载说："天地以虚为德、至善者虚也。虚者天地之祖，天地从虚中来。"(《张子语录》)"静者善之本，虚者静之本，静犹对动，虚则至一""与天同源谓之虚，须行事实故谓之实""天地之道无非以至虚为实，人须于虚中求出实。圣人虚之至，故择善自精"。(《张子语录》)张载主张，人求学问，必须去除"意、必，固、我"，达到至诚，存德，虚静。要向各种人物学习，不耻下问，择善而从。

学贵有用，道济天下。张载认为，教育的最终目的是使人变化气质而成为圣贤。教育必须注重道济天下，利济众生。教育学生做一个对天下、对人民有用的人。所以特别强调"学"。

教学方法：

叩其两端法。这是对孔子实行教学方法的继承和发展。即从正反面来讲解，或从起因和结果两头入手分析问题，使学生理解问题的正确答案。"有不知则有知，无不知则无知，是以鄙夫有问，仲尼竭两端而空空。"

叩钟法。张载在阐释《礼记·学记》中"善待问者如撞钟，叩之以小者则小鸣，叩之以大者则大鸣，待其从容。然后尽其声。不善答问者反此，此皆进学之道也。"这段话是说："洪钟未尝有声，由叩乃有声；圣人未尝有知，由问乃知，当其可，乘其间而施之，不待彼有求有为后教之也。"(《正蒙·中正篇》)

时雨法。张载认为，对人的教育如同"时雨之化"，适时而教，当可而告，及时答问，方可收到良好的效果。

不待讲论法。张载认为，有些知识，不须讲论，一问便知，知而明之则可，故"不待讲论""更不须讲"。他说："圣人于文章不讲而学，盖讲者有可否之疑，须问辨而后明，学者有所不知，问而知之，则可否自决，不待讲论。"意思是问而知之，可否之疑。自己决断，不要受老师可否的影响，自己决定是非取舍，发挥学生的主体意识，这也是启发诱导的一个重要的方法。

王安石

王安石（1021—1086年），字介甫，号半山。抚州临川（今江西省抚州市）人。北宋时期政治家、文学家、思想家和改革家，"唐宋八大家"之一。

王安石潜心研究经学，著书立说，创"荆公新学"，促进宋代疑经变古学风的形成。在哲学上，他用"五行说"阐述宇宙生成，丰富和发展了中国古代朴素唯物主义思想；其哲学命题"新故相除"，把中国古代辩证法推到一个新的高度。他的"天变不足畏，祖宗不足法，人言不足恤"名言激励着后世改革家们。他被列宁誉为"中国十一世纪的改革家"。

教育思想：

王安石从"教""养""取""任"四个方面系统论述了人才的培养、管理、选择和使用。他认为，人的品德才能的形成，主要取决于后天环境的影响和个人的主观努力。如果缺乏"受之人"的教育，"受之天"的禀赋再优越也难以成才。

他认为教育的目的是要造就"可以为天下国家之用"的治国人才。他重视培养从事实际工作的能力和才干，同时也强调封建伦理道德的修养，特别是政治立场的一致性。

程颢、程颐

程颢（1032—1085年），北宋理学家、教育家，字伯淳，人称明道先生，河南府（今河南省洛阳市）人。程颐（1033—1107年），北宋理学家、教育家，字正叔，人称伊川先生，为程颢之胞弟，兄弟两人合称"二程"，名列"北宋五子"，为宋明理学的奠基者。

教育思想：

程颢提出教育之目的乃在于培养圣人的思想。"君子之学，必至圣人而后已。不至。"程颢还提出，读书以期"讲明义理"，注重读书方法，"读书将以穷理，将以致用也"，不可"滞心于章句之末"，为此者乃"学者之大患"。

程颐主张在教育内容上以伦理道德为其根本。"学者须先识仁。仁者蔼然与物同体，义、智、信，皆仁也。"教育以德育为重，强调自我修养，其途径为致知、格物、穷理。"致知则智识当自渐明"，致知乃在穷理，即尽天理。致知的办法是"格物"。

教育实践：

宋神宗在位期间（1068—1085年），程颢任御史。因与王安石政见不合，不受重用，遂潜心于学术。《宋史》本传称："慨然有求道之志。泛滥于诸家，出入于老、释者几十年，返求诸'六经'而后得之。"与弟程颐开创"洛学"，奠定了理学基础。他先后在嵩阳、扶沟等地设学堂，并潜心教育研究，论著颇巨，形成了一套教育思想体系。程颢一生著述不少，又长期讲学，有后人效《论语》等将其言论辑录成册。二程的著作有后人编成的《河南程氏遗书》《河南程氏外书》《明道先生文集》《伊川先生文集》《二程粹言》《经说》等，程颐另著有《周易传》。其中，二程的学说后来由南宋朱熹等理学家继承发展，成为"程朱"学派。

程门立雪：

北宋神宗元丰五年（1082年），为了便于著书传道，程颐上书宰相文彦博，希望将洛阳城南10公里处龙门山胜德庵上方寺附近的"荒芜无用之地"，拨给他作为学田，以供著书讲学资用。文彦博满足了程颐的要求，把自己在伊川鸣皋镇一处庄园赠给了他。程颐就在文彦博所赠的庄园上建立了书院，正房五间为讲堂，东西厢房各三间是弟子居住的地方，门厅一间，匾书"伊皋书院"。另有宅地10亩，粮田10顷，以赡生徒。书院兴办后，四方学子，云集程门，"讲易学、授理学"，求教者日夕盈门，"学者出其门最多，渊源所渐，皆为名士"。程颐此后终生在书院著书讲学，他的思想体系和著述及其传道活动大多是在伊皋书院完成，故被称为"伊川先生"。程颐所传之道，就是对后世产生深刻影响的"洛学"，它对宋代理学思想体系的建立起了奠基作用，具有开创之功。

程颐与哥哥程颢同为理学大家，人称"二程"，但弟弟的寿命比哥哥长20多年，因此二程弟子中的大多数学生为程颐的学生。程颐、程颢两兄弟的直传弟子很多，较有名的有80余人，大多有史可查，其中吕大临、杨时、谢良佐、游酢被称为"程门四先生"。

杨时精通史学，能文善诗，人称龟山先生。他年轻时就考中了进士，为了继续求学，放弃了做官的机会，奔赴河南拜二程为师，钻研学问。有一天，杨时和游酢前来拜见程颐，在窗外看到老师在屋里打坐。他俩不忍心惊扰老师，又不放弃求教的机会，就静静地站在门外等他醒来。可天上却下起了鹅毛大雪，并且越下越大，杨时和游酢仍一直站在雪中。等程颐醒来后，门外的积雪已有一尺厚了。这时，杨时和游酢才踏着一尺深的积雪走进去。后来杨时成为天下闻名的大学者，这件事也被作为尊师重道的范例，传为学界佳话，由此演变成成语"程门立雪"。

宋室南迁后，文化中心也随之南移，二程的弟子将洛学流传推广到南方。其中对正宗洛学南传起重要作用的就是杨时。南宋理学家朱熹是二程的四传弟子，他以二程学说为本，兼取诸家之长，最终集理学之大成，完成了对旧儒学的改造。自二程到朱熹经过众多弟子的传播和发挥，终于形成一套系统的新儒学思想体系，被称为"程朱理学"。

苏　轼

苏轼（1037—1101年），字子瞻，一字和仲，号铁冠道人、东坡居士，世称苏东坡、苏仙、坡仙，汉族，眉州眉山（今四川省眉山市）人，祖籍河北栾城，北宋著名的文学家、书法家、美食家、画家，"唐宋八大家"之一，其教育思想也有独特之处。

教育思想：

苏轼一向被公认为了不起的文学家、政治家、艺术家，而从未有人说过他是教育家。的确，与古代的孔子、同朝的程颐这些被称为大教育家的人相比，苏轼是称不上教育家的。尽管苏轼有不少关于教育的理念与看法，但他却不像至圣先师孔子那样有成套的关于教育的论述，也不像程颐那样创建出了让他的弟子学习的"理学"。尽管苏轼门下有"四学士""六君子"以及不少仰慕他并向他求教的人，但苏轼与他们之间的关系也基本上是亦师亦友，不像孔子、程颐那样有一大群谨遵师道尊严的弟子。即便如此，苏轼对教育的重视，以及他有关教育的理念与看法，也是很值得我们探讨的。

我们说苏轼的教育理念有其独特之处，首先就是苏轼把教育与其治国安民的为官之道有机结合起来，主张对天下之民进行思想教育。"敦教化"的主张是苏轼这一重要教育理念的体现。敦，就是重视；教化，就是教育感化。苏轼主张以仁义礼信教育感化天下之民，从而使国家安定和谐。

他在《进策·策别安万民一》中就提出了"敦教化"的主张，他说："民不知信，则不可久居于安；民不知义，则不可同处于危。"老百姓不知信义，便不会安居乐业，更不会共赴危难。有这样不知礼义的百姓，国家怎么可能安定呢？而"圣人之于天下，所恃以为牢固不拔者"的根本原因在哪里呢？古代圣人的天下之所以牢固，其根本原因就"在于天下之民可与为善，而不可与为恶也"。苏轼说："昔者三代（夏、商、周）之民，见危而授命，见利而不忘义。此非必有爵赏劝乎其前，而刑罚驱乎其后也。"三代之民能在国家危难时挺身而出，能在利益面前保持良好的操守，并不是国家用爵位和奖赏去鼓励他们，也不是用刑罚去迫使他们。三代之民能做到这样，是因为他们"其心安于善，而忸怩于不义，是故有所不为"。民知仁义礼信，"则天下不可以敌，甲兵不可以威，利禄不可以诱，可杀可辱可饥可寒而不可与叛"。这就是"三代之所以享国长久而不拔也"的根本原因。苏轼还以秦汉以来由于不重视对民的教化，从而导致"无复天子之民"的国家不稳定局面，从反面说明了"敦教化"的重要性。

苏轼在《礼以养人为本论》中指出："夫礼之大意，存乎明天下之分，严君臣，笃父子，形孝节而显仁义也。"他主张以礼来教育人，这是治理国家最根本的东西，因为礼能使君臣各守其职，父爱子，子孝父，兄爱弟，弟敬兄，使得仁义得以光大发扬。苏轼在《策别安万民二》中又明确提出了"劝亲睦"的主张，鼓励倡导老百姓相亲相爱，和睦相处。这是他重视对天下之民进行思想教育的又一体现。他说，"民相与亲睦者"，是以仁义治理天下的王道的开始。他赞颂夏、商、周三代时，"比闾族党，各相亲爱，有急相稠，有喜相庆，死丧相恤，疾病相养。是故其民安居无事，则往来欢欣，而狱讼不生；有寇而战，则同心并力，而缓急不离"。可是，自秦汉以来，由于疏于教化，着力以严法治国，导致了"民乖其亲爱欢欣之心，而为邻里告讦之俗。富人子壮则出居，贫人子壮则出赘。一国之俗，而家各有法；一家之法，而人各有心。纷纷乎散乱而不相属，是以礼让之风息，而争斗之狱繁。天下无事，则务为欺诈相倾以自成；天下有变，则流徙涣散，相弃以自存"的天下难治的不良局面。百姓缺少仁义礼信的教化，"不爱其身"，所以"轻于犯法"；民"轻于犯法，则王道不行"。要改变这样的不良局面，就需要让百姓爱惜自己的生命；而百姓要爱惜自己的生命，就要用"父子亲、兄弟和、妻子相好"的礼义去教育、感化他们，使他们懂得人生在世，不是只为自己一人而活，还应承担对亲人的责任。这样他们就会珍惜自己的生命，不会轻易去犯法了。百姓能安居乐业，国家也就安定了。苏轼这种"敦教化"的思想教育理念，还在《眉州远景楼记》中反映出来，他说："吾州之俗，有近古者三：其士大夫贵经术而重氏族，其民尊吏而畏法，其农夫合祸以相助。盖有三代、汉、唐之遗风，而他郡之所莫及也。"在这里，苏轼将自己家乡之所以能让"他郡之所莫及"的原因归为有"三代、汉、唐之遗风"，表明了以礼义教化民众的重要性。

苏轼不仅是享誉千古的文学家、思想家，更是杰出的教育家。史载苏东坡流放海南期间"谪居儋耳，讲学明道，教化日兴"，不遗余力励教兴学、传播文化、启迪民智，使海南走出了历史上的第一位进士。作为一个文化巨人，苏轼虽未直接出任过任何教职，但对于宋代教育科举一些有争议的问题发表过不少精彩的看法，并在指导后生学子方面留下了不少谆谆教诲，发人深省，切实可行。

苏轼常将书斋阅读的经历与旅行中对自然世界的体验结合在一起，将书中世界与自然世界相互对应、比较，慎思明辨以获得新知，同时也教育子女要将读书与游历相结合，在实践中去获取真知，这也成为苏氏家族一脉相守的教育理念。这种知行合一的学习方式以及教育理念对我们今天的教育仍然是有重要意义的。"三苏"（苏洵、苏轼、苏辙）的背后有一位伟大的女性在支持，她就是苏洵的妻子，苏轼、苏辙的母亲程夫人，她是一位出色的家庭教育家，相夫教子，对"三苏"成才功不可没。"三苏"家庭教育科举入世、治国安邦、修身养性的目标，经史子集、诗词文赋、琴棋书画的内容，记诵作文、读书行走、寻找伯乐的形式等以及读书藏书、言传身教、自然发展，对于当今家庭教育以及学校教育都有一定的参考价值和现实意义。

朱 熹

朱熹（1130—1200年），字元晦，又字仲晦，号晦庵，晚称晦翁。祖籍徽州府婺源县（今江西省婺源县），生于南剑州尤溪（今属福建省尤溪县）。中国南宋时期理学家、思想家、哲学家、教育家、诗人。

朱熹著述甚多，有《四书章句集注》《太极图说解》《通书解说》《周易读本》《楚辞集注》，后人辑有《朱子大全》《朱子集语象》等。其中《四书章句集注》成为钦定的教科书和科举考试的标准。

教育思想：

朱熹重视家庭教育与小学教育。他制定了《童蒙须知》《程蒙学则》和《训蒙诗》等，作为父兄在家教育子弟的守则。他认为只有从小打下基础，学成技能，长大以后才能达到修身、齐家、治国、平天下的目的。在小学的基础上，他还主张对学子进行高深的教育，即大学。

朱熹重视教学与读书方法。一是他十分注重学习目的的教育，认为一个人要求学，必须先"立志"，"立志不定，如何读书"。二是他注意穷理与笃行。穷理就是从理论上认真研究学问；笃行就是"自修身以至处事接物"的实践功夫。穷理与笃行并提，就是知行结合。三是首倡循序渐进与熟读精思，还明确提出教师的任务是指引学生读书。他还主张严格要求，明细规定，多从积极方面教导，少从消极方面防止。

朱世杰

朱世杰（1249—1314年），字汉卿，号松庭，汉族，燕山（今北京市）人氏，元代数学家、教育家，毕生从事数学教育，有"中世纪世界最伟大的数学家"之誉。

朱世杰在当时天元术的基础上发展出"四元术"，也就是列出四元高次多项式方程，以及消元求解的方法。此外他还创造出"垛积法"，即高阶等差数列的求和方法，与"招差术"，即高次内插法。主要著作是《算学启蒙》与《四元玉鉴》。

朱世杰"以数学名家周游湖海二十余年""踵门而学者云集"（莫若、祖颐：《四元玉鉴》后序）。

宋元时期，中国数学鼎盛时期杰出的数学家有"秦九韶、李冶、杨辉、朱世杰四大家"，朱世杰就是其中之一。朱世杰是一位平民数学家和数学教育家。朱世杰平生勤力研习《九章算术》，旁通其他各种算法，成为元代著名数学家。

元统一中国后，朱世杰曾以数学家的身份周游各地20余年，向他求学的人很多，他到广陵（今江苏省扬州市）时"踵门而学者云集"。他全面继承了前人数学成果，既吸收了北方的天元术，又吸收了南方的正负开方术、各种日用算法及通俗歌诀，在此基础上进行了创造性的研究，写成以总结和普及当时各种数学知识为宗旨的《算学启蒙》（3卷），又写成四元术的代表作——《四元玉鉴》（3卷），先后于1299年和1303年刊印。《算学启蒙》由浅入深，从一位数乘法开始，一直讲到当时的最新数学成果——天元术，俨然形成一个完整体系。

书中明确提出正负数乘法法则，给出倒数的概念和基本性质，概括出若干新的乘法公式和根式运算法则，总结了若干乘除捷算口诀，并把设辅助未知数的方法用于解线性方程组。《四元玉鉴》的主要内容是四元术，即多元高次方程组的建立和求解方法。秦九韶的高次方程数值解法和李冶的天元术都被包含在内。

在宋元时期的数学群英中，朱世杰的工作具有特殊重要的意义。如果把诸多数学家比作群山，则朱世杰是最高大、最雄伟的山峰。站在朱世杰数学思想的高度俯瞰传统数学，会有"一览众山小"之感。

朱世杰工作的意义就在于总结了宋元数学，使之在理论上达到新的高度。这主要表现在以下三个领域。首先是方程理论。在列方程方面，蒋周的演段法为天元术做了准备工作，他已具有寻找等值多项式的思想，洞渊马与信道是天元术的先驱，但他们推导方程仍受几何思维的束缚，李冶基本上摆脱了这种束缚，总结出一套固定的天元术程序，使天元术进入成熟阶段。在解方程方面，贾宪给出增乘开方法，刘益则用正负开方术求出四次方程正根，秦九韶在此基础上解决了高次方程的数值解法问题。至此，一元高次方程的建立和求解都已实现。而线性方程组古已有之，所以具备了多元高次方程组产生的条件。李德载的二元术和刘大鉴的三元术相继出现，朱世杰的四元术正是对二元术、三元术的总结与提高。由于四元已把常数项的上下左右占满，方程理论发展到这里，显然就告一段落了。从方程种类看，天元术产生之前的方程都是整式方程。

从洞渊到李冶，分式方程逐渐得到发展。而朱世杰则突破了有理式的限制，开始处理无理方程。其次是高阶等差级数的研究。沈括的隙积术开研究高阶等差级数之先河，杨辉给出包括隙积术在内的一系列二阶等差级数求和公式。朱世杰则在此基础上依次研究了二阶、三阶、四阶乃至五阶等差级数的求和问题，从而发现其规律，掌握了三角垛统一公式。他还发现了垛积术与内插法的内在联系，利用垛积公式给出规范的四次内插公式。最后是几何学的研究。宋代以前，几何研究离不开勾股和面积、体积。蒋周的《益古集》也是以面积问题为研究对象的。李冶开始注意到圆城因式中各元素的关系，得到一些定理，但未能推广到更一般的情形。朱世杰不仅总结了前人的勾股及求积理论，而且在李冶思想的基础上更进一步，深入研究了勾股形内及圆内各几何元素的数量关系，发现了两个重要定理——射影定理和弦幂定理。他在立体几何中也开始注意到图形内各元素的关系。朱世杰的工作，使得几何研究的对象由图形整体深入图形内部，体现了数学思想的进步。

王守仁

王守仁（1472—1529年），本名王云，字伯安，号阳明，世称"王阳明"或"阳明先生"，又号乐山居士，浙江余姚人，明朝杰出的思想家、文学家、军事家、教育家，南京吏部尚书王华的儿子。

嘉靖元年（1522年），父亲王华去世，王守仁回乡守制。嘉靖三年（1524年），他受邀在稷山书院讲学；嘉靖四年（1525年），又在绍兴创建阳明书院，其弟子亦开始讲学，传播"王学"。同年，原配夫人诸氏去世，王守仁续娶张氏，并于次年喜得一子。嘉靖六年（1527年）九月，在赴广西平叛前夜，他在天泉桥留心学四句教法：无善无恶心之体，有善有恶意之动。知善知恶是良知，为善去恶是格物。

教育思想：

王守仁是继陆九渊之后，心学最重要的代表人物。他所构建的心学，世称"阳明学"或"王学"，亦称"姚江之学"，在明代后期产生了广泛而深刻的影响。王守仁生活于明朝中叶时期，这正是中国封建社会开始逐步解体，商品经济初步形成并得以发展的关键时期，也是明朝社会开始由稳定逐渐转向衰败之时。皆知王守仁从政生涯坎坷，讲学经验丰富，他深深地意识到"士风之衰落"与"学术之不明"。因此，他希望可以从最基本开始，通过儿童教育来"明人伦""变士风"，以期重振封建道德，维护封建统治。这也是王守仁非常重视儿童教育的重要原因。王守仁比较系统地阐述了他的儿童教育思想，它的主张分为五点：

重视德育教育。从"致良知"的理论出发，认为儿童时期"良知"保存得最多，受外界市侩思想的影响也最小。因此，教育要及早抓起，这样才能尽量保留儿童的"良知"，即道德观念，使其减少蒙蔽。"致良知""明人伦"，这也是王守仁所追求的儿童教育的目的。他认为教育就应该培养儿童的道德品质，发展儿童的道德智力，陶冶儿童的道德情操。

针对儿童自身特点展开教育。王守仁强调，儿童和成人有着根本性的区别，按照对待成人的方法去对儿童进行教育不会有明显的效果。儿童教育，就是要根据儿童的特点出发，以"诱""导"，来代替"责""罚"。只有让儿童在学习和生活中感到愉悦，才能释放天性，激发志气。

教育内容多样。王守仁提出，当时儿童的教育内容过于单一，不符合儿童自身的特点，更不利于儿童的全面发展，在传统的"读书"之外，增加"歌诗""习礼"。以丰富儿童对学习的兴趣，真正宣泄自身的情感。起到调节儿童情感的作用。

重视家庭教育和社会教育。家庭教育是儿童教育的初始，所谓言传身教，家长一定要起到典范作用，不可沾染恶习，给儿童造成不好的影响。社会教育不同于家庭教育和学校教育，它以全体社会人员为教育对象。王守仁认为，社会风俗的好坏，关乎社会治乱，而社会风俗的好坏又取决于社会的教育程度。因此想要改善社会风气。就必须重视社会教育。

减轻学生的负担。王守仁提出"学有余力"的教育观点，主张量力而行，少而精。在他看来，要求过高，内容过多，则会超出儿童的接受能力，增加儿童的负担，还会影响儿童对知识的理解和掌握。以上就是王守仁对儿童教育思想的主张。

王守仁还详述了儿童教育思想的内容，主要体现在对当时儿童教育的批判，儿童教育必须顺应儿童的性情，儿童教育内容以及"随人分限所及"的原则。王守仁的儿童教育思想，虽然是向儿童灌输了封建伦理道德，但是他反对古板的教学方式，要求顺应儿童性情，根据儿童特点进行施教，使他们在德智体美诸方面都得到发展等主张，反映了他教育思想的自然主义倾向，对中国教育具有历史性的影响。

顾宪成

顾宪成（1550—1612年），字叔时，号泾阳，江苏无锡人，因创办东林书院而被人尊称"东林先生"，明代思想家、教育家，东林党领袖。

教育活动：

顾宪成被除去官职以后，朝廷内外推荐他的上书超过百份，神宗都不批复。顾宪成回到了家乡，决定从事讲学活动，同时宣扬他的政治主张。恰好在无锡有一所宋朝学者杨时曾经讲过学的东林书院，他就同弟弟顾允成倡议维修。维修书院的事，得到许多地方人士以至常州知府、无锡知县的资助和支持，在万历三十二年（1604年）修复了这所书院。同年十月，顾宪成会同顾允成、高攀龙、安希范、刘元珍、钱一本、薛敷教、叶茂才（时称"东林八君子"）等人，发起东林大会，制定了《东林会约》，规定每年举行大会一两次，每月小会一次。东林书院既讲学又议政，吸引着许多有志之士，包括一些因批评朝政而被贬斥的官吏。他们不顾道路远近，纷至沓来，人数之多，竟使东林书院的学舍都容不下。

顾宪成曾经说："在朝廷做官，志向不在皇上，在边地做官，志向不在民生，居于水边林下，志向不在世道，君子是不这样做的。"他在讲学之余，往往议论朝政，品评人物。朝廷之士仰慕他的风范，多和他遥相呼应。由此东林名声大噪，而忌恨的人也多。从而被他们的反对者称为"东林党"。

"风声雨声读书声声声入耳；家事国事天下事事事关心"。这副对联就是明末东林党人顾宪成题于无锡东林书院。上联风声、雨声、读书声，声声都要使它们进入我们的耳朵。提醒书院的人要注意这些东西，要听进去。此处的"风"和"雨"既指自然界的风雨，也暗指政治风雨。明末政治黑暗，社会矛盾激化，危机四伏，随时可能爆发一场政治风雨。这表现了作者对政治形势的敏感和警觉。下联家事、国事、天下事，事事我们都要关心。号召书院的人要关心一切世事，要有政治抱负，准备干一番事业。此联表明了当时东林党人在政治上的抱负。

颜　元

颜元（1635—1704年），原字易直，后改为浑然，号习斋，直隶博野县北杨村（今河北省保定市博野县）人。明末清初思想家、教育家，颜李学派创始人。

教育主张：

批判传统教育。颜元极力批判自汉以来2000年"重文轻实"的教育传统，包括玄学、佛学、道学以及宋明理学。他提倡实学，亦有其历史依据。他认为尧、舜、周、孔就是实学教育的代表者，如孔子之实学注重考习实际活动，其弟子或习礼，或鼓瑟、或学舞、或问仁孝、或谈商兵政事，于己于世皆有益，而宋儒理学教育却相反，主静主敬，手持书本闭目呆坐有如泥塑，在讲堂上侧重于讲解和静坐、读书或顿悟，其害有三：一是"坏人才"。即理学教育所培养的人才柔弱如妇人女子，无经天纬地之才，他指出，如果学生的学习与实际生活相脱离，即使读书万卷，也是毫无用处的。这种教育不仅害己，而且害国。二是"灭圣学"。他认为理学家只从章句训诂、注解讲读上用功，从而陷入了一种文墨世界，国家取士、教师授课、父兄提示、朋友切磋，皆以文字为准，这就丢弃了尧、舜、周、孔的实学精神。尤其是倡行八股取士后，为害更大。三是"厄世运"。汉儒宋儒之学败坏了学术与社会风气。学术完全成了一种文字游戏，统治者更是利用科举八股把士人囿于文字之中，造成了极大的危害，社会道德、经济、人才的腐败与衰竭，皆与此有关。所以他主张以实学代理学。

批判传统教育，尤其是批判宋明理学教育，这是实学教育思潮的一个显著特征，颜元是这一思潮中的重要代表。

揭露传统教育严重脱离实际的弊端。颜元指出，传统教育一个最突出的弊病就是脱离实际，把读书求学误以为是训诂，或是清谈，或是佛老，而程朱理学更是兼而有之，故其脱离实际更为严重。传统教育培养出的人既不能担荷圣道，又不能济世救民。所以他认为，这种教育"中于心则害心，中于身则害身，中于家国则害家国"。他指出："误人才，败天下事者，宋人之学也。"这表示了他对传统教育，尤其是程朱理学教育严重脱离实际的深恶痛绝。

批判传统教育的义、利对立观。传统教育的另一个弊病，就是在伦理道德教育方面，把"义"与"利"、"理"和"欲"对立起来。颜元针对这种偏见，继承和发展了南宋事功学派的思想，明确提出了"正其谊（义）以谋其利，明其道而计其功"的命题。他认为"利"和"义"两者并非绝然对立，而是能够统一起来的，其中，"利"是"义"的基础，"正谊""明道"的目的，就是为了"谋利"和"计功"。同时，"利"也不能离开"义"，而且"利"必须符合"义"。颜元的这种思想，冲破了传统的禁锢，使中国古代对于义、利问题的认识近乎科学。

抨击八股取士：

颜元深刻揭露了八股取士制度对于学校教育的危害，对八股取士制度进行了猛烈抨击。他认为学校是培养人才的正当途径，而那种传统的科举制度，以时文（八股文）取士，是用八股文代替实学，不仅不能选拔真才，反而会引学者入歧途，贻误人才。所以他指出："天下尽八股，中何用乎！故八股行而天下无学术，无学术则无政事，无政事则无治功，无治功则无升平矣。故八股之害，甚于焚坑。"反对八股取士制度的激烈态度，跃然纸上。

颜元是打着古人的旗号批判传统教育的，即所谓"必破一分程、朱，始入一分孔、孟"。然而，在当时"非朱子之传义不敢言，非朱子之家礼不敢行"的社会条件下，他无惧"身命之虞"，而敢于猛烈批判传统教育，尤其把抨击的矛头集中指向程朱理学，这是一种大无畏的勇敢精神。这在当时的思想界引起了巨大震动。梁启超说颜元是当时思想界的大炸弹，这是颇有见地的。

颜元十分重视人才对于治理国家的重要作用，指出："人才者，政事之本也""无人才则无政事，无政事则无治平，无民命。"把人才视为治国安民的根本。因而，他在"九字安天下"的方针中，把"举人才"列为首位。他说："如天不废予，则以七字富天下：垦荒，均田，兴水利；以六字强天下：人皆兵，官皆将；以九字安天下：举人才，正大经，兴礼乐。"颜元不仅重视人才，而且进一步指出人才主要依靠学校教育培养，在他看来，"朝廷，政之本也；学校，人才之本也，无人才则无政事矣""人才为政事之本，而学校尤为人才之本也"。所以，从人才的角度来分析，颜元的上述见解确有道理，它正确地揭示了学校、人才、治国三者之间的关系，突出了学校教育的重要地位，它对于当前我们正确认识教育在社会主义现代化建设事业中的战略地位，不无意义。

颜元对学校教育的培养目标也有具体主张。他认为，"令天下之学校皆实才德之士，则他日列之朝廷者皆经济臣"，若"令天下之学校皆无才无德之士，则他日列之朝廷者皆庸碌臣"。可见，他主张学校应培养"实才实德之士"，即是品德高尚，有真才实学的经世致用人才。颜元的这种主张目的虽然是为了维护封建统治，即他说的"他日列之朝廷者皆经济臣"，能够"佐王治，以辅扶天地"，这是颜元思想的局限性。然而，他重视人才对于治国的重要作用，强调人才主要依靠学校教育培养，这些都是正确的。同时，他提出的"实才实德之士"的培养目标，显然已冲破了理学教育的桎梏，具有鲜明的经世致用的特性，反映了要求发展社会生产的新兴市民阶层对于人才的新要求，在当时无疑是具有进步意义的。

颜元关于教育内容的主张，是以反传统、反教条、反程朱理学脱离实际的书本文字教育的战斗姿态出现的。因而，为培养"实才实德之士"，在教育内容上，颜元提出了"真学""实学"的主张。它的特点是崇"实"而卑"虚"，与传统教育，特别是与程朱理学教育，针锋相对，"彼以其虚，我以其实"，以"实"代"虚"，以有用代无用。颜元认为尧舜周孔时代的学术便是"真学""实学"，所以大力提倡当时的"六府""三事""三物"。这里所说的"六府""三事"，即《尚书·大禹谟》所云的"水、火、金、木、土、谷"和"正德、利用、厚生"；"三物"即《周礼·地官》所云的"六德"（知、仁、圣、义、忠、和）、"六行"（孝、友、睦、姻、任、恤）、"六艺"（礼、乐、射、御、书、数）。在颜元看来，"三物"与"三事"是异名同实。"三物"之中，又以"六艺"为根本，"六德""六行"分别是"六艺"的作用和体现。所以，颜元提倡"六府""三事""三物"。其核心是在于强调"六艺"教育。

强调六艺之学：

颜元托言经典强调"六艺之学"，并非真是要回复到尧舜周孔时代，而是托古改制，"以复古求解放"，在古圣昔贤"六艺"教育的旗帜下，宣扬自己的主张。晚年，他曾规划漳南书院，陈设六斋，并规定了各斋的具体教育内容，这是对他"真学""实学"内容的最明确也是最有力的说明。漳南书院的六斋及各斋教育内容为：

文事斋：课礼、乐、书、数、天文、地理等科；

武备斋：课黄帝、太公及孙、吴五子兵法，并攻守、营阵、陆水诸战法，射御、技击等科；

经史斋：课《十三经》、历代史、诰制、章奏、诗文等科；

艺能斋：课水学、火学、工学、象数等科；

理学斋：课静坐、编著、程、朱、陆、王之学；

帖括斋：课八股举业。

漳南书院之所以暂还设立"理学斋"和"帖括斋"，只是为了"应时制""俟积习正"，则关闭这两斋。因此，颜元"真学""实学"的教育内容，不仅同理学教育有着本质的区别，而且无论是广度上，还是在深度上，都大大超越了"六艺"教育。它除了经史礼乐等知识以外，还把诸多门类的自然科技知识，各种军事知识和技能正式列进教学内容，并且实行分科设教，这在当时确实是别开生面的，已经蕴含着近代课程设置的萌芽，将中国古代关于教育内容的理论推进到了一崭新的发展阶段，这是颜元对于中国古代教育理论的重要贡献，值得人们重视。

强调习行教学：

强调"习行"教学法，这是颜元在学术思想转变后关于教学方法的一个最基本也是最主要的主张。他35岁时，"觉思不如学，而学必以习"，便将家塾之名由"思古斋"改为"习斋"。颜元认为，要获得真正有用的知识必须通过自己亲身的"习行"，"躬行而实践之"，求诸客观的实际事物。因而他所说的"习行"教学法，就是强调在教学过程中要联系实际，要坚持练习和躬行实践，唯有如此，学得的知识才是真正有用的，否则，不和自己的躬行实践相结合的知识是无用的。

颜元重视"习行"教学法，一方面同他朴素的唯物主义认识论有密切关系，他主张"见理于事，因行得知"认为"理"存在于客观事物之中，只有接触事物，躬行实践，才能获得真正有用的知识。另一方面，他重视"习行"教学法的直接原因是为了反对理学家静坐读书、空谈心性的教学方法。在他看来，"从静坐讲书中讨来识见议论"，一是由于脱离实际，不能解决实际问题；二是终日兀坐书房中，影响健康。为了改变理学家这种把道全看在书上，把学全看在读和讲上的教学方法，颜元大力提倡"习行"教学法。

但是，需要指出的是，颜元强调"习行"，并非排斥通过读和讲学习书本知识。他认为书本记载的"原是穷理之文，处事之道，岂可全不读书"。因而通过读书获得知识，"乃致知中一事"。但"将学全看在读上"，"专为之则浮学"，而且书读得愈多，愈缺乏实际办事能力。同样，讲说也不能废除，但不可脱离实际空讲。因而他主张读书、讲说必须与"习行"相结合，而且要在"习行"上下更多的功夫，花更大的精力。

颜元所说的"习行"，虽然讲的是个人行动，忽视了"知"对"行"的指导作用，看轻了理论思维的重要性，因而没有社会实践的意义。但他强调接触实际，重视练习，从亲身躬行实践中获得知识，这可说是中国古代教学法发展上一次手足解放的运动，它一反脱离实际的、注入式的、背诵教条的教学方法。可以说是教学法理论和实践上的一次重大革新。这在当时以读书为穷理功夫，讲说著述为穷理事业，脱离实际的"文墨世界"中，无疑是吹进了一股清新之风，令人耳目一新，具有进步意义。

重视劳动教育：

重视农业知识的传授，注重劳动在培育人才中的作用，这是颜元教育思想的又一个重要特点。

颜元长期生活在农村，亲自参加农业生产劳动。后来虽从事教育和学术研究活动，但从未脱离劳动。像他这样一生不脱离农业生产劳动的著名教育家，在中国古代教育史上是不多见的。

正因为他自己一生长期参加农业生产劳动，因此，对劳动有一深刻清楚的认识，不仅认为人人应该劳动，而且还重视对学生进行劳动教育。这种劳动教育思想，主要表现在以下两方面。

重视传统农业知识。颜元始终把向学生传授农业知识置于其教育活动的重要地位。他曾说："以礼、乐、兵、农，心意身世，一致加功，是为正学。"在亲自制订的"习斋教条"中，规定"凡为吾徒者，当立志学礼、乐、射、御、书、数及兵、农、钱、谷、水、火、工、虞"。

注重劳动对于育才的作用。颜元认为，劳动不仅可以促进经济的发展，有利于国家社会的强盛，而且对人也有教育作用。首先劳动具有德育的意义。它不仅能使人"正心""修身"，去除邪念，还有使人勤劳，克服怠惰、疲沓。其次，劳动还具有体育的意义。劳动可以增强体魄，是重要的养生之道。

需要指出的是，颜元虽重视对学生进行劳动教育，但他的思想仍没有越出劳心者治人，劳力者治于人的藩篱，这是颜元教育思想的消极面，是他无法克服的历史和阶级的局限。

曾国藩

曾国藩（1811—1872年），初名子城，字伯涵，号涤生，晚清时期政治家、军事家、理学家、文学家，清末汉族地主武装湘军的首领，洋务派代表人物之一。他与胡林翼并称"曾胡"，与李鸿章、左宗棠、张之洞并称"晚清中兴四大名臣"。封一等毅勇侯，谥号"文正"，后世称"曾文正"。

教育活动：

新式学堂。中国第一所近代教育的学校要数同治元年（1862年）创办的京师同文馆，但是这所学校开始主要目的是培养外交人才，同治五年（1866年）才加设科学馆。在推动中国科技教育近代化方面，曾国藩的贡献是大的。在曾国藩的主持下，江南制造局不仅是一个大型的近代机器企业，而且它又是一个传播先进科学技术的中心。首先，为了探索西方先进生产技术的根底，徐寿等人创议翻译泰西有用之书。曾国藩接受这一建议，于同治五年（1866年）设翻译馆。该馆先后翻译出版了西方近代科技等方面的书籍百数十种，"泰西声、光、化、电、营阵、军械各种实学，遂以大明，此为欧西文明输入中国之滥觞"。这些书籍的翻译出版，不但为培养中国近代科学人才作出了贡献，而且对近代思想界也有相当大的影响，康有为、谭嗣同最初接触西学，就是从这些书籍入门的。其次，开创了中国的职业教育。当时西学初入中国，工人的近代科技知识很少，这对引进和消化西方近代生产技术来说是一个大障碍。为了提高企业工人的技术素质，制造局一创办，就附设了一所机械学校，原叫画图房，后改称为工艺学堂，注意生产技术力量的培养。这既是中国近代学校的先驱，也是中国近代职业教育的嚆矢。

公费留学。曾国藩接受容闳的建议，派幼童到美国留学，开了中国公费向国外派遣留学生的先河，这也是中国近代教育史上的一件大事。在历史上，只有日本、朝鲜等国向中国派遣留学生，学习中国先进的文化，而没有中国向外国派留学生的先例。在曾国藩接受容闳的建议时，大多数封建士大夫不通时变，以谈洋务为耻，而他却不囿成见，派幼童出国，这是一个很有胆识的举动。按照曾国藩的计划，从同治十一年（1872年）至光绪元年（1875年），先后分四批选派了幼童共120名到美国留学。遗憾的是后来由于受到坚持闭关自守，反对学习外国的保守势力的疯狂攻击，他们未能按原定计划学满十五年就于光绪七年（1881

年）全部被撤回了。尽管如此，仍然产生了像詹天佑这样伟大的铁路工程师。同时，对于加强中美两国人民的科学文化交流，开阔中国人民的视野也是起了积极作用的。尤其值得一提的是，自清政府派幼童赴美留学后，又陆续向欧洲和日本派遣留学生。随着留学生和国内新式学堂学生的增多，中国新式知识分子群逐渐形成。这是促进中国近代社会不断进步的一个重要因素。发生在19世纪末和20世纪初的资产阶级维新和革命运动与这个新知识分子群的形成大有关系。

家庭教育。曾国藩终生注重家庭教育，他把教育子弟的重点放在修"心"、修"身"、修"行"上。修"心"是人心智心力的砥砺，是人道德品质的培养。曾国藩提倡修"心"，是要其子弟做到"慎独""不忮不求""孝友""仁""敬""谦""恕"等。修"身"是通过保养和修炼以获得健康的体魄。为此，曾国藩反复教育子弟要劳逸适度，惩忿窒欲，眠食有恒，耕作时习。曾国藩也注重修"行"，要求自家子弟言谈举止朴实，待人谦敬、宽容，为人不能清高、刻薄，生活上也要去奢侈之风。为求达上述目标，曾国藩有一整套教育子弟的方法。训诫，是曾国藩最重要和最基本的家教方法。他把为人处世之道、修身养性之方，直接地教导、告诫子弟，明确要求子弟为或不为，开诚布公，循循善诱。他常把一些对子弟的要求通过警句和隽语的形式加以概括，以期引起子弟的重视。如"八德"（勤、俭、刚、明、忠、恕、谦、浑）；"八本"（读古书以训诂为本，作诗文以声调为本，养亲以得欢心为本，养生以少恼怒为本，立身以不妄语为本，治家以不晏为本，居官以不要钱为本，行军以不扰民为本）；"四条"（一曰慎独则心安，二曰主敬则身强，三曰求仁则人悦，四曰习劳则神钦）；"四败"（妇女奢淫者败，子弟娇怠者败，兄弟不和者败，侮师慢客者败）。这些高度凝练的概括，自然容易为其子弟所熟记和践行。通过对祖宗嘉言懿行的称赞，令子弟弘扬祖德，也是曾国藩教育子弟的方法之一。曾国藩的祖父颇有一套治家之法，致使家业兴旺。对此，他深为敬重，信守不移。他将祖父相传之家法概括为"早"（早起）、"扫"（洒扫）、"考"（祭祀祖宗）、"宝"（善待亲族邻里）、"书"（读书）、"蔬"（种菜）、"鱼"（养鱼）、"猪"（养猪），作为治家之道的八字诀，叮嘱家人时时留心，躬身实践。曾国藩认为关键是要形成一种勤俭持家的风气，养成勤俭致富的习惯。曾国藩时常对自己的言行进行剖析，把自己行为的对错得失告诉家人，以作为曾门子弟的借鉴，这也是他家教的方法之一。

曾国藩之所以如此注重家庭教育，把教育子弟视为自己的重要义务和职责，究其原因，与他的文化素养和人生态度有关。曾国藩自幼接受儒家学说的熏陶，后受理学大师唐鉴的影响，专治理学，以理学为正宗，程朱理学的思想学说、伦理道德，已深深融入他的思想言行之中，被后人赞誉为"理学名儒"。与此相应，他的人生态度是入世的，看重自身的社会作用，追求"立德""立言""立功"的人生价值，因而对家人也有严格的要求。

蔡元培

蔡元培（1868—1940年），字鹤卿，又字仲申、民友、孑民，乳名阿培，并曾化名蔡振、周子余，汉族，是素食主义者，浙江绍兴府山阴县（今浙江省绍兴市）人，清光绪进士，祖籍浙江诸暨。近代著名的思想家、教育家、革命家、政治家，民主进步人士。曾担任国民党中央执委，中华民国国民政府委员兼监察院院长，中华民国首任教育总长，北京大学校长等职务。

生平事迹：

蔡元培在1917年至1927年任北京大学校长期间，革新北大，开"学术"与"自由"之风；1920年至1930年，蔡元培同时兼任中法大学校长。他早年参加反清朝帝制的斗争，民国初年主持制定了中国近代高等教育的第一个教育法令——《大学令》。

北伐时期，国民政府定都南京后，他主持教育行政委员会、筹设中华民国大学院及中央研究院，主导教育及学术体制改革。1928 年至 1940年专任中央研究院院长，贯彻对学术研究的主张。蔡元培数度赴德国和法国留学、考察，研究哲学、文学、美学、心理学和文化史，为他致力于改革封建教育奠定思想理论基础。1933 年，蔡元培倡议创建南京博物院，并亲自兼任第一届理事会理事长。抗战爆发初期，蔡元培等上海文化界知名人士联合组织成立了上海文化界救亡协会，积极组织发动文化界人士及民众投入抗日救亡运动。1940 年 3 月 5 日在香港病逝。葬香港仔山巅华人公墓。

教育思想：

他的教育模式新颖，不拘一格，认为教育是国家兴旺之根本，是国家富强之根基。教育思想灵活，兼容并包，不因学术争议而排斥，广泛吸收各家所长。"教育者，养成人格之事业也。"他主张教育应注重学生，反对呆板僵化。他还提倡美育、健康教育、人格教育等新的教育观念。

蔡元培认为，教育之于社会，有两大基本功能：一在引领，所谓"教育指导社会，而非随逐社会也"；二在服务，"就是学校里养成一种人才，将来进社会做事"，或者"就是学生或教育一方面讲学问，一方面效力社会"。

蔡元培为人宽厚、恻隐为怀，对中国社会及陋俗有透彻观察；两度游学欧洲、亲炙文艺复兴后的科学精神及法国大革命后的思潮。他提倡民权与女权，倡导自由思想，致力革除"读书为官"的旧俗，开科学研究风气，重视公民道德教育及附带的世界观、人生观、美学教育。

梁漱溟曾说，蔡元培从思想学术上为国人开导出一股新潮流，冲破了旧有习俗，推动了大局政治，这是十分正确的。正是因为蔡先生的兼容并包、思想自由，使得新文化有了立足之地，使得北大成为新文化运动的堡垒，科学民主的思想得以传播。因此从这个意义上讲，蔡元培不仅是现代北大的缔造者，也是中国现代大学理念和精神的缔造者。

蔡元培作为近代中国文化界的卓越先驱者，其著名的文化思想和学术观点，曾对中国的历史进程发生过重要的影响。蔡元培任北京大学校长时提出的"兼容并包"的学术思想，不仅成为他主持北大教育工作的重要指导思想，同时也是他所坚持的办学原则。此思想提出后，一批具有新文化、新思想的代表人物进入北大，北大因此而成为中国思想活跃、学术兴盛的最高学府。因此，"兼容并包"思想在接纳新文化、反对封建文化方面起到了积极作用。

教育独立：

"教育独立"作为一种思潮，萌发于"五四"之前，发展兴盛于20世纪20年代。由于军阀混战，经济凋敝，北洋政府又不重视教育，国家预算中教育经费比例极低，如1920年前后国家预算中教育经费仅占1.2%左右。仅此有限的预算内经费还常被侵占挪用，也不能如数到位，导致教育经费奇绌，教育事业陷于难以为继的程度。

蔡元培一贯视教育为救国的基本途径，推崇思想、学术自由，加之身为北京大学校长，对政府官僚掣肘、摧残教育有深切的感受，因此是教育独立的积极倡导和支持者，并从理论上加以引导。1922年3月，他在《新教育》上发表了《教育独立议》一文，阐明教育独立的基本观点和方法，成为教育独立思潮中的重要篇章。

教育要平衡发展人的个性和群性，政党则不然，它要造成一种特殊的群性，为本党服务，抹杀受教育者的个性。

教育是求远效的，着眼于未来，其效果不可能在短期内表现出来，所以讲"百年树人"。而政党是求近功的，往往只考虑眼前的利益。

在政党政治背景下，政权在各党派之间更迭，由政党掌管教育，必然会影响教育方针政策的稳定，影响教育的成效。所以他认为教育要超脱各派政党之外。

为实现教育的真正独立，蔡元培设计了教育经费独立、教育行政独立、教育独立于宗教的具体措施，其中关于教育行政独立的方案是：分全国为若干个大学区，每区设立大学一所，区内的高等专门教育，中、小学教育，社会教育，文化学术事宜均由该大学校组织办理。大学的事务，由大学教授组成的教育委员会主持，校长由教育委员会选举产生。各大学区大学的校长组成高等教育会议，处理各大学区间的事务。教育部只负责处理经高等教育会议议决而与中央政府发生关系的事务，及教育统计报告等，不干涉各大学区事务，教育总长必经高等教育会议认可。这一设想成为南京国民政府初期实施"大学区制"的框架基础。

大学性质：

蔡元培认为大学应当成为研究高深学问的学府，这是蔡元培办学的指导思想，也是他大学教育思想的出发点。早在1912年5月16日，他以教育总长身份出席北京大学开学典礼，在演说中就提出"大学者，囊括大典，网罗众家之学府也"。在担任北京大学校长后，他更是反复申述这一思想。1917年1月9日，他在就任校长的演说中，明确地向学生说明："诸君来此求学，必有一宗旨，欲求宗旨之正大与否，必先知大学之性质。今人肄业专门学校，学成任事，此固势所必然。而在大学则不然，大学者，研究高深学问者也。"

他还提出，大学不能只是从事教学，还必须开展科学研究。他要求大学教员不是灌输固定知识，而是对学问有浓厚的研究兴趣，并能引起学生的研究兴趣；大学生也不是死记硬背教员的讲义，而是在教员的指导下自动的研究学问。为了使大学能承担起教学，科研双重任务，他极力主张"凡大学必有各种科学的研究所"。他在《论大学应设各科研究所之理由》的文章，详列了三点理由：一是大学无研究院，则教员易陷入抄发讲义不求进步之陋习；二是设立研究所，为大学毕业生深造创造条件；三是使大学高年级学生得以在导师指导下，有从事科学研究的机会。

"五育"方针：

蔡元培是第一位提出"军国民教育、实利主义教育、公民道德教育、世界观教育、美感教育皆近日之教育所不可偏废"的教育思想家，主张"五育并举"，这是蔡元培教育思想的一个显著特点。

辛亥革命胜利不久，南京临时政府刚刚成立时提出来的。要使资产阶级对封建教育的改革能够深入、健康地开展，迫切需要在统一的教育思想指导下，尽快地确定一个反映资产阶级要求的教育宗旨，来规定资产阶级对于人才培养的目标和要求，在这样的形势下，1912年2月间蔡元培发表了著名的教育论文《对于新教育之意见》，比较系统地提出了"五育并举"的思想。

军国民教育。一是从国外环境看来，中国处于"邻强交逼，亟图自卫，而历年丧失之国权，非凭借武力，势难恢复"。二是就国内情况而言，要打破军人成为"全国中特别之阶级"的局面，就"非行举国皆兵之制，否则无以平均其势力"。

实利主义教育。实利主义教育被蔡元培认为是富国的手段，他认为世界的竞争不仅仅是在武力，尤其是在财力。因此加强科学技术教育，提高生产力，发展国民经济，国家富强才能够在世界竞争中生存下来。

公民道德教育。他把西方近代资产阶级"自由、平等、博爱"的道德观念，分别比作中国古代儒家所提倡的"义、恕、仁"。他主张广泛吸收国外文化，同时"必择其可以消化者而吸收之"，并且"必须以'我'食而化之，而毋为彼此所同化"，他批评有些志行薄弱者，一到国外留学，"即弃捐其'我'而同化于外人"。

世界观的教育。世界观教育是建立在把世界划分为现象世界和实体世界这个唯心主义世界观的基础下，要求人们遵循思想自由、言论自由的原则，不要被束缚于某一学说的思想，在当时具有打破几千年思想专制统治的解放作用。

美育教育。美育教育是进行世界观教育最重要的途径，是人们从现象世界通向实体世界所必经的桥梁。美育教育的重要性源于其特点，人从现象世界通向实体世界存在的障碍不外两种意识，一是人我之差别，二是幸福之营求。

教育活动：

改革北京大学。蔡元培数度赴德国和法国留学、考察，研究哲学、文学、美学、心理学和文化史，为他致力于改革封建教育奠定了思想理论基础。北京大学改革宗旨：改变学生的观念，整顿教师队伍，延聘积学热心的教员，发展研究所，广积图书，引导师生研究兴趣，砥砺德行，培养正当兴趣。蔡元培大学教育思想的基本特征是民主和科学，目的是要把大学办成高水平的教学科研中心。

贯彻"思想自由，兼容并包"的办学原则。这一原则也体现在教师的聘任上，蔡元培以"学诣为主"，罗致各类学术人才，使北大教师队伍一时出现流派纷呈的局面。如在文科教师队伍中，既集中了许多新文化运动的著名代表人物，也有政治上保守而旧学深沉的学者。在政治倾向上，有的激进，有的保守，有的主张改良。在新派人物中，有马克思主义、三民主义、无政府主义、国家主义的不同代表。当时的北大，《新潮》与《国故》对垒，白话与文言相争，百家争鸣，盛极一时。

教授治校，民主管理。1912年由蔡元培主持制定的《大学令》中，即已确立了教授治校、民主管理的大学校务管理原则，规定大学设立评议会，各科设立教授会，但在北大没有得到很好施行。蔡元培初到北大时，仍然"是一切校务，都由校长与学监主任庶务主任少数人办理，并学长也没有与闻的"。蔡元培任校长后，当年即组织了评议会，从全校每5名教授中选举评议员1人，校长为当然的评议长。评议会为全校最高的立法机构和权力机构，凡学校重大事务都必须经过评议会审核通过，如制定和审核学校各种章程、条令，决定学科的废立，审核教师学衔，提出学校经费的预决算等。接着组织各门教授会，由各门的教授公举教授会主任，任期两年，其职责是：分管各学门的教务，规划本学门的教学工作。管理体制的改革，体现了蔡元培教授治校、民主管理的思想，目的是把推动学校发展的责任交给教授，让真正懂得学术的人来管理学校。新的管理体制的建立，改变了京师大学堂遗留下来的封建衙门作风，提高了工作效率，从而促进了学校的蓬勃发展。

沟通文理，废科设系，改变"轻学而重术"的思想。蔡元培担任北大校长后，又进一步主张"学术分校"理由有两条：第一，文理两科，专署学里，其他各科偏重于致用；第二，文理两科，设有研究所，实验室等设备，如若遍设其他各科，就要增设病院、工场等，困难更大。

主张学术分校，大学专设文理两科，显然是对民国元年"大学以文理两科为主"见解的发展，目的是为了突出大学的性质在于研究学理，在蔡元培看来，"学"与"术"可分为两个名词，"学"为"学理"，"术"为"应用"。文、理是"学"，法、商、医、工、农皆为应用，为"术"。学与术虽然关系密切，但学为基本，术为枝干。

蔡元培在看到了文、理分科所造成的流弊之后，进一步主张"沟通文理"。他说文理是不能分科的，文科的史学、文学均与科学有关，而哲学全以自然科学为基础。同样，理科各学科都与哲学有关，自然哲学，尤为自然科学的归纳。而且，由于学科之间的彼此交错，有些学科简直无法以文、理科来区分。因此，他主张沟通文理，和为一科。1919年，北大进行改革，撤销文、理、法三科界限。全校设立14个系，废学长，设系主任。

创办平民学校：

蔡元培重视劳动教育、平民教育和女子教育。他在北京大学办校役班和平民夜校，在上海创办爱国女校。1928年，他创办国立艺术院，后来发展成为中国美术学院，这是近代中国第一所实施本科等的最高美术教育机构，亦是联合国教科文组织唯一承认学历的中国美术类大学，以弘扬民族文化，融合中西艺术，创造时代艺术为办学宗旨。

教育成就：

蔡元培对近代与现代中国教育、中国革命作出了不可磨灭的贡献，主要是：自蔡元培始，中国才形成了较完整的资产阶级教育思想体系和教育制度。

他的"思想自由，兼容并包"的主张，使北大成为新文化运动的发祥地，为新民主主义革命的发生创造了条件。

他为中华民族培育了一批思想先进、才华出众的栋梁之材。

他不仅为中国近现代资产阶级大学教育理论的形成打下了坚实的基础，而且其中许多真知灼见，如重视大学开展科学研究工作，提倡"思想自由，兼容并包"，注重发展学生个性，主张"沟通文理"，以及"依靠既懂得教育，又有学问的专家实行民主治校"等等，对后世产生了重大影响。

梁启超

梁启超（1873—1929年），字卓如，一字任甫，号任公，又号饮冰室主人、饮冰子等。广东省广州府新会县熊子乡茶坑村（今广东省江门市新会区茶坑村）人。近代著名的思想家、政治家、史学家、文学家和教育家。晚年任教于清华大学国学研究院，与著名学者王国维、陈寅恪、赵元任合称"四大导师"。

教育思想：

梁启超是清末"戊戌变法"的领袖之一，他从救亡图存的角度出发，高度肯定教育的作用，他认为国家的强弱是以教育为转移的，变法维新要靠教育来实现。他认为中国落后的最根本原因是"缺乏人才"，是"教之未善"，是"民智未开"，他将"开民智"与"兴民权"联系起来，为"兴民权"而"开民智"。他认为"权"生于"智""今日中国之大患，苦于人才之不足，而人才不足由学校不兴也"。所以他把兴学校办教育作为关系国家强弱、民族盛衰的头等大事来看。

梁启超认为兴学校是开民智，提高国民素质的最有效手段，但科举制度是"兴学校开民智"的最大障碍，所以要改革科举，提出"欲兴学校，养人才，以强中国惟变科举为第一义。大变则大效，小变则小效"。改革科举有三策，"上策"即"远法三代，近采泰西，合科举于学校"。"中策"即"多设诸科，与今日帖括一科并行"。"下策"即"仍今日取士之法，而略变其取士之具"。

梁启超在《论幼学》里明确提出"人生百年，立于幼学"的主张。他着重阐发了儿童教育的重要性，严厉地揭露和批评了传统教育对儿童的摧残，倡导改革儿童教育，强调趣味教育，培养及调动儿童学习的积极性，主动性，应教之有方，对学习安排要有张有弛。

重视女子教育也是梁启超维新教育思想的重要特点，他从"男女平权"的立场出发，积极提倡兴办女学，他说："女学愈盛，国家愈强。"女子自身具有心细、耐心、喜静等特点，中国应充分利用女性这一巨大的人力资源。

梁启超是中国现代教育史上较早提出开展师范教育的教育家，有"师范学堂不立，教习非人"之感慨，把师范教育当作"群学之基"，强调师范教育是整个教育质量提高的基础与保证。

徐特立

徐特立（1877—1968年），原名懋恂，字师陶，近现代革命家和教育家，湖南善化（今湖南省长沙县江背镇）人。毛泽东和田汉等著名人士的老师。曾创办长沙师范学校，任湖南省立第一师范学校教师。提倡并亲自参加留法勤工俭学。回国后大力宣传普及义务教育，任湖南省立第一女子师范学校等校校长。1927年加入中国共产党，参加南昌起义。后在中央革命根据地历任中央教育人民委员部代理部长、副部长兼苏维埃大学副校长。1934年参加长征。1940年回延安，历任自然科学院院长、中共中央宣传部副部长。新中国成立后任中央人民政府委员。当选为全国人大常委会委员，中共第七、八届中央委员。作为毛泽东的老师，他受到了中国民众普遍的尊敬。毛泽东对他的评价很高，曾在给他的一封信中说："你是我20年前的先生，你现在仍然是我的先生，你将来必定还是我的先生。当革命失败的时候，许多共产党员离开了共产党，有些甚至跑到敌人那边去了，你却在1927年秋天加入共产党，而且取的态度是十分积极的。从那时至今长期的艰苦斗争中，你比许多青年壮年党员还要积极，还要不怕困难，还要虚心学习新的东西。什么'老'，什么'身体精神不行'，什么'困难障碍'，在你面前都降服了。"

生平事迹：

徐特立，1877年生于湖南长沙县一个贫苦农民家庭，从小就体味到农民所受的残酷剥削。9岁时，父兄因愤于不识字受欺压，凑钱让他读私塾。他读了六年书，又因无钱辍学在家，曾跟随一个和尚学习禅宗。后来他在家劳动，又教私塾。1905年因清政府废科考办新学，长沙办起师范学校，他考入该校读速成班，毕业后当高小教员，又应聘长沙周南女校。

1907年发生清政府向外国屈辱妥协的教案时，徐特立在学校作时事报告，讲到激愤之处，热泪如倾，竟拿菜刀把自己的左手小指砍掉，蘸着血写了抗议书，写完当场晕倒。这一"抽刀断指"的举动，顿时蜚声全省，徐特立也被当时有进步思想者誉为最有血性的激进人物。

1911年辛亥革命爆发，徐特立积极参加湖南起义，被推为长沙副议长，翌年又任省教育司的科长。他一身清正进入官场后，顿觉黑暗无比，不久返回教育界，任长沙师范学校校长。1919年，国内兴起赴法国勤工俭学热潮，年已42岁的徐特立也报名前往，成为年纪最大的留学生。在法国四年间，他边做工边学法语，后入巴黎大学学习自然科学。回国后，他任长沙第一女师校长，被公认为湖南的教育界名流。1927年初大革命高潮时，徐特立参加了湖南农民协会并任教育科长，又在左派掌权的国民党长沙市党部任农工部长。同年夏天，大革命失败，在不少共产党员叛变脱党时，徐特立却以50岁年龄入党。随后，他参加了南昌起义，任师党代表。部队失败后，他决定同贺龙一起上山打游击，只是因病未能跟随，被派赴莫斯科入中山大学。他学通俄语后，系统研究了马列主义，并同吴玉章、瞿秋白共同研究了汉语拉丁化拼音。

1930年末，徐特立潜回国内，赴江西根据地，后在中华苏维埃政府任教育部副部长（部长为瞿秋白）。1934年，他随军长征。一路上，他拄着一根竹杖，扛着防身用的红缨枪，和大家一同行军。瞿秋白在告别时换给他一匹好马，他却总是让给伤病员骑。据统计，长征两万里，徐老骑马不过两千里，人称"徐老徐老真是好，不骑马儿跟马跑"。

到达陕北后，中共中央为他庆祝60岁寿辰。毛泽东写信致贺，称徐老"今后还将是我的先生"。抗战爆发后，徐特立先到国民党统治区做中共代表，1940年回延安任自然科学院院长，在党的七大上当选中央委员。此时，他老当益壮，年近70还参加了延安青年体育运动会的游泳比赛。1947年，中央为他庆贺70岁诞辰，毛主席的题词是"坚强的老战士"，朱总司令的题词则是"当今一圣人"。

新中国成立后，徐特立任中央宣传部副部长。因年老记忆力减退，他自动申请免职。但是，他仍关心国事——"大跃进"时不表赞成，"文革"开始后又忧心不已。1966年国庆节上天安门时，他守在电梯旁等毛泽东，想倾诉心中想法。毛主席远远看见他后，马上打招呼并想走过来，可惜被突然出现的一群高呼"万岁"的人隔开。徐老此后身体日衰，难以外出，于1968年去世。

教育救国：

随着立宪派组织发动的三次大规模的请愿活动相继失败，徐特立逐渐认识到改良主义在中国行不通，必须通过革命推翻清政府的统治。于是，他向革命党人林伯渠等人了解革命形势，表示要追随孙中山，参加革命。1911年武昌起义爆发，在湖南还是黑云压城之际，徐特立约集一些进步教员，到处宣传演讲，号召大家支持革命。

湖南光复后，徐特立担任省临时议会的副议长，一心为新政权的建设出力。然而官场的腐败，使他很快感到失望和愤慨。他相继辞去省议会副议长和省教育司科长的职务，决心回到教育界，用教育来改革人心，以实现教育救国的愿望。他创办并苦心经营着长沙师范，并到湖南第一师范等学校任教。他的崇高品德、渊博学识以及强烈的爱国热情，对毛泽东、蔡和森等许多有志匡时救国的学子产生了深刻的影响。

老骥伏枥：

1949年3月，徐特立随中共中央机关进入北平，先后参与国共和平谈判、全国文化教育事业的接管等工作。在全国政协第一次会议上，他被选为中央人民政府委员会委员。1949年10月1日，他登上天安门城楼，目睹了毛泽东升起第一面五星红旗，亲耳聆听了毛泽东庄严宣告中国革命的伟大胜利，欢庆他为之奋斗了近50年的革命理想终于成为现实。

这年，徐特立已经72岁，在常人看来实在可以颐养天年了，然而他却从不因年老而松懈。欢庆之余，他想到的不是革命大功告成，可以坐享清福，而是国家在经济、文化建设方面面临的艰巨任务。他在《祝吴老（指吴玉章）七十大寿》的诗篇里写道："……百年殖民地，从此永完结。前途之艰巨，基本在建设。幸勿过乐观，成功在就业。您我励残年，尽瘁此心血。"表现出他敏锐的眼光、对革命事业的高度责任感和"老骥伏枥，志在千里"的宏伟志愿。他对好友谢觉哉说，人一天没停止前进，就没有老，一旦停止前进就老了。为了勖勉和策励自己，他制定了一个20年学习和工作计划，作为晚年的奋斗目标。

此后，徐特立不顾年事已高，仍朝气蓬勃地投身于新中国的文化教育事业，领导一批党的宣传干部和史学工作者从事中国通史、中国革命史和党史等的编纂工作，并继续以各种方式关心、指导教育工作：或报告讲演，或撰文著述，或视察调研，或接待来访，或书信交流……为发展社会主义文化教育事业而不懈地奉献着光和热。这位坚强的老战士，生命不息，奋斗不止，与时俱进，直到生命的最后一刻——1968年11月28日与世长辞。

陶行知

陶行知（1891—1946年），安徽省歙县人，近代杰出的教育家、思想家，伟大的民主主义战士、爱国者、人民教育家，中国人民救国会和中国民主同盟的主要领导人之一，景星学社社员。

教育活动：

1917年秋回国，先后任南京高等师范学校、国立东南大学教授、教务主任等职。开始他富于创意而又充满艰辛的教育生涯。研究西方教育思想并结合中国国情，提出了"生活即教育""社会即学校""教学做合一"等教育理论。他特别重视农村的教育，认为在3亿多农民中普及教育至关重要。

1917年底，与蔡元培等发起成立中华教育改进社，主张反对帝国主义文化侵略，收教育权利，推动教育改进。

1923年，与晏阳初等人发起成立中华平民教育促进会总会，后赴各地开办平民识字读书处和平民学校，推动平民教育运动。

1926年起发表了《中华教育改进社改造全国乡村教育宣言》。1927年创办晓庄学校。1932年创办生活教育社及山海工学团。设想以教育为主要手段来改善人民的生活。

一二·九运动后，在中国共产党的帮助和影响下，积极宣传抗日，参加民主运动，进一步认识到教育应为民族革命和民主革命服务。

1927年3月，在南京北郊晓庄创办乡村师范学校晓庄学校，创办第一个乡村幼稚园燕子矶幼稚园。

1929年12月，上海圣约翰大学授予他荣誉科学博士学位，表彰他为中国教育改造事业作出的贡献。

1930年4月，遭国民党通缉被迫流亡日本，崇尚科教救国的思想。

1931年，回国开展教育普及工作，在上海创办自然学园、儿童科学通讯学校。主编《儿童科学丛书》等。

1932年，他又创建了山海工学团，提出"工以养生，学以明生，团以保生"，将工场、学校、社会打成一片，进行军事训练、生产训练、民权训练、生育训练等，还开展小先生运动。

1933年，他与厉麟似、杨亮功等来自政学两界的知名人士在上海发起成立中国教育学会。

1934年，他在《生活教育》上发表《行知行》一文，认为"行是知之始，知是行之成"，并改本名为陶行知。虽然王阳明学说含有主观唯心主义的成分，陶行知却从中悟出学习与实践相结合的道理，且终生以此自勉。

1935年，在中国共产党"八一宣言"的感召下积极投身抗日救亡运动。一二·九运动后，与宋庆龄、马相伯、沈钧儒、胡愈之、邹韬奋、李公朴等发起组织"上海文化界救国会"。

1936年初，成立国难教育社，被推为社长，张劲夫任总干事，拟订《国难教育方案》，把生活教育和民族民主革命斗争结合起来。5月，他当选为全国各界救国联合会执委和常委。与沈钧儒、章乃器、邹韬奋等联名发表《团结御侮》的宣言，主张停止内战，共同抗日。毛泽东复信表示支持。7月，受救国会派遣，出访欧、美、亚、非28个国家，宣传抗日救国，介绍中国大众教育运动。在布鲁塞尔参加世界和平大会，并当选为中国执行委员。其间当得悉沈钧儒等"七君子"被捕的消息，十分气愤，立即联络杜威、爱因斯坦、罗素等世界著名人士联名通电蒋介石，营救七君子。

1938年，参加国民参政会，致力于抗战期间的教育活动。积极响应中国共产党提出的全面抗战的号召，成立了中国战时教育协会。8月，倡导举办了"中华业余学校"，推动香港同胞们共赴国难。

1939年7月，在四川重庆创办育才学校，培养有特殊才能的儿童。在四川重庆附近的合川县古圣寺创办了主要招收难童入学的育才学校。

1941年，参与发起成立中国民主政团同盟。

1945年，陶行知加入中国民主同盟，同年当选中国民主同盟中央常委兼教育委员会主任委员。1月，在重庆创办社会大学并任校长，李公朴任副校长兼教务长。社会大学的宗旨是"人民创造大社会，社会变成大学堂""大学之道，在明明德，在亲民，在止于人民之幸福"，有力地推动了民主教育的进程。

1946年1月，陶行知在重庆创办社会大学，推行民主教育。培养出革命人才。并曾帮助一些进步青年前往革命根据地。提出了"生活即教育""社会即学校""教学做合一"等著名口号。4月，回到上海，立即投入反独裁、争民主、反内战、争和平的斗争。在他生命的最后100天，他在工厂、学校、机关、广场发表演讲100余次。7月25日上午，因长期劳累过度，健康过损，受好友李、闻事件的刺激又过深，突发脑溢血，周恩来、邓颖超、沈钧儒等闻讯赶往探视。但抢救无效，不幸逝世于上海，享年55岁。被毛泽东和宋庆龄等誉为"伟大的人民教育家""万世师表"。

教育思想：

陶行知是我国现代著名的教育家，他把自己的一生奉献于中国乡村教育事业的发展，创立了许多精辟的教育新理论、新观点和新方法。"生活即教育""社会即学校""教学做合一"等生活教育理论，是陶行知教育思想的精髓。他是中国现代史上一名伟大的"人民教育家"。在当今新课程改革的背景下，研究学习陶行知的教育思想，具有重要的现实意义。

陶行知先生毕生致力于教育事业，对我国教育的现代化做出了开创性的贡献。他不仅创立了完整的教育理论体系，而且进行了大量教育实践。细考陶行知的教育思想，创新犹如一根金线，贯穿于陶行知教育思想的各个部分。创新在这里指革除不适应时代发展需要的"旧"，创立与社会、历史进步相符的"新"。创新还具有打破偶像，破除迷信，挣脱教条的束缚，从僵化习惯性思维中走出来的含义。

陶行知教育思想的创新，也表现在培养目标上。他针对旧教育把培养"人上人"作为目标的现象，指出新教育应培养全面发展的"人中人"。早在他创办南京安徽公学时就为这所学校提出三个教育目标：研究学问，要有科学的精神；改造环境，要有审美的意境；处世应变，要有高尚的道德修养。

教育思想内涵。提倡做"第一流的教育家"。这种教育家一要敢于探索未发明的真理，不怕辛苦，不怕失败，一心要把奥妙的新理一个一个地发现出来；二要敢入未开化的疆土，要晓得国家有一块未开化的土地，有一个未受教育的人民，都是我们未尽到责任。

倡导改革考试制度。陶行知是改革旧考试制度的倡导者。他在1934年写的《杀人的会考与创造的考成》一文中，对旧的考试方法进行了严厉的批评与抨击。他说："学生是学会考，教员是教人会考，学校是变了会考筹备处。会考所要的必须教，会考所不要的不教，甚而言之不必教。于是唱歌不教了，图画不教了，体操不教了，所谓课内课外的活动都不教了，所要教的只是书，只是考的书，只是《会考指南》！教育等于读书，读书等于赶考。好玩吧，中国之传统教育！""现在中学校有月考、学期考、毕业考、会考、升学考。……日间由先生督课，晚上由家长督课，为的都是准备赶考，拼命赶考，还有多少时间去接受大自然和大社会的宝贵知识呢？……赶考首先赶走了脸上的血色，赶走了健康，赶走了父母之关怀，赶走了对民族人类的责任"。因此，他大声疾呼："停止那毁灭生活力之文字的会考；发动那培养生活力之创造的考成。"这是60多年前陶行知的呼喊，真好像是针对我们今天片面追求升学率的应试教育而说的。

提出中国教育现代化思想。他号召说："做一个现代人必须取得现代的知识，学会现代的技能，感觉现代的问题，并以现代化的方法发挥我们的力量。时代是继续不断地前进，我们必得参加现代生活里面，与时代俱进，才能做一个长久的现代人。否则，再过几年又要成为时代的落伍者了。"

强调培养开拓型、创造性人才。陶行知认为，人生的价值在于开拓和创造。他以人生要"为一大事来，做一大事去"自励和勉人。他形象地在《三代》一首诗中写道："行动是老子。知识是儿子，创造是孙子。"这是说要从行动中获得知识，再用知识去指导行动。只有这样，才能推动社会不断进步。

强烈的人民性和广泛性。陶行知教育思想的人民性和广泛性是非常强烈的。他为人民办教育，明确提出"生活教育要解放全人类"的理想。他所说的"爱满天下"就是解放全人类，他所说的"平民化"就是以工农为主体的人民性。

他的教育思想的人民性，还体现在他把人民作为教育的主人，必须首先向人民学习，把他们当作教育的主人，自己是为他们服务的，因而要用人民最需要的东西教育他们，用人民最易懂的方法帮助他们掌握知识，提供他们的科学文化水平，以摆脱贫穷落后。

对于终身教育，早在1934年，他就说："生活教育与生俱来，与死同去。出世便是破蒙，进棺材才算毕业。"直到晚年，即1945年5月，他还强调说："无论老少，也应该受教育。"故生活教育很早就提出了"活到老，学到老"的口号。

新教育理念：

创立"生活教育理论"。"生活教育"包含三个基本内容："生活即教育""社会即学校""教学做合一"。其实质是使教育与生活和社会实际紧密联系。他坚决反对死灌死背死考，徒把教学过程作为单纯的认识过程；强调"教学做合一"。要求科学地遵循教育和教学规律，适应时代和社会需要，建立一种与社会生活实际密切结合的新教育。

倡导学生的"六大解放"。一是解放他的头脑，使他能想；二是解放他的双手，使他能干；三是解放他的眼睛，使他能看；四是解放他的嘴巴，使他能谈；五是解放他的空间，使他能到大自然大社会里取得丰富的学问；六是解放他的时间，不把他的功课表填满，不逼迫他赶考，不和家长联合起来在功课上夹攻，要让他有一些空闲时间消化所学，并且学一点他自己渴望要学的学问，干一点他自己高兴干的事情。

改革教学方法。1919年，陶行知大胆主张改教授法为教学法，一是事怎样做便怎样学，怎样学便怎样教；二是对事说是做，对己说是学，对人说是教；三是教育不是教人，不是教人学，乃是教人学做事。无论哪方面，"做"成了学的中心，即成了教的中心。要想教得好，学得好，就须做得好。要想做得好，就须"在劳力上劳心"，以收手脑相长之效。主张教的法子根据学的法子，学的法子根据做的法子。不然，便要学非所用，用非所学了。从先生对学生的关系说，做便是教；从学生对先生的关系说，做便是学。先生拿做来教，乃是真教；学生拿做来学，乃是实学。

教人求真（师德）。不能用人的长处，便是自己的短处。希望你们能用人的长处，而又帮助人克服短处。

运用民主作风教学生，并与同事共同过民主生活，以造成民主的学校。教师的职务是"千教万教，教人求真"。学生的职务是"千学万学，学做真人"。捧着一颗心来，不带半根草去。你们抱着这种精神去教导小朋友，总是不会错的。亲民亲物亲赤子，问古问今问未来。为了苦孩，甘为骆驼。于人有益，牛马也做。真教育是心心相印的活动，唯独从心里发出来，才能打到心灵的深处。教育是教人化人。化人者也为人所化，教育总是互相感化的。互相感化，便是互相改造。

胡　适

胡适（1891—1962年），曾用名嗣穈，字希疆，学名洪骍，后改名适，字适之。籍贯安徽省绩溪县，生于江苏省松江府川沙县（今上海市浦东新区）。现代思想家、文学家、哲学家，教育家。

生平事迹：

民国六年（1917年）1月1日，胡适的论文《文学改良刍议》刊登于《新青年》二卷五号；同月，陈独秀正式就任北大文科学长，也把

《新青年》从上海迁来北京编辑。他帮助蔡元培罗致人才，在给胡适的信中，陈独秀表达了想要让胡适到北京大学任教，与之共事的希望；4月17日，胡适完成博士论文；5月22日，进行博士学位最后考试——口试；5月23日，改定论文《先秦诸子之进化论》；7月，从美国返回；9月10日，到北京就任国立北京大学教授；进入北京大学之后，直接参与《新青年》的编务活动，与陈独秀一起倡导新文化运动和文学革命，也向蔡元培推荐人才。

民国七年（1918年）初，改组《新青年》，扩大了编辑部，由陈独秀、胡适、李大钊、钱玄同、高一涵、沈尹默等六人轮流编辑；4月，胡适的论文《建设的文学革命论》发表在《新青年》四号四卷上；同年，任北京大学评议会评议员、《北京大学日刊》编辑、哲学研究所主任、英文科教授会主任等职位。

民国八年（1919年）5月，五四运动爆发。新文化运动也因政治的助力，迅速发展到全国各地，汇集成了全国规模的伟大文化革命的洪流。胡适和陈独秀大力倡导五四运动，二人成为五四运动的代表人物。胡适在五四运动中，是革命统一战线中的一员，但相比较于李大钊、陈独秀，他较为温和，不怎么坚决武断。

思想主张：

乐观主义。胡适不提倡东方的圣人那种无为。人生在于奋斗，即使在潦倒的窘境，也要对前途有起码的乐观和自信。一步一步都可以踌躇满志，把每种进步都看成是巨大的希望，这正是胡适对于人生的乐观。胡适的乐观有其合理来源。胡适的乐观首先是对科学的信心。20世纪中国与世界的巨大科学进步使胡适坚信科学可以救国，可以产生新文化，可以"使人类痛苦减除，寿命延长，增加生产，提高生活"。胡适的信心也来自教育。从教育入手来改变国家当然是个缓慢的过程，但胡适认为这个过程不可超越，相反，教育越失败越要加强教育，根本的方法只有用全力扩大那个下层的基础，就是要下决心在最短年限内做到初等义务教育的普及。同时，胡适对经济制度、民主政治也充满信心。胡适认为，随着物质享受的逐渐增加，人类的同情心也逐渐扩大，胡适推崇西方文明，认为可以靠西方制度和法律使得大多数人能过上幸福的生活。

追求民主。胡适一生在政治上追求民主、法治、自由、人权等普世价值的实现。他坚信只有民主制度才真能造成一个稳定的现代国家。一旦使用专制，即使是"开明专制"，最后一定会导致强大的政府不受监督和制裁的。

首先，胡适强调反对封建专制，倡导民主自由。他强调个性的自由，要求使个人有自由意志；使个人担负责任，主张充分发展人的个性思想。胡适宣传资产阶级个性解放、发展个性的思想，在当时北洋军阀专制统治下"鼓励勇气与群魔战，以期打破黑暗地狱，取中国各种现状而新之"以及"放胆为文"。胡适在提倡解放个性，使个性得到发展的同时，对历史上那种以一家之言、"定于一尊"的恶习、唯我独尊的"怪胎"进行了根本的否定，他以自由作为反对封建专制主义的武器，强调要"极力提倡思想自由和言论自由"。

其次，胡适反对封建礼教，提倡妇女解放。对于封建道德规范，胡适都进行了否定性的论述。他认为，古人把一切做人的道理都包在"孝"字里，"流弊百出"。他还在《贞操问题》一文中，对妇女的贞操问题做了阐释，对封建节烈观进行了批判。胡适认为应该从提高妇女的社会地位入手，使女子与男子享有同等的政治权利的社会义务以充分发挥妇女的聪明才智。

教育成就：

胡适在高校执教，学生中有名的包括牟宗三、罗尔纲、顾颉刚、俞平伯、傅斯年等。此外，胡适还注意帮助同侪、提携后进。林语堂在其留学期间，清政府取消对留学生资助，林语堂靠着胡适的资助继续在国外读书。20世纪30年代，胡适独具慧眼，提拔、任命、帮助梁实秋完成了日后号称梁实秋对文坛的三大功绩之一的翻译《莎士比亚全集》。陈之藩与胡适为忘年之交，赴美留学得到胡适赞助。致胡适信件收入《大学时代给胡适的信》。季羡林虽不是胡适的学生，但归国初期也受到胡适提拔。

外交成就：

民国二十七年（1938年）9月至民国三十一年（1942年）9月，胡适任驻美大使达四年之久。作为大使，胡适最大的努力，还是坚持到各地巡回演说。他积极努力与美国政府人士建立良好的关系，充分发挥学者的优势，频频参加集会和演讲，大力开展"民间外交"，着重向美国朝野宣传中国抗战的国际意义，以增进中美两国之间的了解与信任，力陈中国抗战的世界意义，力图打破美国颇为浓重的孤立主义情绪。胡适后来回忆在美任大使数年，赴全美各地演讲400次多。可见胡适演讲的场数之多，受众之广。胡适在任期间发表演讲之多，是很多外交官都望尘莫及的。

杨贤江

杨贤江（1895—1931年），字英父，又名英甫，笔名李浩吾、柳岛生、叶公朴、直夫、耕牛、李谊等，浙江余姚（今浙江省慈溪市）人。现代著名教育家，马克思主义教育理论家。1921年，被商务印书馆聘为《学生杂志》主编，任职六年。杨贤江是中国共产党早期党员之一。他参与了五卅运动和上海三次工人武装起义的组织工作。大革命失败后，他转移到日本，在日本边进行革命活动边从事社会科学和教育科学的研究及翻译工作。1929年，他秘密回国，继续从事革命斗争。由于在白色恐怖下斗争，环境恶劣，工作繁重，他积劳成疾，于1931年逝世，年仅36岁。代表作品为《新教育大纲》《教育史ABC》。

生平事迹：

杨贤江是共产党早期青年运动领导人之一，也是早期传播马克思主义教育思想的教育理论家，今浙江省宁波市慈溪市长河镇贤江村人，1895年4月11日出生于一个成衣匠家庭。

1906年，入小学。1910年，高小毕业后，因家境贫困，当过小学教师。

1912年，考入省立第一师范，成为品学兼优的模范生。

1917年夏，他以优异的成绩毕业于浙江第一师范学校，老师李叔同赠他一张条幅，上书"神聪"二字，以示鼓励。毕业不久，他应聘到南京高等师范学校（南京大学前身）任职，工作之余参加了商务印书馆函授学校英文科的学习，并开始翻译国外教育论文，发表在《教育杂志》等刊物上。

五四运动的浪潮使杨贤江接触到新思想和新学说，极大地触动他的"教育救国"思想。同年10月，他经邓中夏介绍，参加了以改革社会为宗旨的"少年中国学会"，同时参与发起的有李大钊、毛泽东、张闻天、恽代英等，杨贤江被选为南京分会书记。次年，他与李大钊、恽代英等7人被选为"少年中国学会"的评议员。1923年，加入中国共产党。

从五四运动到1926年，杨贤江除了编辑《学生杂志》外，还积极参加社会活动，并在上海大学社会系、上大附中、上海景贤女中、上虞春晖中学兼课。他充分利用上课与学生直接见面的有利时机，引导学生端正思想，从处世交友、婚姻恋爱等个人琐事到国家命运、民族前途等大事，无不予以热情的指导与解释。为发动更多的热血青年投身于革命事业，他在《学生杂志》上组织过两次"学生干政"和"学生入党"的大讨论，使不少青年由此走上了革命道路。"五卅"惨案发生以后，杨贤江与沈雁冰、侯绍裘、董亦湘等人组成"上海教职员救国同志会"，印发传单，成立演讲团，去大街、商店、工厂、学校宣传反帝救国的道理。杨贤江以其出色的演讲口才，渊博丰富的学识，高瞻远瞩的预言，产生了极大的轰动。

1927年4月12日，蒋介石悍然发动反革命政变，一时间腥风血雨，许多革命志士惨遭杀害。杨贤江名列蒋介石发布的通缉令中。浙江省通缉的要犯中，杨贤江作为特重要犯，名列第三。根据党的指示，杨贤江被派到武汉北伐军总政治部担任《革命军日报》社长。同年5月13日在武汉召开的国民党中央常务委员会第十一次扩大会上，他愤怒地揭发了蒋介石背叛革命的罪行，同时满怀信心地指出，这种反动力量是暂时的，上海的革命群众很快会起来举行第四次武装暴动。他的这个发言，深刻揭露了蒋介石的反动实质，对处在低潮时的革命群众有极大的鼓舞作用。但时隔不久，武汉的汪精卫也步蒋介石的后尘，密谋反共。为揭露这些反革命头子的真正面目，他在7月14日《革命军日报》上，冒着极大的风险发表了宋庆龄的《为抗议违反孙中山的革命原则和政策的声明》。到了年底，形势更加恶化，杨贤江不得不去日本暂时避难，并在日本从事进步教育论著的研究、撰写、翻译工作。

由于杨贤江一直是反动派通缉的对象，故在1929年5月回国以后，他一面与潘汉年、李一氓、朱镜我等组织"中国社会科学家联盟"，一方面仍然以隐蔽身份从事党的地下工作和教育科学方面的研究。著有《教育史ABC》《新教育大纲》等著作。夜以继日地工作，使他积劳成疾。生病以后，在国内又不能住大医院，于1931年7月去日本治疗，同年8月9日在日本长崎病逝，年仅36岁。

1981年，教育部、团中央联合召开纪念杨贤江同志逝世五十周年大会，教育部长蒋南翔主持纪念大会，共青团中央第一书记韩英在会上讲话，教育部副部长张承先作了报告。会议给予他很高的评价，指出他

"在中国新民主主义革命史上，特别是在现代教育史和青年运动史上有着光辉的地位"。

教育思想：

杨贤江认为教育是上层建筑，它同经济基础有依存关系；教育既受生产方式也受政治制度所制约，又对经济的发展、政治的变革起促进作用；教育由于社会生产劳动的需要而产生，并在生产劳动过程中发展起来；教育的"本质"，是与生产劳动密切结合，为全社会所共享的；但是，到了阶级社会，教育成为剥削阶级统治的工具，所实施的教育同生产劳动相脱离。他批判了"神圣说""教育清高说""教育中正说"和"教育独立说"等观点，并驳斥了"教育万能说""教育救国论"和"先教育后革命论"。他认为要变革当时不合理的社会制度，只有进行革命。在革命中，教育应当作为革命武器之一；革命胜利之后，教育便应当促进建设社会主义社会。杨贤江还很关心青年的政治思想、道德品格以及学习、健康各个方面的成长。他主张对青年应进行"全人生的指导"，而关键则在于使青年们树立革命的人生观。

主要教育专著有《教育史 ABC》和《新教育大纲》。这是中国最早以马克思主义观点编写的教育著作。杨贤江认为教育是上层建筑，它同经济基础有依存关系；教育既受生产方式也受政治制度所制约，又对经济的发展、政治的变革起促进作用；教育由于社会生产劳动的需要而产生，并在生产劳动过程中发展起来；教育的"本质"，是与生产劳动密切结合，为全社会所共享的；但是，到了阶级社会，教育成为剥削阶级统治的工具，所实施的教育同生产劳动相脱离。他批判了"神圣说""教育清高说""教育中正说"和"教育独立说"等观点，并驳斥了"教育万能说""教育救国论"和"先教育后革命论"。他认为要变革当时不合理的社会制度，只有进行革命，在革命中，教育应当作为革命武器之一；革命胜利之后，教育便应当促进建设社会主义社会。

杨贤江还很关心青年的政治思想、道德品格以及学习、健康各个方面的成长。他主张对青年应进行"全人生的指导"，而关键则在于使青年们树立革命的人生观。

于 漪

于漪，女，汉族，1929年2月7日出生，江苏省镇江市人，中共党员，中国语文教育家。1951年7月，毕业于复旦大学教育系，1978年，被评为语文特级教师。上海市杨浦高级中学名誉校长。曾任全国语言学会理事、全国中学语文教学研究会副会长。

长期躬耕于中学语文教学事业，坚持教文育人，推动"人文性"写入全国《语文课程标准》。主张教育思想和教学实践同步创新，撰写数百万字教育著述，许多重要观点被教育部门采纳，为推动全国基础教育改革发展作出突出贡献。曾荣获"全国先进工作者""全国三八红旗手""全国教书育人楷模"等称号。2019年9月17日，国家主席习近平签署主席令，授予于漪"人民教育家"国家称号。

2019年，于漪被评为"人民教育家""最美奋斗者"，代表作品有《于漪语文教育文集》《于漪文集》。座右铭：一辈子做教师，一辈子学做教师。

生平事迹：

1937年，日本侵略者铁蹄长驱直入，家乡危在旦夕，于漪就读的江苏镇江薛家巷小学即将解散。在最后一堂课上，音乐老师教同学们唱《苏武牧羊》，唤起了于漪幼小心灵的爱国决心。在连天炮火中，于漪辗转考到了镇江中学，在老师的悉心教导下，她深刻认识到求学的目的正是解救苦难民族于水深火热之中，从愚昧走向文明。

1947年，18岁的于漪考入复旦大学教育系。大学里，曹孚、周予等教授严谨治学的品格和精神，深深地影响了她。

1951年，22岁的于漪从复旦大学毕业，被分配到上海第二师范学校担任语文老师。

1977年，电视里直播了一堂于漪执教的语文课《海燕》，当时全国人民守在电视机前，争睹她上课的风采。

1985年，于漪走上了上海第二师范学校校长的岗位。

20世纪90年代初，语文学科开始被工具性左右时，于漪撰文《改革弊端，弘扬人文》，提出"工具性与人文性的统一是语文学科的基本特点"，这一观点写入21世纪语文课程改革的课程标准，深刻改变了语文教学的模式。

教育著述：

著作有《岁月如歌》（手稿珍藏本）、《卓越教师第一课》、《教育的姿态》、《语文的尊严》、《于漪知行录》、《于漪新世纪教育论丛》（6卷）。主编有《教育魅力——青年教师成长钥匙》（2013年度教师喜爱的100本书之TOP10中第一本，已印刷11次）、《走进经典——语文阅读新视野》（6册）、《"青青子衿"传统文化书系》（12册）、《现代教师自我发展丛书》（共18本）、《现代教师学概论》等。2018年8月，《于漪全集》（8卷21本）正式出版。

获奖记录：

2018年12月18日，党中央、国务院授予于漪同志改革先锋称号，颁授改革先锋奖章，并获评"基础教育改革的优秀教师代表"。

在"2018上海教育年度新闻人物颁奖主题活动"上，于漪获评"年度特别致敬人物"。

1978年，获全国首批特级教师，先后荣获"上海市劳动模范""全国先进工作者""全国三八红旗手""全国教书育人楷模"等称号。

1989年，被评为全国先进工作者。

2010年2月2日，由中国教育报和中国教育电视台主办的"2009中国教育年度新闻人物"评选活动在京举行了颁奖仪式。上海市杨浦高级中学名誉校长、语文特级教师于漪当选为2009教育年度新闻人物。

2019年9月，为"最美奋斗者"建议人选，并最终成为个人"最美奋斗者"。

2019年9月17日，国家主席习近平签署主席令，授予于漪"人民教育家"国家荣誉称号。

魏书生

魏书生，汉族，1950年5月4日出生于河北省沧州地区交河县。1968年参加工作，1974年加入中国共产党。当代著名教育改革家、全国劳动模范，全国中青年有突出贡献的专家，首届中国十大杰出青年等殊荣。中国共产党第十三至十七次全国代表大会代表，第十届辽宁省政协常委。东联和信学校名誉校长。

1950年5月4日，魏书生出生于河北。1956年，他随父母迁居辽宁沈阳。1968年，魏书生作为知识青年下乡到盘锦农场。1969年，魏书生在新建农场的红旗小学教书，开始为期两年的教师体验。两年后，魏书生被调到电机厂工作。直到1978年，到盘锦三中担任语文教师，他才正式开始教师生涯，并为之奋斗一生。

退休前曾任盘锦市教育局局长、党委书记，现任中国高等教育学会学习科学分会会长，台州书生中学校长，粤港澳大湾区百人讲师团荣誉团长。

教育著述：

魏书生、王学奇等编著：《当代中学生用功术》，辽宁人民出版社

1990年版。

魏书生、张一村主编:《智力引发与训练》,辽宁人民出版社1990年版。

魏书生著:《语文教学探索》,河南大学出版社1990年版。

魏书生主编:《思维能力测验与引发》,辽宁民族出版社1991年版。

魏书生著:《班主任工作漫谈》,漓江出版社1993年版。

魏书生编著:《初中生科学学习方法》,辽沈书社1993年版。

魏书生主编:《语文自学导引》(共6册),沈阳出版社1994年版。

魏书生著:《魏书生文选》(一、二卷),漓江出版社1995年版。

魏书生编著:《中国特级教师教案精选》,北京师范大学出版社1995年版。

魏书生著:《家教漫谈》,漓江出版社1996年版。

魏书生、刘继才、孟庆欣主编:《素质教育理论与教学模式》,东北大学出版社1997年版。

魏书生编著:《中学生实用学习法》,沈阳出版社1998年版。

魏书生主编:《中学整体优化改革优秀成果汇编》,辽宁民族出版社1998年版。

魏书生主编:《初中生分类作文大全》,白山出版社1999年版。

魏书生主编:《初中生应试作文大全》,白山出版社1999年版。

魏书生主编:《初中生议论文写作大全》,白山出版社1999年版。

魏书生主编:《初中生600字作文大全》,白山出版社1999年版。

魏书生主编:《学生学习600法》,漓江出版社2000年版。

魏书生主编:《好学生 好学法》,漓江出版社2005音像讲座。

《学习方法》《这样教出好孩子》《骨干教师成长》《语文教学》《教出好孩子》《学校管理》《如何当好班主任》《给青年教师的建议》。

六步教学：

语言学家吕叔湘曾说："要是年轻一半，我一定要拜他为师，向他学习。"这个他，并不是什么语言学领域的大家，而是教育战线上的一名语文教师——魏书生。

魏书生在初中语文教学实践过程中，不断思考和探索，逐步形成了一套教学方法，包括定向、自学、讨论、答疑、自测、自结六个步骤，即"六步课堂教学法"。"定向"就是老师和学生一起提出新课的重点、难点。然后学生通过"自学"解决重点、难点问题。自己不能独立解决的问题，力求通过"讨论"找到答案。如果仍不能解决或者存在分歧，便再请老师"答疑"。问题解决后，学生自己出题或相互出题进行"自测"，检验学习情况。"六步课堂教学法"是让学生站在老师的角度，来把握重点、难点和知识点，从而加深对所学内容的理解和巩固，同时也培养了学生的自学能力。

魏书生这套教学法是以信息论为理论基础创立的，其结构主体是建立信息、处理信息、反馈信息。在教学实践中，他还根据文章本身的特点和学生理解课文的程度作出调整。例如：易懂的文章以学生"自学"解决问题为主，"讨论""答疑"为辅。如果"自测"的效果很好，就可以略去"自结"的环节。这套教学法，加强了老师与学生之间的互动，激起学生对学习的兴趣。1984年8月，中共辽宁省委和省政府联合作出《关于开展向魏书生同志学习活动的决定》，并授予他"特级教师"称号。1990年5月，辽宁教育学院成立"魏书生教书育人经验研讨会"。从此，魏书生的教育理念和方法，得到广泛研究和推广。

自此之后，魏书生每年都要奔赴各地讲学、开会、交流、介绍经验。很多人担心，他长期不在学校上课，学生们怎么办？魏书生却很放心。因为，他已经教给学生一个法宝，就是自学。培养学生的自学能力，就是交给学生一把探究世界的金钥匙。他说："一个教师最重要的不仅仅是教给学生眼前的知识，而是培养学生有利于未来，有利于人类的个性。如果学生把探求科学当成了自己最大的乐趣，最大的幸福，最大的利益，还有什么能阻挡住他们学习的步伐呢?"通过"六步课堂教学法"，学生的自学能力得到了极大锻炼。魏书生在外地介绍自己的教学经验时，也不断强调"凡是学生能做的事，我不做"。在其他学校上公开课时他告诉学生"别总把自己当学生，要换一换位置，把自己当成老师和学者""就像你在给学生讲课一样"。这样的课堂，让学生充满了新奇感，并激发了学生的探索欲和创造力。

第五章 古代名人家教典例

　　重视家庭教育既是周人的优良传统，又是我国古代社会各阶层的共识。自古以来，古代贤哲就有"修身、齐家、治国、平天下"的宏伟抱负，家庭教育就是"齐家"的重要内容之一。在历史上，传承和践行周文化精华的家庭教育典范真可谓灿若星辰，不胜枚举。现选择一些展示出来，以飨读者。在此挂一漏万，不胜惶恐，但篇幅所限，也只能如此。

四大贤母

每个人一生，母亲对自己的影响总是巨大的，一个母亲是否有文化，是否品行端庄，是否教子有方，直接影响孩子一生。母亲是孩子最早的启蒙老师，她的一言一行，一举一动影响孩子思想观念的形成。所以一个男人，若能娶一房好太太，便能"富"三代。当然，这里所说的"富"，并非一定指有钱，而是一个人的思想富，品德富，最终使自己成一个有所作为的人。

纵观历史上，那些有建树、有所出息的名人，大都深受其母亲思想之熏陶，从而也成就了他们的人生。这些母亲中，最为著名莫过于中国"四大贤母"，她们分别是孟母、陶母、欧母、岳母。就是这样四位伟大的母亲，她们的事迹被广为传颂，她们的儿子成为国家的栋梁，影响中华儿女一生，并成为学习的典范。

孟母仉氏

孟子的母亲，孟母三迁，择邻而居，为儿子的教育选择好环境。

孟母是战国孟子之母，位居"四大贤母"之首。她的儿子孟子是中国古代著名的思想家、教育家，是仅次于孔子的儒学大家，被誉为"亚圣"。孟母之所以能培养出如此优秀的儿子，全在于她对子女的悉心教育。她最被广为传颂的事迹，就是"孟母三迁"的故事。

丧夫，却志不改嫁，一个人含辛茹苦养育孟子。刚开始她和孟子住在丈夫的陵墓附近，以便于每天可以去祭拜丈夫。只是在这种地方住久了，年幼的孟子竟学起了出殡人士的哭丧。孟母觉得这样的居住环境不利于孩子成长，便把家搬到了集市。可是把家搬到集市后，孟子却学着小贩商人们做起了吆喝买卖。孟母不希望自己儿子将来成为市井小人，所以又把家搬到了学校附近。从此后，孟子就跟着学校里的士子，学起了"好好读书，天天向上"。孟母之所以三迁，是因为她深谙一个道理："环境会影响一个人的成长。"

孟母还有"子不学，断机杼"的故事（《三字经》），她教育孟子，学业若半途而废，就如织到一半的布匹，是不能为人所用的。同样，人若在年少时不好好读书，长大了是没有出息的。从此孟子发愤读书，终究成为一代旷世学儒。

陶母湛氏

陶侃的母亲，封坛退鲊，截发延宾，让儿子结交更好的朋友、懂得清廉。

陶母是东晋陶侃之母。陶侃是一代名将，在稳定东晋初年动荡不安的政局上，很有建树。而陶母"截发筵宾""封坛退鲊"的教子故事也广为流传。

陶侃幼为孤子，家境贫寒。陶母含辛茹苦，靠纺纱织麻维持生计，供养陶侃读书。在教子上，陶母一直教育儿子，交朋友一定要交比自己更有水平、更有文化之人。

有一次，同郡孝廉范逵访贤遇大雪，借宿陶侃家。时天寒地冻，马无饲料，陶母揭去自己床铺上的稻草席，剁碎喂马；由于家中贫寒，无以款客，陶母又偷偷剪下自己的长发，卖给邻人，换钱购买酒菜。在中国人的观念中，"身体发肤，受之父母，不敢毁伤，孝至始也"，所以头发是不可以轻易剪的。陶母如此举动，足见她待客之诚心。所以范逵大为感动，遂举荐陶侃由县吏拜授郎中，从此后，陶侃走上了发达的仕途。这就是"截发筵宾"的典故。

陶母还有一个广为传颂的故事是"封坛退鲊"。陶侃曾在浙江海阳做县吏，监管渔业，常有下属送东西给他。有一次，一位下属送了一坛鱼鲊（腌鱼）给陶侃，孝顺的陶侃马上念及一生贫居乡间的慈母，便嘱托乡人带给母亲。谁知母亲却原封不动地将这一坛鱼鲊退了回来，并在信中写道："尔为吏，以官物遗我，非惟不能益吾，乃以增吾忧矣。"（《晋书》卷九十六《陶侃母湛氏传》）

陶侃收到母亲退回的鱼鲊和回信，大为震动，更愧疚万分。他下定决心，一生遵循母亲教导：清白做人，廉洁为官。

后人赞誉："世之为母者如湛氏之能教其子，则国何患无人才之用？而天下之用恶有不理哉？"（明·张九韶《重修陶母基记》；康熙《新淦县志》卷十四《艺文志·记》）

欧母郑氏

欧阳修之母，因欧阳修少时家贫，欧母则以荻画地，教他认字。

欧母是北宋欧阳修之母。欧阳修是北宋卓越的政治家、文学家、史学家，但他的成就也离不开他母亲的伟大教育。

欧母还是一位单亲母亲，她丈夫在儿子四岁那年便去世了，留下她孤身一人辛苦拉扯儿子。欧阳修父亲在世时，家中经济比较宽裕，可自从他去世后，家境便一落千丈，日渐贫寒。后来竟到了"房无一间，地无一垄"的地步。孤儿寡母在这样的境况下生活，困难是可想而知的。

欧母是一个意志坚强的女人，她家穷志不穷，靠自己的辛勤劳动，将儿子养大，并用最原始的方式教欧阳修识字，这便是著名的"画荻教子"。欧阳修五岁时，欧母便教他读书识字、做人处事的道理。只是当时家里穷，没钱买笔墨纸砚，欧母只好用芦苇秆代替，然后在地上铺一些沙，把地当纸，一笔一画地教欧阳修写字。

穷人家的孩子早当家，欧阳修在母亲的悉心教导下，特别懂事，奋发图强，学习成绩优异，他于仁宗天圣八年（1030年）高中进士。

欧阳修在当官期间，积极支持范仲淹维持新法，后因此被贬职。但欧母并没有抱怨儿子的仕途不济，而是宽慰儿子说："你为正义被贬职，不能说不光彩。我们家过惯了贫寒的生活，你只要思想上没有负担，精神不衰，我就高兴。"有母如此，儿子焉能不伟大？

岳母姚氏

岳母刺字，精忠报国的典故为世人称颂。岳母是北宋名将岳飞之母。岳飞十五六岁时，北方的金人南侵，宋朝当权者腐败无能，节节败退，国家处在生死存亡的关头。

很多自私的母亲都不希望自己的孩子上前线，希望能在战乱年代保全子嗣血脉。但是岳母却和一般母亲不同，她大义凛然，主动励子从戎，精忠报国。她为了让儿子永远铭记大丈夫当"精忠报国"的训诫，甚至用绣花针把这四个字刺在岳飞的背上！由于岳母的积极鼓励，使得岳飞投军后，奋勇杀敌、义无反顾，他很快因屡建战功被升为秉义郎。有一次宋都开封被金军围困，岳飞随副元帅宗泽前去救援，多次打败金军，受到宗泽的赏识，称赞他是"智勇才艺，古良将不能过"。

后来岳飞终成为一代有名的抗金英雄，为历代人民所敬仰。

孔臧《诫子书》

孔臧是中国古代教育家孔子的第10代孙，也是西汉著名经学家孔安国的从兄。汉武帝的时候，孔臧作为太常卿，经常和朝中一些做学问的人讨论鼓励学习、奖励贤才等事。孔臧的文学作品主要是汉赋，大概有24篇。受孔臧的影响，他的儿子孔琳勤奋好学，受到人们的赞扬。

《诫子书》是孔子的后代孔臧的作品，用来告诫后人要品行端正，脚踏实地，循序渐进，不可妄想一步登天。

诫子书

【原文】

人之进退，惟问其志。取必以渐，勤则得多。山溜至柔，石为之穿。蝎虫至弱，木为之弊。夫溜非石之凿，蝎非木之钻，然而能以微脆之形，陷坚钢之体，岂非积渐夫溜之致乎？训曰："徒学知之未可多，履而行之乃足佳。"故学者所以饰百行也。

【译文】

人要求进步，但进步的方法、途径，关键在于他定立的志向。在追求的过程上，必须循序渐进，不可急于速成；此外，勤力是不可缺少的重要因素，而只有这样才会有丰硕的成果。山溜，即是山间的滴水，是柔软之体，但凭这柔软之体却可穿过坚石。木里的蠹虫是十分细小的昆虫，但却可以破坏巨木。水滴原不是坚石的凿子，蠹虫原不是钻木的工具，但是它们却能以自己羸弱之体，穿过坚硬的木石，这不就是因为逐渐累积所造成的结果吗？古人说："单单通过学习来掌握知识并不值得多誉，反而学以致用才值得表扬。"所以，学者要修炼自己多种多样的品行，还要注重道德修养。

司马谈《命子迁》

司马谈（？—前110年），西汉夏阳（今陕西省韩城市）人。父司马喜，在汉初为五大夫。《史记·太史公自序》载："（司马）无泽生（司马）喜，喜为五大夫。"司马谈在汉武帝时任太史令，他的学问有三个方面：其一，向唐都学观测日月星辰的天文之学；其二，向杨学《易》，《易》是讲阴阳吉凶的，这和天文星象都有关系；其三，向黄子学习黄老之术，曾和辕同在景帝面前辩论汤伐桀、武王伐纣这两件事的性质。司马谈所要论著历史的理想和计划，便留给儿子司马迁去实现。

司马谈在临终之时，洒泪嘱子，告诫儿子司马迁一定要完成续写《史记》的历史重任，这篇遗训被后世命名为《命子迁》，它在教子治学上取得的成就是一座不朽的历史丰碑。后来司马迁在《报任少卿书》中，详尽地叙述了自己蒙冤受屈惨遭酷刑的经过，同时也衷心倾吐忍辱苟活、著述《史记》的内在动力。

正是由于父亲家训的强大鞭策和激励，正是父辈对历史、对现实、对未来高度负责的敬业精神的感召，才使司马迁虽蒙受世间最大的耻辱与不幸，却能置个人荣辱、生死于度外，出色地完成了续写《史记》的宏图伟业，为中华民族、也为全人类留下了一份最珍贵的精神财富。

命 子 迁

【原文】

余先周室之太史也。自上世尝显功名于虞夏，典天官事。后世中衰，绝于予乎？汝复为太史，则续吾祖矣。今天子接千岁之统，封泰山，而余不得从行，是命也夫，命也夫！余死，汝必为太史；为太史，无忘吾所欲论著矣。且夫孝始于事亲，中于事君，终于立身。扬名于后世，以显父母，此孝之大者。

夫天下称诵周公，言期能论歌文、武之德，宣周、邵之风，达太王、王季之思虑，爰及公刘，以尊后稷也。幽、厉之后，王道缺，礼乐衰，孔子修旧起废，论《诗》《书》，作《春秋》，则学都至今则之。自获麟以来四百有余岁，而诸侯相兼，史记放绝。今汉兴，海内一统，明主、贤君、忠臣、死义之士，余为太史而论载，废天下之史文，余甚惧焉，汝其念哉！

【译文】

我们的先祖是周朝的太史。远在上古虞夏之世便显扬功名，职掌天文之事。后世衰落，今天会断绝在我的手中吗？你继做太史，就会接续我们祖先的事业了。现在天子继承汉朝千年一统的大业，在泰山举行封禅典礼，而我不能随行，这是命啊，是命啊！我死后，你一定成为太史；作为太史的任务，不要忘记我想论议著述这事。孝顺起始于侍奉双亲，再进一步是侍奉君王，最终是立足安身。在后代传播名声，来彰显父母，这是真正的孝道。

天天称赞歌诵周公，说他能写文论述歌颂文王、武王的德行，传播周公、召公的风范，表达太王、王季的思虑，于是到公刘，就尊崇后稷了。周厉王、周幽王以后，做帝王的规范缺失，礼乐削弱，孔子修诗书，兴礼乐，论述《诗》《书》，著写《春秋》，这些学术一直沿用至今，都以这些为准则。从鲁哀公以来四百多年，诸侯互相吞并，历史记录散失断绝。如今汉朝兴起，海内统一，明主贤君忠臣死义之士，我作为人史都未能予以论评载录，断绝了天下的修史传统，对此我甚感惶恐，你可要记在心上啊！

据此，应该说正是由于有其父司马谈的遗训，才有其子司马迁"史家之绝唱，无韵之离骚"的千秋名著《史记》。

郑玄《诫子书》

郑玄（127—200年），字康成，北海高密（今山东省高密市）人，东汉末年的经学大师。

他遍注儒家经典，以毕生精力整理古代文化遗产，使经学进入了一个"小统一时代"。曾入太学攻《京氏易》《公羊春秋》及《三统历》《九章算术》，又从张恭祖学《古文尚书》《周礼》和《左传》等，最后从马融学古文经。游学归里之后，复客耕东莱，聚徒授课，弟子达数千人，家贫好学，终为大儒。

党锢之祸起，遭禁锢，杜门注疏，潜心著述。以古文经学为主，兼采今文经说，遍注群经，著有《天文七政论》《中侯》等书，共百万余言，世称"郑学"，为汉代经学的集大成者。唐贞观年间，列郑玄于二十二"先师"之列，配享孔庙。宋代时被追封为高密伯。后人纪念其人建有郑公祠。

《诫子书》又名《戒子益恩书》，是东汉经学家郑玄于公元197年写给独子郑益恩的诫子书信。全信主要回顾了作者追求学业的经历，并传授给儿子为人处世所应具备的美德。

郑玄之子郑益恩，名益，字益恩。孔融举为孝廉。融为黄巾所围，益恩往救，不幸遇难。

诫 子 书

吾家旧贫，不为父母昆弟所容，去厮役之吏，游学周秦之都，往来幽、并、兖、豫之域，获觐乎在位通人，处逸大儒，得意者咸从捧手，有所受焉。遂博稽六艺，粗览传记，时睹秘书纬术之奥。年过四十，乃归供养，假田播殖，以娱朝夕。遇阉尹擅势，坐党禁锢，十有四年而蒙赦令；举贤良方正有道，辟大将军、三司府，公车再召。比牒并名，早为宰相。惟彼数公，懿德大雅，克堪王臣，故宜式序。吾自忖度，无任于此。但念述先圣之元意，思整百家之不齐，亦庶几以竭吾才，故闻命罔从。而黄巾为害，萍浮南北，复归邦乡。入此岁来，已七十矣。宿业衰落，仍有失误；案之典礼，便合传家。

今我告尔以老，归尔以事；将闲居以安性，覃思以终业。自非拜国君之命，问族亲之忧，展敬坟墓，观省野物，故尝扶杖出门乎？家事大小，汝一承之，咨尔茕茕一夫，曾无同生相依，其勖求君子之道，研钻勿替，敬慎威仪，以近有德，显誉成于僚友，德行立于己志。若致声称，亦有荣于所生，可不深念耶！可不深念耶？

吾虽无绂冕之绪，颇有让爵之高；自乐以论赞之功，庶不遗后人之羞。末所愤愤者，徒以亡亲坟垄未成，所好群书，率皆腐敝，不得于礼堂写定，传与其人。日夕方暮，其可图乎！家今差多于昔，勤力务时，无恤饥寒。菲饮食，薄衣服，节夫二者，尚令吾寡憾；若忽忘不识，亦已焉哉！

郑玄在《诫子书》中向儿子追述了自己一生经历。

郑玄说，家里过去生活贫寒。我年轻时，曾任乡中掌管听讼收赋税的小吏啬夫。我不喜欢走做官的道路，而乐于追求学业。后来，经父母和兄弟允许，我辞去官职，外出游学。曾经到过周、秦两朝的都会西安、洛阳、咸阳等地，来往于河北、山西、山东、河南各地。在周游求学的过程中，我不仅有幸拜见在官位的博古通今、博学多才的人，还受教于隐居民间的有学问的大儒学者。见到这些学业上颇有成就的人，我都虚心求教。他们对我都热心给予指导，使我受益匪浅。这样，我广泛地考察和研究了《诗》《书》《礼》《乐》《易》《春秋》等典籍，也粗略地阅读了一些传记，还时常参阅外面不易得到的藏书，领略到一些天文方面的奥秘。过了40岁以后，才回家赡养父母，租田种植，以使父母欢度晚年。后来，遇到宦官专权，捕禁异党，我也受牵连被捕入狱，坐牢14年之久，直到朝廷大赦，才得到自由。恢复自由后，恰逢朝廷选拔有德行有才能的人，大将军三司府征召我做官。与我同时一起被征召的人，早就做了宰相。我觉得他们几位有美德有高才，配得上为王臣，适宜于在重用之列。而我反复考虑自身的条件，觉得自己不适宜去做官。我念念不忘的是，记述先代圣贤的思想，整理、注释诸子百家的典籍。我渴望在做学问上施展我的才华。因此，朝廷一再征召我，我也未应征召去做官。

郑玄追述自己一生的经历，其语言虽然很平淡，但却充分表现了他一心追求学业的坚定意志。他有官不做，当朝廷征召他做官，他坚辞不应召；身陷囹圄十四载，追求学业的志向毫不动摇；他不辞劳苦，翻山越岭，长途跋涉，广拜名师，四处求学，博览群书。这种坚韧不拔的治学精神，无疑对儿子是极大的激励。

郑玄撰写这个家训时，已年届七十。他感到自己老了，于是把主持家事的责任交给儿子。他希望儿子能成为道德高尚的人。

郑玄说：想到你孤孤单单一人，没有同胞兄弟，可以相互依靠，你更应该勉励自己努力探求君子之道，深入钻研、修养，不要有丝毫懈怠，要恭敬、谨慎、威严、讲礼仪，以便做个有道德的人。一个人要能显耀而有名誉，要靠朋友同事的推崇，然而，要成为有高尚德行的人，能立足于世上，要靠自己有志气，去努力。假如一个人因此自立于世上，名声称著，对他的父母来说，也是一件荣耀的事。这些，你能不认真、深入思考吗？我平生虽然没有做高官显贵的业绩，但颇有谦让爵位的高风亮节。使我感到欣慰的是，我在论述先圣典籍的原意和褒赞先圣思想方面，还做了一些事情。在这方面，我没有留下让后人可指责而感到羞愧的地方。使我放心不下的，只是亡故亲人坟墓尚未建造完毕。我一生所特别爱好的这些书籍，都很破旧了，我也无力到书房去整理定稿，只好传与后人。我已年迈，日薄西山，我还想做些什么呢？

郑玄情恳恳，意切切，热切地希望儿子要勤奋、节俭、自立。并告诫儿子说，我们的家境大不如以前了，只有你勤奋努力，不荒废大好时光，方能不必担忧温饱问题。你要节衣缩食，俭朴度日，就可以使我没有什么可以惦念的了。这些你要牢记。如果你忽视、忘却了我的这些话，那只好算我白费口舌了。

蔡邕《女训》

蔡邕（133—192年），字伯喈。陈留郡圉县（一说为河南省尉氏县，也有说法为河南省杞县）人。东汉时期名臣，文学家、书法家，才女蔡文姬之父。

蔡邕少以孝闻，博学多识，文章典雅，尤以擅写碑志著称。他不仅自身多才多艺，还倾注心血精心栽培出千古才女蔡文姬。他不仅教育女儿学习音律和文学，而且还教育女儿在修身和养心上痛下功夫。他告诫女儿不仅要把养心与梳洗视同一理，而且要把养心的功夫贯穿到梳洗的每一个动作过程之中，使梳洗的过程变成了容貌和心灵都同时得到净化和放出光明的过程。慈父之心如此精致、绝俗；正因拥有这样的家学，才在史上父女同辉，成千古绝唱。

女 训

【原文】

心，犹首面也，是以甚致饰焉。面一日不修，则尘垢秽之；心一朝不思善，则邪恶入之。咸知饰其面，不修其心，惑矣。夫面之不饰，愚者谓之丑；心之不修，贤者谓之恶。愚者谓之丑犹可，贤者谓之恶，将何容焉？故览照拭面，则思其心之洁也；傅脂则思其心之和也；加粉则思其心之鲜也；泽发则思其心之润也；用栉则思其心之理也；立髻则思其心之正也；摄鬓则思其心之整也。

【译文】

心如同头、脸，因此应特别加以修饰。脸一日不修饰，尘埃就会使脸脏；心一天不思善，就会进去邪恶。都知道修饰他的脸，而不修饰他的心，这是糊涂。脸不加修饰，愚蠢的人说它丑；心不修饰，贤人说它恶。愚蠢的人说它丑还可以，贤人说它恶，将怎样在世上生活？所以对着镜子察看自己的脸面，擦拭自己的脸面，就应该思考使心纯洁。抹胭脂就应该思考使心和顺。加粉就应该思考使心新鲜。滋润头发就应该思考使心温润。用栉梳理头发，就应该思考使心得到整理。立髻要正，就应该思考使心正；梳拔鬓角就应该思考使心整齐。

曹操教子任人唯贤

曹操（155—220年），字孟德，沛国谯县（今安徽省亳州市）人。东汉末年杰出的政治家、军事家、文学家。三国中魏国的第一任执政者，以汉天子的名义远征四方，在中原消灭袁绍、袁术、吕布、刘表、韩遂等割据势力，北方降服南匈奴、乌桓、鲜卑等，最终统一北方，实行一系列政策恢复经济和社会秩序。曹操先担任东汉丞相，后为魏王，去世后谥号为武王。其子曹丕称帝后，追尊为武皇帝，庙号太祖。

曹操精通兵法，擅长写诗，抒发自己的政治抱负，还有些反映汉末人民的苦难生活，风格不同，有的气势雄伟，有的激昂悲凉；散文清峻整洁，开启并繁荣了建安文学，为后人留下了极其丰富宝贵的精神财富，史称建安风骨，鲁迅评价其为"改造文章的祖师"。

《诸儿令》反映出曹操对儿子们敢于委以重任，在实践中培养、锻炼、选拔的教育思想，选择接班人以任人唯贤为宗旨。曹操培养教育孩子确实有一套，据《魏志·文帝纪》《任城陈萧王传》《武文世王公传》记载，曹操的儿子有25位，文韬武略，各有卓越之处。

诸 儿 令

【原文】

今寿春、汉中、长安，先欲使一儿各往督领之，欲择慈孝不违吾令儿，亦未知用谁也。儿虽小时见爱，而长大能善，必用之。吾非二言也，不但不私臣吏，儿子亦不欲有所私。

【译文】

当今寿春、汉中、长安这三个重镇，先打算各派一个儿子去驻守治理。想选派慈善、孝顺不违背我命令的，也不知道用谁好。儿子们虽然小时候都被我疼爱，但长大后德才兼备的，我一定重用他。我说话算数，不但不对我的部下有偏私，就是对儿子们也不想有偏私。

曹操在给其子曹植的书信《戒子植》中写道："吾昔为顿丘令，年二十三，思此时所行，无悔于今。今汝年亦二十三矣，可不勉欤！"（出自《魏志·陈思王植传》）意思是说：我曾经任顿丘县令，那时才23岁。想起那时的所作所为，到现在都没有后悔。你今年也已经23岁了，一定要勉励自己啊。

刘备教子惟德惟贤

刘备，字玄德，东汉末年幽州涿郡涿县（今河北省保定市涿州市）人，是汉景帝之子中山靖王刘胜的后裔，三国时期蜀汉的开国皇帝，史称先主，是历史上少有的以底层平民身份而最终成为皇帝的人。刘备虽然出身皇族，但由于早年丧父，和母亲以贩履织席为业。东汉末年，刘备募兵参与镇压黄巾起义，逐渐成为各路军阀中的一支。后得诸葛亮辅佐，取得荆州、益州和汉中，与魏、吴形成鼎足之势。曹丕废汉献帝之后，刘备也在成都称帝，国号汉，史称蜀汉。蜀汉在与东吴的夷陵之战中战败后，刘备退守白帝城。章武三年（223年）四月，刘备病情恶化，从成都招来丞相诸葛亮，将儿子刘禅以及国事托付给诸葛亮。同年四月二十四日，刘备病故于白帝城，享年63岁。

遗诏敕后主

朕初疾但下痢耳，后转杂他病，殆不自济。人五十不称夭，年已六十有余，何所复恨？不复自伤，但以卿兄弟为念。射君到，说丞相叹卿智量，甚大增修，过于所望，审能如此，吾复何忧？勉之，勉之！勿以恶小而为之，勿以善小而不为。惟贤惟德，能服于人。汝父德薄，勿效之。可读《汉书》《礼记》，闲暇历观诸子及《六韬》《商君书》，益人意智。闻丞相为写《申》《韩》《管子》《六韬》一通已毕，未送，道亡，可自更求闻达。

这篇家训是刘备死前告诫其子刘禅的遗诏，表达了刘备对于其子的爱护之心。刘备此时已年过六十，面临死亡，不为自己感到悲伤不舍，却对孩子念念不忘，这也许是天底下所有父母共同的心意。听到"丞相叹卿智量，甚大增修，过于所望，审能如此，吾复何忧？"能得到诸葛亮的称赞，让刘备颇为心安。其实，刘备与诸葛亮对刘禅的资质都心中有数，否则刘备在对诸葛亮托孤时，就不会说出"若嗣子可辅，辅之；如其不才，君可自取"的话。诸葛亮称赞刘禅智量"甚大增修，过于所望"，也是让刘备无所牵挂，于是刘备放心地将刘禅托付于诸葛亮，并且勉励刘禅努力上进。刘备叮嘱刘禅最重要的一句话，便是"惟贤惟德，能服于人"。刘备戎马倥偬四十载，亲身经历了汉末乱世，虽然军阀之间的争战钩心斗角，毫无信义可言，可是刘备却认识到，真正能够让人站得住脚的，让人能够信服的，仍然是一个人的德行。所以，刘备说出了那句流传千古的名言"勿以恶小而为之，勿以善小而不为"，足见刘备的眼光和智慧。

诸葛亮教子静以修身

诸葛亮（181—234年），字孔明，琅琊阳都（今山东省沂南县）人，东汉末至三国时期政治家、军事家。他早年避乱于荆州，隐居陇亩，时称"卧龙"。刘备三顾茅庐，他提出联合孙权抗击曹操统一全国的建议。此后成为刘备的主要谋士。刘备称帝后，任为丞相。刘禅继位后，被封为武乡侯，领益州牧，主持朝政。后期志在北伐，频年出征，与曹魏交战，最后因病卒于五丈原，有《诸葛亮集》。

《诫子书》是诸葛亮临终前写儿子诸葛瞻的一封家书。文章阐述修身养性、治学做人的深刻道理。从文中可以看出他是一位品格高洁、才学渊博的父亲，对儿子的殷殷教诲与无限期望尽在此书中。全文语言清新雅致，说理平易近人，作者运用智慧理性、简练谨严的文字，将普天下为人父者的爱子之情表达得非常深切，使这封家书成为后世历代学子修身立志的名篇，并入选中国义务教育语文教材。

诫 子 书

【原文】

夫君子之行，静以修身，俭以养德。非淡泊无以明志，非宁静无以致远。夫学须静也，才须学也，非学无以广才，非志无以成学。淫慢则不能励精，险躁则不能治性。年与时驰，意与日去，遂成枯落，多不接世，悲守穷庐，将复何及！

【译文】

君子的行为操守，从宁静来提高自身的修养，以节俭来培养自己的品德。不恬静寡欲无法明确志向，不排除外来干扰无法达到远大目标。学习必须静心专一，而才干来自学习。不学习就无法增长才干，没有志向就无法使学习有所成就。放纵懒散就无法振奋精神，急躁冒险就不能陶冶性情。年华随时光而飞驰，意志随岁月而流逝。最终枯败零落，大多不接触世事、不为社会所用，只能悲哀地坐守着那穷困的居舍，其时悔恨又怎么来得及！

这篇文章当作于蜀汉后主建兴十二年（234年），是诸葛亮晚年写给他8岁的儿子诸葛瞻的一封家书。诸葛亮一生为国，鞠躬尽瘁，死而后已。他为了蜀汉国家事业日夜操劳，顾不上亲自教育儿子，于是写下这篇书信告诫诸葛瞻。

《诫子书》也可谓是一篇充满智慧之语的家训，是古代家训中的名作。文章阐述修身养性、治学做人的深刻道理。它可以看作是诸葛亮对其一生的总结，后来更成为修身立志的名篇。

诫外甥书

【原文】

夫志当存高远，慕先贤，绝情欲，弃凝滞，使庶几之志，揭然有所存，恻然有所感；忍屈伸，去细碎，广咨问，除嫌吝，虽有淹留，何损于美趣，何患于不济。若志不强毅，意不慷慨，徒碌碌滞于俗，默默束于情，永窜伏于凡庸，不免于下流矣！

【译文】

一个人应该树立远大的理想，追慕先贤，节制情欲，去掉郁结在胸中的俗念，使几乎接近圣贤的那种高尚志向，在你身上明白地体现出来，使你内心震动、心领神会。要能够适应顺利、曲折等不同境遇的考验，摆脱琐碎事务和感情的纠缠，广泛地向人请教，根除自己怨天尤人的情绪。做到这些以后，虽然也有可能在事业上暂时停步不前，但哪会损毁自己高尚的情趣，又何必担心事业会不成功呢！如果志向不坚毅，思想境界不开阔，沉溺于世俗私情，碌碌无为，永远混杂在平庸的人群之后，就会难免沦落到下流社会，成为没有教养，没有出息的人。

羊祜家训慎为行基

羊祜，字叔子，泰山南城人，出身于汉魏名门士族，是当时著名的政治家、军事家、文学家。《晋书·羊祜传》中记载："世吏二千石，至祜九世，并以清德闻。"意思就是说，俸禄在 2000 石以上的当官之人，到了羊祜这一代，已有连续九代之多，并且都以清廉有德著称。这正是羊氏家族"九世清德"美誉的由来。那个时代的人，喜好以家书形式训诫自己的子侄，最广为流传的莫过于诸葛亮的《诫子书》。羊祜也写有一封《诫子书》，展读可窥他做人处世的道德底线和原则，更是解读羊氏一族瓜瓞不绝、绵绵无尽的密码。

诫 子 书

【原文】

吾少受先君之教。能言之年，便召以典文。年九岁，便诲以诗书。然尚犹无乡人之称，无清异之名。今之职位，谬恩之回耳，非吾力所能致也。吾不如先君远矣，汝等复不如吾。谙度弘伟，恐汝兄弟未能致也；奇异独达，察汝等将无分也。恭为德首，慎为行基。愿汝等言则忠信，行则笃敬。无口许人以财，无传不经之谈，无听毁誉之语。闻人之过，耳可得受，口不得宣，思而后动。若言行无信，身受大谤，自人刑论，岂复惜汝，耻及祖考。思乃父言，聆乃父教，各讽诵之。

【译文】

我从小就受到父亲的教导，能写字的年龄，他就教我学可以作为典范的重要文籍；到了9岁，便教我学《诗经》《尚书》，但是那时还没有得到家乡人的称誉，还没有特别的才能。今天我所得到的官职地位，可以说是皇帝误把恩惠赐予我罢了，并不是我的能力所能得到的。我远不如我的父亲，你们又不如我。见解高深，志向远大，恐怕你们兄弟还没有这个能力；才能非凡，智慧通达，看来你们也没有这样的天分。恭敬是道德的首要，谨慎是行事的基础。希望你们言语忠信，行为笃敬。不要随便许给别人财物，不要传播没有根据的谣言，不要偏听诋毁或浮夸的一面之词。听说了别人的过错，可以听，但不要再去宣扬，三思之后再决定如何去做。如果言行不讲信用，势必身受很多指责，甚至落得以刑罚论处，自取灭亡。我难道只是在为你们怜悯痛惜吗？我是担心要给父祖们也带来耻辱啊。好好想想你们父亲的话，听从你们父亲的教诲，每个人都要认真温习和背诵它。

在文中，羊祜语重心长地向儿子讲授了人生的处世哲学，训诫儿子要重视自己的品德修养，诚实守信，待人宽厚，不随便许人钱财，不传无根据的闲话，不轻易听信诽谤之词，真正做到"恭为德首，慎为行基"。整封信中都包含着他对后辈的谆谆教导和殷切期盼。

西晋大臣羊祜的《诫子书》，不作高深之论，用今日流行的话来说，就是非常接地气。而这篇接地气的文字，恰恰体现了羊氏家族实实在在的家风。在浮躁不实的今天，重读其文，不无裨益。"恭为德首，慎为行基"，意思是说恭敬是修养品德的开始，谨慎是做事为人的基础。说话务必忠实诚信，行为务必笃厚恭敬。"恭"出《论语》，"慎"出《中庸》。大皿羊氏先祖羊祜的《诫子书》，既是对羊氏家规家训的总结，更是对子孙后代的谆谆教诲，在中华大地代代相传。

王羲之育儿之道

王羲之是我国东晋时期著名的书法家，有"书圣"之美誉，他的代表作《兰亭序》被誉为"天下第一行书"，他的儿子王献之也是著名的书法家，历史上称"二王"。那么王羲之是如何教育他的孩子的呢？

王献之从小跟父亲学习书法，因为小有成绩，亲戚朋友都会赞扬他，他心里不免有些骄傲。王羲之和太太看在眼里，就想着如何能够让孩子磨去傲气。

王献之有点急于求成，就跟父亲讨教书法的成功之道，王羲之就说，我的成功之道就在这18个水缸里，只要你把这18个水缸的水练完了，你就成功了。王献之心里虽不服气，但按照父亲的方法练习，练习了5缸水后，就拿着自己觉得不错的习作去找父亲，父亲看了全部的习作，看到有个大字写得不错，但结构有点问题，就提笔加了一个点，也没有说什么。

王献之拿着这些书法习作去找母亲，希望母亲能够给予肯定，母亲看了看这些书法习作，摇了摇头，一直看到那个太字，就说这个字写得好，尤其是那个点，有你父亲的神韵。王献之这个时候知道了自己的书法功底跟父亲还是有比较大的差距，终于低下了骄傲的心，从而更加认真地练习书法，也成了一代书法家。

王羲之的家庭教育启示：一是夫妻同心，知道孩子骄傲，需要注意孩子的引导；二是运用水缸的这个巧妙的方法，也没有伤孩子的自尊，但让孩子认识到自己的差距，孩子从此更加努力，成为又一个书法家。

陶渊明教子互相友爱

陶渊明（365—427年），晋宋时期诗人、辞赋家、散文家。一名潜，字元亮，私谥靖节。浔阳柴桑（今江西省九江市西南）人。出生于一个没落的仕宦家庭。曾祖陶侃是东晋开国元勋，祖父做过太守，父亲早死，母亲是东晋名士孟嘉的女儿。陶渊明一生大略可分为三个时期。第一时期，28岁以前，由于父亲早死，他从少年时代就处于生活贫困之中。第二时期，学仕时期，从晋孝武帝太元十八年（393年）他29岁到晋安帝义熙元年（405年）41岁。第三时期，归田时期，从义熙二年（406年）至宋文帝元嘉四年（427年）病故。归田后20多年，是他创作最丰富的时期。陶渊明被称为"隐逸诗人之宗"，开创了田园诗一体。陶诗的艺术成就从唐代开始受到推崇，甚至被当作是"为诗之根本准则"。传世作品共有诗125首，文12篇，后人编为《陶渊明集》。

《与子俨等疏》是晋宋之际文学家陶渊明在晋宋易代之际所作的一封家信。诗人在信中用平易浅显的语言扼要地回顾了他50余年的生活，述说自己的思想和人生态度，还告诫儿子们要互相友爱，期望儿子们也能按照他的理想和做人的准则生活下去。全信侃侃而谈，语重心长，尤能体现诗人的一生志趣及满腔深厚的舐犊之情。

与子俨等疏

【原文】

告俨、俟、份、佚、佟：

天地赋命，生必有死；自古圣贤，谁能独免？子夏有言："死生有命，富贵在天。"四友之人，亲受音旨。发斯谈者，将非穷达不可妄求，寿夭永无外请故耶？

吾年过五十，少而穷苦，每以家弊，东西游走。性刚才拙，与物多忤。自量为己，必贻俗患。俛俛辞世，使汝等幼而饥寒。余尝感孺仲贤妻之言。败絮自拥，何惭儿子？此既一事矣。但恨邻靡二仲，室无莱妇，抱兹苦心，良独内愧。

少学琴书，偶爱闲静，开卷有得，便欣然忘食。见树木交荫，时鸟变声，亦复欢然有喜。常言五六月中，北窗下卧，遇凉风暂至，自谓是羲皇上人。意浅识罕，谓斯言可保。日月遂往，机巧好疏。缅求在昔，眇然如何！

疾患以来，渐就衰损，亲旧不遗，每以药石见救，自恐大分将有限也。汝辈稚小家贫，每役柴水之劳，何时可免？念之在心，若何可言！然汝等虽不同生，当思四海皆兄弟之义。鲍叔，管仲，分财无猜；归生、伍举，班荆道旧；遂能以败为成，因丧立功。他人尚尔，况同父之人哉！颍川韩元长，汉末名士，身处卿佐，八十而终，兄弟同居，至于没齿。济北氾稚春，晋时操行人也，七世同财，家人无怨色。

《诗》曰："高山仰止，景行行止。"虽不能尔，至心尚之。汝其慎哉，吾复何言！

【译文】

告俨、俟、份、佚、佟：

天地赋予人类以生命，有生必定有死。自古至今，即便是圣贤之人，谁又能逃脱死亡呢？子夏曾经说过："死生之数自有命定，富贵与否在于天意。"孔子四友之辈的学生，亲身受到孔子的教诲。子夏之所以讲这样的话，岂不是因为人的穷困和显达不可非分地追求，长寿与短命永远不可能在命定之外求得的缘故吗？

我已经年过五十，年少时即受穷苦，家中常常贫乏，不得不在外四处奔波。我性格刚直，无逢迎取巧之能，与社会人事多不相合。自己为自己考虑，那样下去必然会留下祸患。于是我努力使自己辞去官场世俗事务，因而也使你们从小就过着贫穷饥寒的生活。我曾被王霸贤妻的话所感动，自己穿着破棉袄，又何必为儿子不如别人而惭愧呢？这个道理是一样的。我只遗憾没有求仲、羊仲那样的邻居，家中没有像老莱子妻那样的夫人，怀抱着这样的苦心，内心很是惭愧。

我少年时曾学习弹琴、读书，间或喜欢悠闲清静，打开书卷，心有所得，便高兴得连饭也忘记吃了。看到树木枝叶交错成荫，听见候鸟不同的鸣声，我也十分高兴。我常常说，五六月里，在北窗下面躺着，遇到凉风一阵阵吹过，便自认为是伏羲氏以前的古人了。我的思想单纯，见识稀少，认为这样的生活可以保持下去。时光逐渐逝去，逢迎取巧那一套我仍十分生疏。要想恢复过去的那种生活，希望又是多么渺茫！

自从患病以来，身体逐渐衰老，亲戚朋友们不嫌弃我，常常拿来药物给我医治，我担心自己的寿命将不会很长了。你们年纪幼小，家中贫穷，常常担负打柴挑水的劳作，什么时候才能免掉呢？这些事情总是牵挂着我的心，可是又有什么可说的呢！你们兄弟几人虽然不是一母所生。但应当理解普天下的人都是兄弟的道理。鲍叔和管仲分钱财时，互不猜忌；归生和伍举久别重逢，便在路边铺上荆条坐下畅叙旧情；于是才使得管仲在失败之中转向成功，伍举在逃亡之后回国立下功劳。他们并非亲兄弟尚且能够这样，何况你们是同一父亲的儿子呢！颍川的韩元长，是汉末的一位名士，身居卿佐的官职，享年80岁，兄弟在一起生活，直到去世。济北的氾稚春，是晋代一位品行高尚的人，他们家七代没有分家，共同拥有财产，但全家人没有不满意的。

《诗经》上说："对古人崇高的道德则敬仰若高山，对古人的高尚行为则效法和遵行。"虽然我们达不到那样高的境界，但应当以至诚之心崇尚他们的美德。你们要谨慎做人啊，我还有什么话好说呢！

颜氏家训家教家规

《颜氏家训》为南北朝时期颜之推所作。它是汉民族历史上第一部内容丰富，体系宏大的家训，也是一部学术著作。作者颜之推，是南北朝时期著名的文学家、教育家。该书成书于隋文帝灭陈国以后，隋炀帝即位之前（约公元6世纪末）。是颜之推记述个人经历、思想、学识以告诫子孙的著作。

《颜氏家训》是颜之推晚年之作，享有"古今家训，以此为祖"的美誉。《颜氏家训》共20篇，是颜之推为了用儒家思想教训子孙，以保持自己家庭的传统与地位，而写出的一部系统完整的家庭教育教科书。这是他一生关于士大夫立身、治家、处事、为学的经验总结，在封建家庭教育发展史上有重要的影响。后世称此书为"家教规范"。著名历史学家范文澜称他是"当时南北两朝最通儒最有思想的学者"。从《颜氏家训》之多次重刻，虽历千余年而不佚，更可见其影响深远。

《颜氏家训·教子》篇是出自颜之推《颜氏家训》第二篇。

教　子

【原文】

夫上智不教而成，下愚虽教无益，中庸之人，不教不知也。古者圣王，有"胎教"之法，怀子三月，出居别宫，目不邪视，耳不妄听，音声滋味，以礼节之。书之玉版，藏诸金匮。子生咳提，师保固明孝仁礼义，导习之矣。凡庶纵不能尔，当及婴稚识人颜色、知人喜怒，便加教诲，使为则为，使止则止，比及数岁，可省笞罚。父母威严而有慈，则子女畏慎而生孝矣。

吾见世间无教而有爱，每不能然，饮食运为，恣其所欲，宜诫翻奖，应呵反笑，至有识知，谓法当尔。骄慢已习，方复制之，捶挞至死而无威，愤怒日隆而增怨，逮于成长，终为败德。孔子云："少成若天性，习惯如自然。"是也。俗谚曰："教妇初来，教儿婴孩。"诚哉斯语。

凡人不能教子女者，亦非欲陷其罪恶，但重于呵怒伤其颜色，不忍楚挞惨其肌肤耳。当以疾病为谕，安得不用汤药针艾救之哉？又宜思勤督训者，可愿苛虐于骨肉乎？诚不得已也！

父子之严，不可以狎；骨肉之爱，不可以简。简则慈孝不接，狎则怠慢生焉。

人之爱子，罕亦能均，自古及今，此弊多矣。贤俊者自可赏爱，顽鲁者亦当矜怜。有偏宠者，虽欲以厚之，更所以祸之。齐朝有一士大夫，尝谓吾曰："我有一儿，年已十七，颇晓书疏，教其鲜卑语及弹琵琶，稍欲通解，以此伏事公卿，无不宠爱，亦要事也。"吾时俯而不答。异哉，此人之教子也！若由此业自致卿相，亦不愿汝曹为之。

【译文】

上智的人不用教育就能成才，下愚的人即使教育再多也不起作用，只有绝大多数普通人要教育，不教就不知。古时候的圣王，有"胎教"

的做法，怀孕三个月的时候，出去住到别的好房子里，眼睛不能斜视，耳朵不能乱听，听音乐吃美味，都要按照礼义加以节制，还得把这些写到玉版上，藏进金柜里。到胎儿出生还在幼儿时，担任"师"和"保"的人，就要讲解孝、仁、礼、义，来引导学习。普通老百姓家纵使不能如此，也应在婴儿识人脸色、懂得喜怒时，就加以教导训诲，叫做就得做，叫不做就得不做，等到长大几岁，就可省免鞭打惩罚。只要父母既威严又慈爱，子女自然敬畏谨慎而有孝行了。

我见到世上那种对孩子不讲教育而只有慈爱的，常常不以为然。要吃什么，要干什么，任意放纵孩子，不加以管制，该训诫时反而夸奖，该训斥责骂时反而欢笑，到孩子懂事时，就认为这些道理本来就是这样。到骄傲怠慢已经成为习惯时，才开始去加以制止，那就纵使鞭打得再狠毒也树立不起威严，愤怒得再厉害也只会增加怨恨，直到长大成人，最终成为品德败坏的人。孔子说："从小养成的就像天性，习惯了的也就成为自然。"是很有道理的。俗谚说："教媳妇要在初来时，教儿女要在婴孩时。"这话确实有道理。

普通人不能教育好子女，也并非想要使子女陷入罪恶的境地，只是不愿意使他因受责骂训斥而神色沮丧，不忍心使他因挨打而肌肤痛苦。这该用生病来作比喻，难道能不用汤药、针艾来救治就能好吗？还该想一想那些经常认真督促训诫子女的人，难道愿意对亲骨肉刻薄凌虐吗？实在是不得已啊！

父子之间要讲严肃，而不可以轻忽；骨肉之间要有爱，但不可以简慢。简慢了就慈孝都做不好，轻忽了怠慢就会产生。

人们爱孩子，很少能做到平等对待，从古到今，这种弊病一直都很多。其实聪明俊秀的固然引人喜爱，顽皮愚笨的也应该加以怜悯。那种有偏爱的家长，即使是想对他好，却反而会给他招祸殃。

北齐有个士大夫，曾对我说："我有个儿子，已有十七岁，很会写奏札，教他讲鲜卑语、弹奏琵琶，差不多都学会了，凭这些来服侍三公九卿，一定会被宠爱的，这也是紧要的事情。"我当时低头没有回答。真是与人不同啊，这个人用这样的方式来教育儿子！如果用这种办法当梯子，做到卿相，我也不愿让你们去干的。

《颜氏家训》主要从子女家庭、思想学识等各方面告诫子孙，教育族人，阐述了封建时代的宗族教育理念。《颜氏家训》适应了封建社会中儒家知识分子教育子女的需要，因而得以广泛流传，对后世产生了比较普遍而深远的影响。颜之推所处的南北朝，政局不稳，社会动荡，自西汉以来占据主导地位的儒家思想处在衰落时期，佛道兴起，独尊儒学的局面已经不复存在。在魏晋时期官学衰落的情况下，家庭教育的兴起对整个社会的人才培养作出了很大的贡献。而颜之推就是家庭教育的伟大先驱。

父母对子女教育应一视同仁。封建社会的男权社会的本质和传统，使得人们对"女子无才便是德"的说法拍手叫好，男女的不平等、社会阶层的差异、传统观念的根深蒂固、封建专制的统治制度，都使得教育的一视同仁难以成行。颜之推作为封建前期的教育家，能够突破封建社会的教育藩篱，从教育受众的平等性，以及父母观念的转变层面，强调教育应该是均等的，实属可贵。

房彦谦《教子言》

房彦谦一生先后经历了东魏、北齐、北周和隋四个王朝的更替换代。从十六国道房彦谦时，二百多年间，历城房氏家族几乎一直都为官从政。虽然他出生于名家士族，但他自幼父亡，15岁过继给叔父。在家中，凡有时鲜果蔬父辈不吃，他绝不先尝，其孝行名扬乡里。他也十分好学上进，7岁时就读过万言书，长大后，还擅长书法艺术。为官正直清廉，两袖清风。可以说，中国传统文化给了他以深厚的影响，因此，能够培养出房玄龄这样一代名相。房彦谦本来家资殷实，但他将家资和官俸大多周恤亲友，以至于史书称其为"家无余财"。《教子言》是房彦谦对儿子房玄龄所说的一段话。

"人皆因禄富，我独以官贫。所遗子孙，在于清白耳"，简简单单一句话，其感情表达却是如此强烈。"人皆""我独"一对词将他的特立独行和清高品行表现得淋漓尽致。别人虽然富贵，但他并不因此而自卑，相反，他以为"独贫"正是自己难得品格的最佳表征——清廉。在一个"人皆因禄富"的污浊环境中还能拥有无私的美名，是多么的可贵啊！自孔子颜回以来，中国的知识分子都努力追求着"一箪食，一瓢饮，在陋巷，不改其乐"的清高境界，然而两千多年来做到的却是寥寥无几，而这位以贫蔑富的县令做到了。留给子孙金山银山，不如高尚清白德节操，其实这才是无价之宝。

可见，房彦谦教子，是以廉洁清白为主旋律的。

教 子 言

【原文】

人皆因禄富，我独以官贫。所遗子孙，在于清白耳。

【译文】

别人都凭借俸禄而致富，我独因任官而贫穷。所能留给子孙的，只是清白罢了。

范仲淹思想为人

范仲淹（989—1052年），字希文，原名朱说。为北宋名臣，政治家，文学家，军事家，谥号"文正"。祖籍彬州（今陕西省彬州市），生于苏州吴县（今江苏省苏州市）。少年时家贫但好学，当秀才时就常以天下为己任，有敢言之名。曾多次上书批评当时的宰相，因而三次被贬。宋仁宗庆历三年（1043年），范仲淹对当时的朝政的弊病极为痛心，提出"十事疏"，主张建立严密的仕官制度，注意农桑，整顿武备，推行法制，减轻徭役。宋仁宗采纳他的建议，陆续推行，史称"庆历新政"。可惜不久因为保守派的反对而不能实现，因而被贬至陕西四路宣抚使，后来在赴颖州途中病死，有《范文正公集》传世。他工于诗词散文，所做的文章富于政治内容，文辞秀美，气度豁达。他的《岳阳楼记》一文中的"先天下之忧而忧，后天下之乐而乐"两句，为千古佳句，也是他一生忧国忧民的写照。

《告诸子及弟侄》是北宋文学家、政治家范仲淹创作的一篇家书作品。该家书主要是作者对自家家族后代的劝诫，意在督促后代在为人处事和品德修养方面尽量做好。

告诸子及弟侄

吾贫时，与汝母养吾亲，汝母躬执爨而吾亲甘旨，未尝充也。今得厚禄，欲以养亲，亲不在矣。汝母已早逝，吾所最恨者，忍令若曹享富贵之乐也。

吴中宗族甚众，于吾固有亲疏，然以吾祖宗视之，则均是子孙，固无亲疏也，尚祖宗之意无亲疏，则饥寒者吾安得不恤也。自祖宗来积德百余年，而始发于吾，得至大官，若享富贵而不恤宗族，异日何以见祖宗于地下，今何颜以入家庙乎？

京师交游，慎于高论，不同当言责之地。且温习文字，清心洁行，以自树立平生之称。当见大节，不必窃论曲直，取小名招大悔矣。

京师少往还，凡见利处，便须思患。老夫屡经风波，惟能忍穷，帮得免祸。

　　大参到任，必受知也。为勤学奉公，勿忧前路。慎勿作书求人荐拔，但自充实为妙。

　　将就大对，诚吾道之风采，宜谦下兢畏，以副士望。

　　青春何苦多病，岂不以摄生为意耶？门才起立，宗族未受赐，有文学称，亦未为国家所用，岂肯循常人之情，轻其身汩其志哉！

　　贤弟请宽心将息，虽清贫，但身安为重。家间苦淡，士之常也，省去冗口可矣。请多着功夫看道书，见寿而康者，问其所以，则有所得矣。

　　汝守官处小心不得欺事，与同官和睦多礼，有事只与同官议，莫与公人商量，莫纵乡亲来部下兴贩，自家且一向清心做官，莫营私利。当看老叔自来如何，还曾营私否？自家好，家门各为好事，以光祖宗。

　　范仲淹是进士出身，官至参知政事。他从小有大志，常以天下为己任。他任地方官时，每到一处都为当地老百姓做了许多好事。虽然官越做越大，但他生活上却自始至终都很俭朴，只有在宴请客人时才吃肉，穿的是普通布料衣服，省下薪俸在家乡设立"义庄"，用于救济同族的穷人。他常对人说："惟俭可以助廉，惟恕可以成德。"并以此来教育子女勤俭。

　　范仲淹的儿子叫范纯仁。在父亲的教育和耐心启发下，纯仁懂得了为人廉洁、俭朴的道理，高高兴兴地改变了原来的计划、按照父亲的嘱咐很节俭地办了婚事。范仲淹不但在生活上对子女严格要求。而且在为人处事和品德修养方面也时时给子女以教诲。他在《告诸子及弟侄》一文中，告诫子弟应努力学习，清心洁行。他说："要慎于高谈阔论。要注意树立自己平和的形象，应当看大节，不必私论曲直，取小名而招致大的后悔。做官不可办欺骗之事，要与同事和睦多礼，有事要与同事商量，不要同上司官吏商量，不要纵容乡亲到属下兴贩取利。自己一定要做清心之官，切不可营取私利。"

范仲淹"先忧后乐"，吃苦在前、享受在后的思想无不深刻影响着他的后人。后来，他的儿子范纯仁做了宰相，廉洁如一，所得俸禄也像他的父亲一样，用来资助"义庄"帮助穷人。因此，史家说他是"位过其父而有父风"。

欧阳修家诫二则

欧阳修，字永叔，号醉翁，又号六一居士，北宋时期政治家、文学家、史学家和诗人，当时文坛盟主，唐宋八大家之一。《家诫二则》是选录欧阳修训诫文章中的两则。一则是教诲其子要苦学，勤奋地磨炼自己，最终成为有德行、有操守、有学识的人才。第二则是给侄子通理的回信，要他在多事之秋，用于向前，忠于名节，不要躲避。

家诫二则

"玉不琢，不成器；人不学，不知道。"然玉之为物有不变之常，虽不琢以为器，而犹不害为玉也；人之性因物则迁，不学则舍君子而为小人，可不念哉？

偶此多事，如有差使，尽心向前，不得避事。至于临难死节，亦是汝荣事，但存心尽公，神明自佑，汝慎不可思避事也。

这两则诫文，虽然所针对的对象不同，一个是写给儿子的，一个是写给侄子的；内容也不同，一个是要儿子好好努力学习成为一个君子，一个是要侄子恪守奉公，保住名节，不避战事。但都表达了一个中心思想，就是希望子侄做道德高尚的人；在面临具体的事情时要勇于面对，打磨自己，成为一个对国家和社会有用的人。言语得当，喻理深刻，使人警醒。

苏洵《名二子说》

"三苏"指北宋散文家苏洵（号老泉，字明允）和他的儿子苏轼（字子瞻，号东坡居士，世人称为苏东坡）、苏辙（字子由，自号颍滨遗老）。同时又是"唐宋八大家"（唐宋八大家是唐宋时期八大散文代表作家的合称，即唐代的韩愈、柳宗元和宋代的欧阳修、苏洵、苏轼、苏辙、王安石、曾巩）中的三位。宋仁宗嘉定初年，苏洵和苏轼、苏辙父子三人都到了东京（今河南省开封市）。由于欧阳修赏识和推誉，他们的文章很快闻名于世。士大夫争相传诵，一时学者竞相仿效。

名二子说

【原文】

轮辐盖轸，皆有职乎车，而轼独无所为者。虽然，去轼则吾未见其为完车也。轼乎，吾惧汝之不外饰也。

天下之车，莫不由辙，而言车之功者，辙不与焉。虽然，车仆马毙，而患不及辙，是辙者，善处乎祸福之间也。辙乎，吾知免矣。

【译文】

车的轮、辐、顶篷、轸，对于一辆车来说都有各自的作用，而车轼独独像没有作用的东西。既然这样，去掉车轼我还没见过能称为完美的车。轼啊，我担心你不注意外表的修饰。

天下的车，没有不经由轨道的，而谈到马车的功绩，轨道似乎不在其中。既然这样，车子颠扑马匹死掉，祸患在于车不沿轨道行驶，这轨道，经常处于灾祸福气的中间。辙啊，我知道如何免除灾难了。

苏洵从为两个儿子的命名，揭示了"轼"与"辙"的内涵，"轼"虽看似无用，但一辆完整的车却缺它不可；"辙"看似与车无关，可有车必有辙，车不按正确的道路行驶，必然车翻马亡，因此道路与车马、人的祸福有必然的联系。本文短小精悍，由两个儿子的命名伸发出去，由物及人，深刻地表现了慈父对爱子的期望之情。同时，针对各自的个性提出了告诫。文章含义深刻，爱子之情跃然纸上。

司马光美德育子孙

司马光（1019—1086年），字君实，号迂叟，陕州夏县（今山西省夏县）涑水乡人，世称涑水先生。北宋杰出的政治家、史学家、文学家，其人格堪称儒学教化下的典范，历来受人景仰。

训子孙文

【原文】

有德者皆由俭来也，俭则寡欲，君子寡欲则不役于物，可以直道而行；小人寡欲而能谨身节用，远罪丰家。故曰：俭，德之共。侈则多欲，君子多欲则贪慕富贵，枉道速祸；小人多欲则多求妄用，败家丧身，是以居官必贿，居乡必盗。故曰：侈，恶之大也。

为人父祖者，莫不思利其后世，然果能利之者鲜矣。何以言之？今之为后世谋者，不过广营生计以遗之，田畴连阡陌，邸肆跨坊曲，粟麦盈囷仓，金帛充箧笥，慊慊然求之犹未足，施施然自以为子子孙孙累世用之莫能尽也。然不知以义方训其子，以礼法齐其家，自于十数年中，勤身苦体以聚之，而子孙以岁时之间，奢靡游荡以散之，反笑其祖考之愚，不知自娱，又怨其吝啬无恩于我而厉之也。

夫生生之资，固人所不能无，然勿求多余，多余希不为累矣。使其子孙果贤耶，岂疏粝布褐不能自营，死于道路乎？其不贤也。虽积金满堂室，又奚益哉？故多藏以遗子孙者，吾见其愚之甚。然则圣贤不预子孙之匮乏耶？何为其然也，昔者圣贤遗子孙以廉以俭。

【译文】

有德行的人都是从俭朴中培养出来的。俭朴就会减少欲望，君子少欲就不会被外物役使，就可以正道直行；小人少欲就能自谨其身，节约费用，远离罪过，使家庭丰裕。所以说：俭和德同时并存。奢侈就会有过多的欲求，君子欲求过多就会贪图富贵，乱道招祸；小人欲求过多就会贪求浪费，使家庭破败，便自身丧命，这样他们做官必然接受贿赂，住在乡野必然成为盗贼，所以说：奢侈是最大的罪恶。

做长辈的没有不想为后代谋福利的。但是真正能给后代带来福利的实在太少，为什么这样说呢？今天为后代谋福利的人，只不过广泛地经营生计来留给后代，他们已经有田地阡陌相连了，有住宅商店横跨街坊，有满仓的粟麦，有满箱的金银布匹，心里还是感到不满足，不肯停止营求，喜悦自得地认为这些财物子子孙孙累世都用不完了，但他们不知道用仁义方正的品行去教诲子女，用礼仪法则来治理家庭。这样自己通过十几年勤劳辛苦聚积得来的财富，子孙却会在一年的时间内奢侈淫靡、游乐放荡而把它们用光，还反过来嘲笑祖先们的愚蠢，说他们不知道自己娱乐，又怨恨祖先原先过于吝啬，对他们不恩宠，过于严厉。

人所赖以生存的生活资料固然不可缺少，但不要追求过多，过多就会成为牵累。假如他的子孙真的贤能，难道粗粮粗布者不能自己经营生计却因饥寒死于道路吗？假如他的子孙不贤能，即使积累了满屋黄金，又有什么好处呢？所以储藏过多财物而留给子孙的人，我觉得他太愚蠢了。那么，难道圣人就不管子孙的贫困了吗？我要说：过去那些圣贤留给子孙的是廉洁、俭朴的优良品德。

王安石《赠外孙》

王安石（1021—1086年），字介甫，晚号半山，小字獾郎，封荆国公，世人又称王荆公，世称临川先生，宋抚州临川县盐步岭（今江西省抚州市）人。北宋杰出的政治家、思想家、文学家、改革家，"唐宋八大家"之一。熙宁九年罢相后，隐居，病死于江宁（今江苏省南京市）钟山，谥号"文"。其政治变法对宋初社会经济具有很深的影响，已具备近代变革的特点，被列宁誉为"中国十一世纪最伟大的改革家"。

《赠外孙》是北宋诗人王安石创作的一首七言绝句。诗歌充分抒发了作者对外孙的喜爱之情，揭示了培育后代，使之健康成长的方法，强调了博览群书对于成长的重要性。

赠外孙

【原文】

南山新长凤凰雏，眉目分明画不如。

年小从他爱梨栗，长成须读五车书。

【译文】

小外孙就像南山上新生的小凤凰一样，眉目清秀得比画上的还好看。

在他小时候就让他想干什么就干什么，但是长大了必须读很多的书。

陆游家训

陆游（1125—1210年），字务观，号放翁，汉族，越州山阴（今浙江省绍兴市）人。南宋爱国诗人，著有《剑南诗稿》《渭南文集》等数十个文集存世，自言"六十年间万首诗"，今尚存9300余首，是我国现有存诗最多的诗人。

他的父亲陆宰也官至朝请大夫，一个著名的世故书家，也是一位名望很高的学者。他家的藏书达1.3万余卷之多，经、史、子、集，应有尽有。这样一个有文化教养的官僚家庭，使陆游从小受到良好的文学熏陶。他凭借这得天独厚的条件，潜心读书治学。他在自己的诗里曾写道："我生学语即耽书，万郑纵横眼欲枯""少小喜读书，经夜守短檠"，生动地记述了他少年时代的刻苦精神。他读书范围很广，先秦两汉以来的各种重要著作，无不披览钻研。那时，和他父亲来往的，有许多是当时知名的文人学士，他们常在一起谈诗说文，谈论诗文的系统派别辞韵律的得失。陆游总是在一旁洗耳恭听，不管夜里谈得多晚，他也要倾听到底。陆游在学习中遇到难题，就主动向他们请教。由于他聪颖好学，到十二三岁时，他的诗文已经相当可观了。陆游生活的时代，是宋金两朝相对抗的时代。陆游能成为一个爱国主义诗人，与他的家庭教育也息息相关。陆游童年时，金王朝女真族大举南侵，祖国山河，四分五裂，中原人民，妻离子散。陆游还在襁褓之中，就随同全家逃避兵乱，流离转徙，困苦万状。他的父亲陆宰是个具有爱国思想的士大夫，曾和广大军民一道进行过反抗侵略的斗争。绍兴十年（1140年），岳飞大败金兵，赵构、秦桧连下十二道金牌，将岳飞调回，以"莫须有"的罪名将其下狱致死。看到这种情况，爱国志士痛心疾首。陆游的父亲和朋友们在一起聚会，总要谈到人民生灵涂炭、金人残暴肆虐的情景，常常气得咬牙切齿，谈到秦桧的卖国行为，更是个个怒发冲冠，拍案痛骂。客人走后，陆游的父亲经常一个人呆呆地坐着，黯然落泪。这一幕幕动人肺腑的情景，给陆游上了一堂堂生动的爱国忧民教育课。

《放翁家训》是选自张天龙撰写的《万金家书》，作者是陆游。本篇主要讲述的是陆游写给子孙的家训，千古流传，引人思考。

放翁家训

【原文】

后生才锐者，最易坏。若有之，父兄当以为忧，不可以为喜也。切须常加简束，令熟读经学，训以宽厚恭谨，勿令与浮薄者游处。自此十许年，志趣自成。不然，其可虑之事，盖非一端。吾此言，后生之药石也，各须谨之，毋贻后悔。

【译文】

后来的才思敏锐的年轻人，最容易学坏。倘若有这样（才思敏捷）的情况，做长辈的应当把它认为是忧虑的事，不能把它认为是可喜的事。切记要经常加以约束和管教，让他们熟读儒家经典，训导他们做人必须宽容、厚道、恭敬、谨慎，不要让他们与轻浮浅薄之人来往。就这样十多年后，他们的志向和情趣会自然养成。不这样的话，那些可以担忧的事情就不会只有一件。我这些话，是给后人防止过错的良言规诫，都应该谨慎对待它，不要留下遗憾和愧疚。

这启示我们：一、家长要注重对天生聪明的孩子的思想教育。孩子的先天条件优秀固然很好，但不可以忽视对孩子的后天教育。二、家长要对孩子加强行为规范上的良性约束。如果孩子小时候表现得很聪明，家长一定要注意，不能总是表扬他，久而久之孩子会自我膨胀，自以为很聪明，家长要从小加以管束。让他多读书，教导他要宽厚谦虚，不可以浮夸。这样坚持下去，孩子就会本性好。不然的话，值得忧虑的事将会有很多。

朱熹《与长子受之》

朱熹（1130—1200年），字元晦，一字仲晦，号晦庵，又号紫阳，徽州婺源（今江西省婺源县）人，生于剑州尤溪（今福建省尤溪县），世称晦庵先生、朱文公。南宋时期著名的理学家、哲学家、思想家、政治家、教育家、诗人。

与长子受之

【原文】

盖汝好学，在家足可读书作文，讲明义理，不待远离膝下，千里从师。汝既不能如此，即是自不好学，已无可望之理。然今遣汝者，恐汝在家汩于俗务，不得专意。又父子之间，不欲昼夜督责。及无朋友闻见，故令汝一行。汝若到彼，能奋然勇为，力改故习，一味勤谨，则吾犹可望。不然，则徒劳费。只与在家一般，他日归来，又只是伎俩人物，不知汝将何面目。归见父母亲戚乡党故旧耶？

念之！念之！"夙兴夜寐，无忝尔所生！"在此一行，千万努力。

【译文】

如果你努力学习，在家里也可以读书写文章，弄明白言论或文章的内容和道理，用不着远离父母，千里迢迢地去跟从老师学习。你既然不能这样，就是自己不好学，也不能指望你懂得这个道理。但是现在让你出外从师的原因，是担心你在家里为俗务所缠身，不能专心读书学习。

同时，父子之间，我也不希望日夜督促责备你。在家里也没有朋友和你一起探讨，增长见识，所以要让你出去走一走。你要到了那里，能奋发努力有所作为，用心改去以前的不好的习惯，一心勤奋谨慎，那么我对你还有希望。若不是这样，则是徒劳费力，和在家里没有两样，以后回来，又仅仅是以前那样的小人物，不知道你准备用什么样的面目来见你的父母亲戚同乡和老朋友呢？

记住！记住！"勤奋学习，不要愧对了父母"这一次行程，要千万努力呀！

郑氏规范与江南第一家

被明太祖朱元璋赐以"江南第一家"之誉，并在此后屡受旌表的郑氏家族，因其孝义治家的大家庭模式和传世家训《郑氏规范》，奠定了它在中国传统家训教化史上的重要地位。

《郑氏规范》中治家、教子、修身、处世的家规族训，以及极具特色的教化实践，对中国古代家族制度的巩固发展，对中国封建社会后期的稳定和儒家伦理、文化的世俗化，都产生了深远的影响。朱元璋看重郑氏家族孝义治家，耕读为本的家规家法，在明代的法律中引入了不少《郑氏规范》的内容。浦江孝义门郑氏历经宋、元、明三代十五世，同居共食达350年，最多的时候，有3000人。

《郑氏规范》规定：郑氏子弟，8岁入小学，16岁入大学，能背四书五经，并能讲出正文大义，才允许加冠，成为成人。子弟已冠而习学者，每月十日一轮，要考查经文。明代开国大臣宋濂，曾在郑氏执教20余年，为郑氏培养了许多人才。宗祠前的柏树就是当年宋濂亲手所植。规范还规定：子孙出仕有以赃墨闻者，生者则于《谱图》上削去其名，死则不许入祠堂。从宋到元，郑氏已有多人为官，在明代，共有47人为官，官位最高的是礼部尚书。令人惊叹的是，郑氏子孙没有一个因贪污被罢官。于是，就有参观者提出让政府官员到这里来办学习班，接受廉政教育。第11条，"毋徇私以妨大义，毋怠惰怡荒厥事，毋纵奢侈以干天刑，毋以横非而扰门庭，毋耽曲蘖以乱厥性……"第18条，子孙如有"无赖及一应违于礼法之事，家长度其不可容，会众罚拜以愧之……"第59条，"子孙以理财为务者，若沉迷酒色、妄肆费用以至亏陷，家长覆实罪之……"第65条，"亲姻馈送，一年一度，非常吊庆则不拘。切不可过奢……"第86条、第87条讲到，"……即仕，需奉公勤政，毋踏贪黩以忝家法，……""……当早夜切切以报国为务，抚恤下民，实如慈母之保赤子。有审理者，哀矜恳恻，务得其情，毋行苛虐，有不可一毫妄取于民。"第113条，"子孙不得从事交结，以保助闾里为名而恣行己意，遂致轻冒刑宪……"第125条"子孙不得惑于邪说，溺于淫祀，以邀福于鬼神。"郑氏家规共计168条，汇聚了郑氏家族数代人思想道德素质的精华。

义门郑氏居于浙江浦江感德乡仁义里，其远祖郑绮，于南宋初年同族人共爨，四世孙郑德珪、德璋兄弟为仇家陷害，弟兄争着投监，德珪终于死在狱中，德璋待哥哥的儿子郑文嗣如同自己的儿子，以孝友为世人所知（《宋史·郑绮传》）。郑文嗣当家时，已十世同居两个半世纪了，族人不敢私藏一文钱，尺帛，元武宗（1308—1311年在位）旌表它为"义门"。文嗣堂弟文融（太和）主持家政时，定立族规58条，管理更严格，元朝政府因而豁免该族的赋役（《元史·郑文嗣传》）。到了明朝，郑家已有几百口人，有人进入政界。郑濂以粮长到南京，朱元璋（1368—1398年在位）召见，询问他治家方法，表现出对这个家族的浓厚兴趣。胡惟庸案发之后，牵连到郑家，郑濂、郑湜兄弟争相赴狱。朱元璋知道后说，如此仁让的家庭，不会出叛逆，不用审问了，还进一步任用郑湜为左参议。当东宫缺官时，明朝任命郑济为春坊左庶子，征白衣郑沂为礼部尚书，郑俣清吴友如绘《郑氏义门》出任御史，郑棠官翰林院检讨。建文帝朱允炆（1399—1402年在位）给郑家题写"孝义家"匾，到明宪宗（1465—1487年在位）时重新表彰郑氏为孝义之门（《明史·郑濂传》）。郑氏历经宋元明三朝同居共爨的历史。郑文融定的家规，经郑钦、郑铉、郑涛、郑湜等人修订补充，计得168项，名为《郑氏规范》，刊行于世。后来《学海类编》收入，我们现在主要依据这个规范考察郑氏族人的生活情形。郑氏的家长，由兄终弟及的方法产生，宗子不一定就是族长。

郑家极其重视祭祖，祠堂祭祀是族人生活的重要内容。族众公祭的日子很多，每月的初一、十五，岁时节日，四月初一日的始迁祖诞日都到祠堂祭礼，岁节和寒食节、十月初一日到坟茔扫祭，各房子孙在先人忌日自行祭奠，祭器、祭服是专用的，不得挪作他用。族人参加祭祀时，衣冠整洁，不嬉笑，不交谈，行礼时毕恭毕敬，不随意退席，不能伸懒腰、打哈欠，乃至不能打喷嚏、咳嗽。遇先人忌日不饮酒吃肉，不听音乐，不与妻子同房。纪念始迁祖诞辰诵读族谱，扫墓不让妇女参加。郑氏家族重视儿童、青年接受伦理的、文化的教育及办事能力的训练。儿童从5岁开始学礼，参加朔望的祠祀，8岁进家塾读书，12岁出就外傅，可以读到21岁，如果取得功名，有权继续学习，否则就从事理家的活动。在学期间，纪律严明，晚间住在学舍，不许进中门。到16岁以后，能背诵四书五经，并能讲解大义，就可以举行冠礼，不能就要到21岁；如果弟弟达到标准了，先给弟弟行冠礼，以羞辱其兄，促进他学习。已冠子弟在学的，10日一次轮流背书，假如一次背不通，揭去头巾，三次不行，就如同未冠，以示惩戒。学习的是儒家经籍，目的首先是懂礼义，其次是辞章。不许看非礼之书，凡是有淫亵言辞或妖幻符咒的书籍，不仅不读，还要烧毁。参加家务活动的青年，争取学会办事的能力，如跟随管事人到官厅，学习办理事务和处理人际关系。到了老年，特别是古稀之年，就不用出门办事了。

族中青年男女的婚姻，由家长安排。选择婚嫁对象，不贪富贵，而看是否温良之家，是否有疾病家史。结婚时，新郎穿戴上特为他制作的深衣、头巾和鞋子，婚仪按朱熹制定的礼法进行。新娘进门三天拜祠堂，拜家长，家长向她讲家规。族人不许纳妾，到了40岁还没有儿子，可以娶一妾，但妾不能进公堂入座。女子出嫁，由她的父母同族中尊长议定，如果幼时由父母做主订婚的，族长因未参与其事而表示不满意，到出嫁时不给妆奁。女儿女婿回门，公堂给见面礼，个人不得再送。族人丧事经费出自公堂，出丧不用乐，服丧期间子孙不饮酒，不吃肉，违犯者以不孝论处。对姻亲，一年送一次节礼，有红白喜事另送。亲戚不分贫富，礼物一个样。郑氏女出嫁生第一胎，到满月时，郑家馈赠礼物，再生就不送了。姻亲初见，以钱帛作为礼品相赠，不送金银及其制品，人家的厚礼也不接受。

郑氏族人内部关系的处理，更是生活中高度注意的事情。子孙对尊长，用正式的称呼，不能指名道姓；兄弟间称呼，用字，另加兄或弟的称号；夫妻、妯娌之间，均以字相称；未冠的青年人不能称字，希望他各方面成长了，取得社会承认了，才认可他的美称，众人才尊敬他；子侄到了60岁才可以同伯叔坐在一起，否则要受到惩罚；卑幼要听从尊长的教导，即使哥哥只大一天，弟弟也要听从；尊长责备卑幼，即使不合事实，卑幼也要忍耐倾听，不许分辩；尊长训诫子弟，也要实事求是，态度、语言都要讲究，到不得已时，才会集众人，给予鞭挞。郑氏族中男子在如何做人行事方面有许多规矩要遵守。

于谦示冤莫负青春

于谦（1398—1457年），字廷益，号节庵，官至少保，世称于少保，汉族，浙江杭州府钱塘县（今浙江省杭州市上城区）人。祖籍考城（今河南省民权县）。明朝大臣、民族英雄、军事家、政治家。

永乐十九年（1421年），于谦登进士第。宣德元年（1426年），以御史职随明宣宗平定汉王朱高煦之乱，因严词斥责朱高煦而受宣宗赏识。后巡抚河南、山西。宣德五年（1430年）又以兵部右侍郎巡抚河南、山西等地。明英宗时，因入京觐见不向权臣王振送礼，遭诬陷下狱，因两省百姓、官吏乃至藩王力请而复任。土木之变后，英宗兵败被俘，他力排南迁之议，坚请固守，升任兵部尚书。明代宗即位，整饬兵备，部署要害，亲自督战，率师二十二万，列阵北京九门外，抵御瓦剌大军。瓦剌太师也先挟英宗逼和，他以"社稷为重，君为轻"，不许。也先无隙可乘，被迫释放英宗。和议后，于谦仍积极备战，挑选京军精锐分十团营操练，又遣兵出关屯守，边境得以安宁。当时朝务繁杂，于谦独运征调，合乎机宜。其号令明审，令行政达。他忧国忘身，口不言功，平素俭约，居所仅能遮蔽风雨。但因个性刚直，招致众人忌恨。

天顺元年（1457年），英宗复辟，大将石亨等诬陷于谦谋立襄王之子，致使其含冤遇害。明宪宗时，于谦被复官赐祭，弘治二年（1489年），追谥"肃愍"。明神宗时，改谥"忠肃"。有《于忠肃集》传世。《明史》称赞其"忠心义烈，与日月争光"。他与岳飞、张煌言并称"西湖三杰"。

于冕，于谦之子，字景瞻，荫授副千户，坐戍龙门。谦冤既雪，并复冕官。自陈不愿武职，改兵部员外郎。居官有干局，累迁至应天府尹。致仕卒。无子，以族子允忠为后，世袭杭州卫副千户，奉祠。

示　冕

阿冕今年已十三，耳边垂发绿鬖鬖。

好亲灯火研经史，勤向庭闱奉旨甘。

御命年年巡塞北，思亲夜夜梦江南。

题诗寄汝非无意，莫负青春取自惭。

诗题中的"冕"，是作者儿子的名。当时于冕年仅13岁，于谦在这首诗中劝勉于冕应当珍惜时光，及时努力。

《示冕》是一首七言律诗。先写于冕可爱的儿童形貌；次写对于冕的叮咛，要于冕好好研读经史、侍奉长辈；再次写自己经常奉命出塞而思念家乡；最后便表明作意，表示对于冕的劝勉，"题诗寄汝非无意，莫负青春取自惭"，题诗寄给你，并非没有用意，用意在于劝你切莫辜负青春大好时光，将来自觉惭愧。

"莫负青春取自惭"七字，直抒其意，似乎写得比较质直，但"取"字用得精当，含义深刻。这里的"取"字，有咎由自取的意思，意谓如果辜负青春大好时光的话，自己感到惭愧，是自己所造成，不必去怨天尤人。假如我们把"取"字，换成"而"字，或换成"却"字、"只"字、"但"字等等，诗句也通顺，但含义就没有用"取"字来得深刻了。

高攀龙《高氏家训》

高攀龙一生著述颇丰，其中的二十一则《家训》，广受后人推崇，被视为教育子孙的经典。

高攀龙是明朝万历年间东林学派的精神领袖之一，因议论朝政而被贬黜，天启年间被起用，后因弹劾魏忠贤，遭锦衣卫上门捉拿，高攀龙不愿受辱，投水自尽，保持了气节。

高攀龙以做人行义为原则的家训及行止，树立了言行一致的典范，现将《高子遗书·家训》篇节选如下：

吾人立身天地间，只思量作得一个人，是第一义，余事都没要紧。做人的道理，不必多言，只看《小学》便是。依此做去，岂有差失？从古聪明睿智、圣贤豪杰，只于此见得透，下手早，所以其人千古万古不可磨灭。闻此言不信，便是凡愚，所宜猛省。

做好人，眼前觉得不便宜，总算来是大便宜；做不好人，眼前觉得便宜，总算来是大不便宜。千古以来，成败昭然。如何迷人尚不觉悟，真是可衰！吾为子孙发此真切诚恳之语，不可草草看过。

以孝悌为本，以忠义为主，以廉洁为先，以诚实为要。

临事让人一步，自有余地；临财放宽一分，自有余味。

朱用纯《治家格言》

朱用纯（1627—1698 年），字致一，号柏庐，明末清初江苏昆山县人。著名理学家、教育家。明诸生，入清隐居教读，居乡教授学生，潜心治学，以程、朱理学为本，提倡知行并进，躬行实践。他深感当时的教育方法，使学生难以学到真实的学问，故写了《辍讲语》，反躬自责，语颇痛切。曾用精楷手写数十本教材用于教学。生平精神宁谧，严以律己，对当时愿和他交往的官吏、豪绅，以礼自持。著有《治家格言》《愧讷集》《大学中庸讲义》。

《朱柏庐治家格言》又称《朱子家训》，全文仅500余字，然思想植根深厚，含义博大精深，是三百年来最具影响力，也是内容最为详尽的一部"治家"规范书。

治家格言

守分安命，顺时听天。

刻薄成家，理无久享；伦常乖舛，立见消亡。

兄弟叔侄，须分多润寡；长幼内外，宜法肃辞严。

见富贵而生谄容者，最可耻；遇贫穷而作骄态者，贱莫甚。

毋恃势力而凌逼孤寡，毋贪口腹而恣杀牲禽。

屈志老成，急则可相依。

轻听发言，安知非人之谮诉，当忍耐三思。

因事相争，焉知非我之不是，须平心暗想。

见色而起淫心，报在妻女。

匿怨而用暗箭，祸延子孙。

家门和顺，虽饔飧不继，亦有馀欢。

国课早完，即囊橐无余，自得至乐。

一粥一饭，当思来处不易；半丝半缕，恒念物力维艰。

凡事当留余地，得意不宜再往。

守分安命顺时听天，为人若此庶乎近焉。

为官心存君国，岂计身家。

读书志在圣贤，非徒科第。

善欲人见，不是真善；恶恐人知，便是大恶。

人有喜庆，不可生妒忌心；人有祸患，不可生喜幸心。

施惠无念，受恩莫忘。

康熙《庭训格言》

爱新觉罗·玄烨（1654—1722年），年号康熙，清朝第四位皇帝，清定都北京后第二位皇帝，在位61年，是历史上比较有作为的君主。在位期间，平定内乱、安定边疆等重大问题上均有所建树，开创了古代历史上最后一个盛世——康乾盛世。

庭训格言

一、为人上者，用人虽宜信，然也不可急信。在下者，常视上意所向，而巧以投之，一有偏好，则下必投其所好以诱之。朕于诸艺无所不能，尔等曾见我偏好一艺乎？是故凡艺皆不能溺我。

二、凡看书不为书所愚，始善。

三、尔等凡居家，在外，惟宜洁净。人平日洁净，则清气著身；若近污秽，则为浊气所染，而清明之气渐为所蒙蔽也。

四、读书以明理为要，理明则中心有主，而是非邪正自判也。

五、《易》云："日新之谓盛德。"学者一日必进一步，方不虚度时日。人苟能有决尼不移之志，勇猛精进而又贞常永固毫不退转，则凡技艺焉有不成者哉？

六、凡人尽孝道，欲得父母之欢心者，不在衣食之奉养也。惟持善心，行合道理，以慰父母而得其欢心，斯可谓真孝者也。

七、人果专心于一艺一技，则心不外驰，于身有益。

八、凡人持身处世，惟当以恕存心。见人有得意事，便可生欢喜心；见人有失意事，便当生怜悯心。

九、夫一言可以得人心，而一言可以失人心也。

十、人生凡事故有定数，然而其中以人力夺天工者有之。

十一、人于好恶之心，难得其正。我所喜之人，惟见其善，而不见其恶；若所恶之人，惟见其恶，而不见其善。是故《大学》有云："好而知其恶，恶而知其美者，天下鲜矣。"诚至言也。

十二、《荀子》云："身劳而心安者为之，利少而义多者为之。"此二语简而要。人之一世能依此二语行之，过差由何而生。

十三、朱子云："读书之法，当循序而有常，致一而不懈，从容乎句读、文义之间，而体验乎操存、践履之实。然后心静理明，渐见意味。不然则虽广求博取，日诵五车，亦奚益于学哉？"此言乃读书之至要也。人之读书，本欲存诸心、体诸身，而求实得于己也，如不然，将书泛然读之何用？凡读书人皆宜奉此以为训也。

十四、为学之功，不在日用之外，检身则谨言慎行，居家则事亲敬长，穷理则读书讲义。用一日之力，便有一日之效。

十五、为学之功有三等焉。汲汲然者，上也；悠悠然者，次也；懵懵然者，又其次也。

十六、先儒有言："穷理非一端，所得非一处。或在读书上得之，或在讲论上得之，或在思虑上得之，或在行事上得之。读书得之虽多，讲论得之尤速，思虑得之最深，行事得之最实。"此语极为切当，有志于格物致知之学者，其宜知之。

郑板桥与堂弟郑墨

郑板桥（1693—1766年），原名郑燮，字克柔，号理庵，又号板桥，人称板桥先生，江苏兴化人，祖籍苏州。清代书画家、文学家。康熙年间秀才，雍正十年举人，乾隆元年（1736年）进士。官山东范县、潍县县令，政绩显著，后客居扬州，以卖画为生，为"扬州八怪"重要代表人物。"三绝诗书画，一官归去来"，作为一代廉吏，郑板桥为官十二载，案无留牍，关心民瘼，辞官还乡时，百姓痛哭遮留，家家画像以祀，一首"些小吾曹州县吏，一枝一叶总关情"的诗句，多次被引用，甚至被奉为座右铭。

郑板桥没有同胞兄弟，因与堂弟郑墨感情深厚，家中事务也交由郑墨照应，曾与郑墨有大量书信往来，谈及家风家教。

雍正十年杭州韬光庵中寄舍弟墨

【原文】

谁非黄帝尧舜之子孙，而至于今日，其不幸而为臧获，为婢妾，为舆台、皂隶，窘穷迫逼，无可奈何。非其数十代以前即自臧获、婢妾、舆台、皂隶来也。一旦奋发有为，精神不倦，有及身而富贵者矣，有及其子孙而富贵者矣，王侯将相岂有种乎！而一二失路名家，落魄贵胄，借祖宗以欺人，述先代而自大，辄曰：彼何人也，而在霄汉；我何人也，反在泥涂。天道不可凭，人事不可问。嗟乎！不知此正所谓正道人事也。天道福善祸淫，彼善而富贵，尔淫而贫贱，理也，庸何伤？天道循环倚伏，彼祖宗贫贱，今当富贵；尔祖宗富贵，今当贫贱，理也，又何伤？天道如此，人事即在其中矣。愚兄为秀才时，检家中旧书簏，得前代家奴契券，即于灯下焚去，并不返诸其人。恐明与之，反多一番形迹，增一番愧恧。自我用人，从不书券，合则留，不合则去。何苦存此一纸，使吾后世子孙，借为口实，以便苛求抑勒乎！如此存心，是为人处，即是为己处。若事事预留把柄，使其入其网罗，无能逃脱，其穷愈速，其祸即来，其子孙即有不可问之事、不可测之忧。试看世间会打算的，何曾打算得别人一点，真是算尽自家耳！可哀可叹，吾弟识之。

【译文】

谁不是黄帝、唐尧、虞舜的后代子孙？到了现在，那些不幸沦为地位低下的人，生活贫穷窘迫，无可奈何。并不是数代之前就如此，一旦奋发图强孜孜不倦地努力，有的为自己博取了功名富贵，有的还荫及子孙，王侯将相不是生来如此！也有个别落魄的名家贵胄的子弟，借祖宗的名望以欺人，假先代的辉煌以自夸，会说："他算什么东西，反而高高在上？我是谁？反倒处于泥涂之中？没有天理了，人间事没法说。"

可悲啊，殊不知这正是所谓人间正道，世间真理。天理是让行善的获福，为恶的遭殃。他做好事就能富贵平安，你做坏事就会困窘受苦。这就是天理，何必伤心抱怨？天理是循环的，祸分福之所倚，福分祸之所伏。他的祖宗从前贫贱轮到他就要富贵；你的祖宗富贵轮到你就要贫贱，这就是天理，何必伤心？天道如此。人间的事理也在其中。我做秀才时，在偶尔翻家中书架时看见早年间家中仆人的卖身契，当即就在灯下烧了，并未拿给当事人看。我是怕让人家看了反倒多了一事，让人家感到难堪。自打我用人，从不签合同，处得来就用，处不来可自愿离开。何苦要留这么个契约，让后世子孙以此为口实对人家颐指气使。这样考虑问题，既是为别人，也是为自己。如果事事都想着抓别人的把柄，用这种方法把控别人，让人无法摆脱。他走投无路你的祸就来了。这样做事会让子孙有极坏和不可测的忧患。试看这人世间会机关算尽的人，何曾打算得别人一点，结果总是把自己算进去，害了自己（机关算尽太聪明，反误了卿卿性命）！令人哀伤悲叹，为弟你要明白这些道理。

纪晓岚《寄内子论教子书》

纪昀（1724—1805年），字晓岚，别字春帆，号石云，道号观弈道人、孤石老人，直隶河间府献县人（今河北省沧州市献县），清代文学家、官员。清乾隆十九年（1754年），考中进士，官至礼部尚书、协办大学士、太子少保，曾任《四库全书》总纂官。嘉庆十年（1805年），病逝，时年82岁，因其"敏而好学可为文，授之以政无不达"（嘉庆帝御赐碑文），谥号"文达"。《寄内子论教子书》是纪晓岚给夫人的一封关于教育孩子的家书。

寄内子论教子书

【原文】

父母同负教育子女责任，今我寄旅京华，义方之教，责在尔躬。而妇女心性，偏爱者多，殊不知爱之不以其道，反足以害之焉。其道维何？约言之有四戒四宜：一戒晏起；二戒懒惰；三戒奢华；四戒骄傲。既守四戒，又须规以四宜：一宜勤读；二宜敬师；三宜爱众；四宜慎食。以上八则，为教子之金科玉律，尔宜铭诸肺腑，时时以之教诲三子。虽仅十六字，浑括无穷，尔宜细细领会，后辈之成功立业，尽在其中焉。书不一一，容后续告。

【译文】

父母应当共同担负着教育子女的义务，但如今我旅居北京，家庭教育的责任就落在了你一个人的身上。然而妇女心性，偏爱子女的占多数，她们哪里知道不讲原则的爱，反而害了子女。教育子女应有哪些原则呢？简单地说有四戒四宜：一不准晚起床；二不准懒惰；三不准奢华；四不准骄傲。既要遵守四戒，又须规劝四宜：一宜勤学；二宜尊敬老师；三宜爱众；四宜谨慎饮食。以上八条，是教育子女不可改变的条规，你要牢牢记在心上，随时用来教育三个孩子。虽然仅仅是十六个字，已全部包括无遗了，你应该细细领会，子女们的成功立业，都全部在其中的。就不一一列出来了，等以后再告诉（你）。

林则徐《赴戍登程口占示家人二首》

林则徐（1785—1850年），字元抚，又字少穆、石麟，晚号俟村老人、俟村退叟、七十二峰退叟、瓶泉居士、栎社散人等，福建侯官县人，中国清代后期政治家、文学家、思想家，民族英雄。

　　林则徐是嘉庆十六年（1811年）进士，历官翰林院编修、江苏按察使、东河总督、江苏巡抚、湖广总督等职。道光十九年（1839年），以钦差大臣赴广东禁烟时，派人明察暗访，强迫外国鸦片商人交出鸦片，并将没收鸦片于虎门销毁。病逝于潮州普宁。获赠太子太傅，谥号"文忠"。

　　林则徐一生遍历地方，治绩卓著。虽在两广抗击西方入侵，但对于西方的文化、科技和贸易则持开放态度，主张学其优而用之。由他主持编译的《四洲志》及魏源编撰的《海国图志》，对晚清的洋务运动乃至日本的明治维新都具有启发作用。

　　道光二十二年（1842年），因广州禁烟、抗英，林则徐被发往新疆伊犁，效力赎罪。西行途中，抱病西安两月余。七月十四日，与妻子告别，写下《赴戍登程口占示家人二首》诗。

赴戍登程口占示家人二首

其　一

出门一笑莫心哀，浩荡襟怀到处开。

时事难从无过立，达官非自有生来。

风涛回首空三岛，尘壤从头数九垓。

休信儿童轻薄语，嗤他赵老送灯台。

其　二

力微任重久神疲，再竭衰庸定不支。

苟利国家生死以，岂因祸福避趋之。

谪居正是君恩厚，养拙刚于戍卒宜。

戏与山妻谈故事，试吟断送老头皮。

　　人言其写此诗时心怀愤懑，实则没有。即使曾经有，此时也已无。

何以言之？但看诗中即知。

"出门一笑莫心哀，浩荡襟怀到处开"。夫妻分别，前途未卜，凄凄之情难免，况是贬戍偏远。然出门竟是一笑，何也？"心底无私天地宽"。胸襟落落之人，无论高居庙堂，还是远处江湖，都一样是心在国家百姓，又有何"心哀"呢？

诗言心中之志，非心有不能口出。故，此断非是故作从容语，乃胸怀坦荡之真实写照。因为其内有"谪居正是君恩厚，养拙刚于戍卒宜"的学养；因为其胸有"苟利国家生死以，岂因祸福避趋之"的情怀；因为其前有"心高气傲，博学无益；时运不通，妄求无益"的格言自警；因为其后有"宠辱皆忘"的闲章明志。

曾国藩《谕纪泽纪鸿》

曾国藩（1811—1872年），初名子城，字伯涵，号涤生，晚清时期政治家、战略家、理学家、文学家、书法家，清末汉族地主武装湘军的首领。

道光进士，曾任内阁学士，道光末年官至侍郎。善于讲"道德"说"仁义"，对程朱理学推崇备至。

曾国藩与胡林翼并称"曾胡"，与李鸿章、左宗棠、张之洞并称"晚清中兴四大名臣"。封一等毅勇侯，谥号"文正"，后世称"曾文正"。

谕纪泽纪鸿

【原文】

字谕纪泽、纪鸿儿：

目下值局势万紧之际，四面梗塞，接济已断，加此一挫，军心尤大震动。所盼望者，左军能破景德镇、乐平之贼，鲍军能从湖口迅速来援，事或略有转机，否则不堪设想矣。

余自从军以来，即怀见危授命之志。丁、戊年在家抱病，常恐溘逝牖下，渝我初志，失信于世。起复再出，意尤坚定，此次若遂不测，毫无牵恋。自念贫窭无知，官至一品，寿逾五十，薄有浮名，兼秉兵权，忝窃万分，夫复何憾！惟古文与诗，二者用力颇深，探索颇苦，而未能介然用之，独辟康庄。古文尤确有依据，若遽先朝露，则寸心所得，遂成广陵之散。作字用功最浅，而近年亦略有入处。三者一无所成，不无耿耿。

至行军本非余所长，兵贵奇而余太平，兵贵诈而余太直。岂能办此滔天之贼？即前此屡有克捷，已为侥幸，出于非望矣。尔等长大之后，切不可涉历兵间，此事难于见功，易于造孽，尤易于贻万世口实。余久处行间，日日如坐针毡，所差不负吾心，不负所学者，未尝须臾忘爱民之意耳。近来阅历愈多，深谙督师之苦。尔曹惟当一意读书，不可从军，亦不必做官。

吾教子弟不离八本、三致祥。八者曰：读古书以训诂为本，作诗文以声调为本，养亲以得欢心为本，养生以少恼怒为本，立身以不妄语为本，治家以不晏起为本，居官以不要钱为本，行军以不扰民为本。三者曰：孝致祥，勤致祥，恕致祥。吾父竹亭公之教人，则专重孝字。其少壮敬亲，暮年爱亲，出于至诚。故吾纂墓志，仅叙一事。

处兹乱世，银钱愈少，则愈可免祸；用度愈省，则愈可养福。尔兄弟奉母，除劳字俭字之外，别无安身之法。吾当军事极危，辄将此二字叮嘱一遍，此外亦别无遗训之语，尔可禀告诸叔及尔母无忘。

咸丰十一年三月十三日

【译文】

使纪泽、纪宏儿知晓：

目前正是局势非常紧急的时候，四面都被阻塞，（外面的）接济已断绝。加上这一次受挫，军心受到特别大的震动。（我）所盼望的是左宗棠的军队能够打败景德镇和乐平的敌人，鲍超的军队能从（江西）湖口迅速来救援，事情或许略有转机，不然的话，局势就不堪设想了。

　　我自从投身军旅以来就抱着一种临危受命的志向。丁巳和戊午那两年在家养病，常常担心自己突然在家中去世，违背了我最初的志向，失信于天下人。后来重被任用再出山（打仗），意志尤其坚定。这次假如遇到什么不测之祸，我也毫无牵恋的了。回想我自己贫穷无知，现在能官至一品大员，年龄也已过五十，（在外面）也稍有点虚名，又手握兵权，自己感到非常惭愧，还有什么可遗憾的呢？只是我对古文和诗歌，这两方面都花了很多精力，多方寻求、研究也很辛苦，但是不能经常地运用并自己打开一条大道。我对古文的研究尤其有依托和根据，如果我现在突然死了，那么我的一些心得，就会像《广陵散》一样永远无人领会了。我的书法用功最少，但近年也略微深入了一些。这三方面一无所成，心中不免耿耿于怀。

　　至于行军打仗，本来不是我所擅长的。（因为）用兵以令人难测为贵，可是我的性格太平易；用兵以欺诈为贵，可是我的性格太正直，怎么能够法办这些罪恶极大的贼子呢？以前即使屡有克敌制胜，已经是侥幸的事，超出我未曾有的期望。你们兄弟长大之后，一定不要涉足于军队之间，这种事难以见到功业，而且容易造下大孽，尤其容易给后代人留下非难的口实。我长久地在军队中生活，每天如同坐在针毡上一样。稍可安慰的是我没有辜负我最初的愿望，没有辜负我的学问，片刻也没有忘掉爱民的心愿。近来（我）经历的更多，深切了解到带领军队的艰苦。你们应当一心一意地读书，将来不要从军，也不一定要出去做官。

　　我教育子弟有"不离八本"和"三致祥"的格言。这"八本"是：读古书要以字句解释为本，作诗文要以讲究声调为本，奉养父母要以得到他们的欢心为本，修养身心要以少恼怒为本，立身处世要以不乱讲话为本，管理家事要以不迟起床为本，做官要以不要钱为本，行军打仗要以不骚扰百姓为本。"三致祥"是：孝顺能带来吉祥，勤奋能带来吉祥，宽恕能带来吉祥。我的父亲竹亭公教育人，就专门注重一个孝字。他在少壮时敬爱父母，晚年时疼爱儿女，都出于心中一片至诚，所以我为他写的墓志铭，就只说这一件事。

处在这个乱世之中，钱越少，就越能免除祸患；开支越俭省，就越能保持幸福。你们兄弟奉养母亲，除了一个"劳"字和一个"俭"字外，没有其他安身立命的办法。我在此军事极其危急的时候，就将这两个字叮嘱你们一遍，此外也就没有什么遗训给你们了，你们可以将这点意思禀告给几位叔叔和母亲，不要忘掉。

咸丰十一年三月十三日

左宗棠《致孝威孝宽》

《致孝威孝宽》是左宗棠写给孩子的家书，重点谈到读书和立志，希望对你有所启发。左宗棠的名字你应该很熟悉吧？他写过两副著名的对联，其中一副是讲立志的，上联是：身无半亩，心忧天下；下联是：读破万卷，神交古人。希望你能效法。还有一副是讲为人处世的道理的，上联是：发上等愿，结中等缘，享下等福；下联为：择高处立，寻平处住，向宽处行。其中的思想境界，等你有了一定人生阅历，体会可能才更深刻。从这两副对联中，希望你能品味到其圣贤气象。

致孝威孝宽

【原文】

孝威、孝宽知之：

读书要目到、口到、心到。尔读书不看清字画偏旁，不辨明句读，不记清头尾，是目不到也。喉、舌、唇、牙、齿五音，并不清晰伶俐，朦胧含糊，听不明白，或多几字，或少几字，只图混过，就是口不到也。经传精义奥旨，初学固不能通，至于大略粗解，原意明白，稍肯用心体会，一字求一字下落，一句求一句道理，一事求一事原委；虚字审其神气，实字测其义理，自然渐有所悟。一时思索不得，即请先生解说，一时尚未融渐，即将上下文或别章别部义理相近者反复推寻，务期了然于心，了然于口，始可放手。总要将此心运在字里行间，时复思绎，乃为心到。

今尔读书总是混日子，身在案前，耳目不知用到何处，心中胡思乱想，全无收敛归著之时，悠悠忽忽，日复一日，好似读书是答应人家功夫，是欺哄人家，掩饰人家耳目的勾当。昨日所不知不能者，今日仍是不知不能，其去年所不知不能，今年仍是不知不能，孝威今年十五，孝宽今年十四，转眼就长大成人矣。从前所知所能者，究竟能比乡村子弟之佳者否？试自忖之。

读书做人，先要立志。想古来圣贤豪杰是我者般年纪时，是何气象？是何学问？是何才干？我现在那一件可以比他？想父母命我读书，延师训课，是何志愿？是何意思？我那一件可以对父母？看同时一辈人，父母常后辈夸赞者，是何好样？斥詈者，是何坏样？好样要学，坏样断不可学。心中要想个明白，立定主意，念念要学好，事事要学好，自己坏样一概猛省猛改，断不许少有回护，不可因循苟且。务期与古时圣贤豪杰少小时一般，方可慰父母之心，免被他人耻笑。志患不立，尤患不坚。偶然听一段好话，听一件好事，亦知歆动美慕，当时亦说我要与他一样。不过几日几时，此念就不知如何销歇去了。此是尔志不坚，还由不能立志之故。如果一心向上，有何事业不能做成？陶桓公有云："大禹惜寸阴，吾辈当惜分阴。"古人用心之勤如此。韩文公云："业精于勤而荒于嬉。"凡事皆然，不仅读书，而读书更要勤苦，何也？百工技艺、医学、农学均是一件事，道理尚易通晓；至吾儒读书，天地民物莫非己任，宇宙古今事理均须融澈于心，然后施为有本。人生读书之日最是难得，尔等有成与否就在此数年上见分晓。若仍如从前悠忽过日，再数年依然故我，还能冒读书名色充读书人否？思之！思之！

孝威气质轻浮，心思不能沉下。年逾成童而童心未化，视听言动无非一中轻扬浮躁之气。屡经谕责，毫不知改。孝宽气质昏惰，外蠢内傲，又贪嬉戏，毫无一点好处。开卷便昏昏欲睡，全不提醒振作。一至偷闲玩耍，便觉分外精神。年已十四而诗文不知何物，字画又丑劣不堪。见人好处，不知自愧，真不知将来作何等人物！我在家时常训督，未见悛改。我今出门，想起尔等顽钝不成材料光景，心中片刻不能放下。尔等如有人心，想尔父此段苦心，亦知自愧自恨，求痛改前非以慰我否？

亲朋中子弟佳者颇少，我不在家，尔等在塾读书，不必应酬交接。外受傅训，入奉母仪，可也。读书用功，最要专一无间断。今年以我北行之故，亲朋子侄来家送我，先生又以送考耽误功课，闻二月初三、四始能上馆。所谓一年之计在于春者又去月余矣！若夏秋有科考，则忙忙碌碌又过一年，如何是好！今特谕尔，自二月初一日起，将每日功课，按月各写一小本寄京一次，便我查阅。如先生是日未在馆，亦即注明，使我知之。屋前街道，屋后菜园，不准擅出行走。如奉母命出外，亦须速出速归。"出必告，返必面。"断不可任意往来。同学之友如果诚实发愤，无妄言妄动，固宜为同类；倘或不然，则同斋割席，勿与亲昵为要。家中书籍，勿轻易借人，恐有损失；如必须借看者，每借去则粘一条于书架，注明某日某人借去某书，以便随时取回。

庚申正月三十日

【译文】

孝威、孝宽知晓：

读书时要做到眼到、口到、心到，你读书的时候不看清字的笔画、偏旁，分辨不出句读，记不清头尾，这是没有做到眼到。喉、舌、唇、牙、齿等五音都不清晰伶俐，朦胧含糊，听不清楚，读书的时候有时多几个字，有时少几个字，只考虑蒙混过关，这就是口不到。经传义理深奥的地方，初次学习当然不能通晓，以至于大略粗解，其实经文原本容易明白，只要稍微肯用心体会，一个字一个字地去推敲，一句一句地去思考，一件事一件事地去探寻原委；虚字审查其神气，实字探测其道理，自然逐渐就会有所领悟。一时间对义理不能完全明白，就请先生解释，当时还没有做到融会贯通，就将上下文或其他书里内容相近的部分反复推求，务必做到心中完全明白，口上能够说得出来，然后才可以放手。总要将心运在字里行间，反复思考，才算是心到。

现在你们读书都是混日子，身子在桌子前，耳朵和眼睛不知道到什么地方去了。心中胡思乱想，完全没有收回来的时候，悠闲懒散，一天又一天。好像读书是答应人家办事，是在欺骗人家、掩饰别人耳目的事情。昨天不知道、不能做到的，今天仍然是不知道、不能做到；去年不知道、不能做到的，今年仍然是不知道、不能做到。孝威现在十五岁，孝宽今年十四，转眼就要长成大人了。以前所知、所能的，能够比乡村子弟要好一些吗？自己要好好想一想。

无论读书还是做人，都是先要立定志向。想一想古代的圣贤豪杰和我一样年纪时，他们是什么样子？有什么样的学问？有什么样的才干？我现在哪一件可以和他们相比？想想父母让我读书，请老师给我上课，是什么愿望？是什么心思？我哪一件可以不愧对父母？看一看同辈人中，父母常常在孩子面前夸赞的，有哪些优点？受到斥责的，有哪些缺点？优点要学，缺点决不可以学。心中要想明白，立定主意，念念不忘要学好，事事都要学好。自己的缺点一概要猛然醒悟，决不可对自己稍有袒护，不能因循守旧，得过且过。务必让自己和古时圣贤豪杰小时候的志气一样，这样才可以安慰父母的心，避免被别人笑话。志不立是人生大患，尤其是立志不坚。偶然听到一段好话、一件好事，也知道动心羡慕，当时也说我要和他一样。不过一段时间过后，这样的念头不知不觉就消失了。这是由于你立志不坚以及不能立志的缘故。如果你能一心向上，有什么事不能成功呢？晋朝的陶侃说过："大禹珍惜寸阴，我们应该珍惜分毫的光阴。"古人用心如此勤奋。韩愈说："学业由于勤奋而专精，由于玩乐而荒废。"所有的事情都是这样，不只是读书，而读书更要勤奋。为什么呢？百工技艺、医学、农业，都是专门的技能，道理相对容易明白；至于儒者读书，天地民物没有一样东西不是我们的责任，宇宙古今事理都必须融入我们的内心，然后行动才有根本。人生读书的光阴是最难得的。你们成功与否就在这几年见分晓。若还是和从前一样闲散放荡混日子，再过几年依然还是没有什么变化，还好意思冒充读书之名，充当读书人吗？好好想想，好好想想。

孝威气质轻浮，不能把心思沉下来。马上进入成年但孩子气还没有褪去，视、听、言、动都有一种轻浮之气。我多次劝说责备，丝毫不知道悔改。孝宽气质昏惰，对外行事愚蠢，内心又充满傲慢，又贪婪游戏，一无是处。打开书就昏昏欲睡，不知道自省振作。偷闲玩耍的时候，就觉得特别有精神。已经14岁了对吟诗作文糊里糊涂，写字画画又丑劣不堪。看到别人好的地方，不知道羞愧，真不知道将来能做个什么样的人！我在家时，经常对你们进行训督，但并没有看到你们有所悔改。我现在出门了，想起你们顽劣不成才的样子，一刻也不能放下心来。你们要是有人心，想必你们也会体会到为父的苦心，自己也该知道惭愧、遗憾，会痛改前非来安慰我吗？

亲戚朋友中子弟品学兼优的很少，我不在家，你们在私塾读书，不要应酬交往。在外要听从师长的教诲，在家好好听你们母亲的话就好了。读书用功，最要专一而不间断。今年，因为我要北行的缘故，亲戚朋友子侄来家里送我，先生又因为送学生赶考耽误功课，听说二月初三、四才能上馆。所谓一年的计划要在春天考虑安排，眼下春天又过去一个月了！如果夏秋季有科考，那么忙忙碌碌又过了一年，这怎么是好？现在只好特别告诉你们：从二月初一日起，将每天功课，每月写一小本寄到京城一次，方便我查看。如果先生当天不在塾馆，也要注明让我知道。房屋前的街道，屋后的菜园，都不准擅自出入。如果奉母亲之命出去，也要快快回家。"出门前，应该告诉父母自己的去向，免得父母找不到自己，担忧记挂；回到家，应当先当面见一下父母，报个平安。"决不可以任意往来。同学中如果真有诚实、发愤读书的人，不乱说、不乱动，这样的人固然可以结交；如果不是这样，就和而不同、划清界限，不要和他们亲近为好。家中书籍，不要轻易借给别人，恐怕有所损失。如必须借的，每次借出去就要在书架上粘一张纸条，注明某一天某人借去某书，以便于随时取回来。

庚申年正月三十日

张之洞《诫子书》

张之洞（1837—1909年），字孝达，号香涛，直隶南皮（今河北省南皮县）人，生于贵州兴义府（今贵州省安龙县）。清同治二年（1863年）中进士，授翰林院编修。同治六年（1867年），任湖北学政。同治十二年（1873年），任四川乡试副主考官，旋任四川学政。在四川学政任上三年多，清除科场积弊，整顿士林风气，创建尊经书院培养人才。后历任内阁学士、山西巡抚、两广总督、湖广总督、两江总督、军机大臣等职。有《广雅堂诗集》。

《诫子书》是晚清文人张之洞所写的一封家书。

诫 子 书

【原文】

吾儿知悉：

汝出门去国，已半月余矣。为父未尝一日忘汝。父母爱子，无微不至，其言恨不一日离汝，然必令汝出门者，盖欲汝用功上进，为后日国家干城之器，有用之才耳。

方今国事扰攘，外寇纷来，边境屡失，腹地亦危。振兴之道，第一即在治国。治国之道不一，而练兵实为首端。汝自幼即好弄，在书房中，一遇先生外出，即跳掷嬉笑，无所不为，今幸科举早废，否则汝亦终以一秀才老其身，决不能折桂探杏，为金马玉堂中人物也。故学校肇开，即送汝入校。当时诸前辈犹多不以然，然余固深知汝之性情，知决非科甲中人，故排万难送汝入校，果也除体操外，绝无寸进。

余少年登科，自负清流，而汝若此，真令余愤愧欲死。然世事多艰，飞武亦佳，因送汝东渡，入日本士官学校肄业，不与汝之性情相违。汝今既入此，应努力上进，尽得其奥。勿惮劳，勿恃贵，勇猛刚毅，务必养成一军人资格。汝之前途，正亦未有限量，国家正在用武之秋，汝纵患不能自立，勿患人之不己知。志之志之，勿忘勿忘。

抑余又有诫汝者，汝随余在两湖，固总督大人之贵介子也，无人不恭待汝。今则去国万里矣，汝平日所挟以傲人者，将不复可挟，万一不幸肇祸，反足贻堂上以忧。汝此后当自视为贫民，为贱卒，苦身戮力，以从事于所学。不特得学问上之益，且可藉是磨炼身心，即后日得余之庇，毕业而后，得一官一职，亦可深知在下者之苦，而不致自智自雄。余五旬外之人也，服官一品，名满天下，然犹兢兢也，常自恐惧，不敢放恣。

汝随余久，当必亲炙之，勿自以为贵介子弟，而漫不经心，此则非余所望于尔也，汝其慎之。寒暖更宜自己留意，尤戒有狭邪赌博等行为，即幸不被人知悉，亦耗费精神，抛荒学业。万一被人发觉，甚或为日本官吏拘捕，则余之面目，将何所在？汝固不足惜，而余则何如？更宜力除，至嘱！

余身体甚佳，家中大小，亦均平安，不必系念。汝尽心求学，勿妄外骛。汝苟竿头日上，余亦心广体胖矣。

父涛示。五月十九日。

【译文】

我儿知悉：

你出门离国，已经有半个多月了。我每天都记挂着你。父母爱子，无微不至，真恨不得一天都不离开你，但又一定要让你出门离家，因为希望你能用功上进，将来能成为国家的栋梁、有用的人才啊。

现在国家纷乱，外寇纷纷入侵，边疆国土接连失陷，国家腹地亦已危殆。兴国之道，最重要的是治理好国家。治理好国家的办法不止一个，训练军队实在是首要的办法。你从小就贪玩好动，在书房中，老师一旦离开，你就跳掷嬉笑，什么事情都干。如今碰上科举已废除，要不你最多也就只能以一个秀才的身份终老。所以学校开始设立，我就送你入学。那时还有很多前辈不认可这样的做法，但我十分了解你的性情，知你一定不是科举之人，所以排除各种困难送你入学读书，果然除体操外，其他的没一点儿长进。

现在世事多艰险，习武很好，因此送你东渡，你现在已经入学，应该努力上进，要把军事上的奥秘全部学会。不要畏惧辛劳，不要自恃高贵，要勇猛刚强坚毅，务必要养成军人的禀赋。你的前程，正可谓不可限量，国家正是在用兵的时候，你只需担心自己不能够成才，不需担心别人不了解自己。记住记住，别忘别忘。

我还要告诫你，你和我一起在湖南湖北，自然是总督大人的尊贵公子，没有人不恭敬地对待你。而如今却已离国万里，你平时那些可以依仗来轻视他人的条件，将不再能依仗，万一不小心生出祸端，反而让我们十分担忧。你今后应该把自己看成是贫苦的百姓，看成是地位低下的士兵，吃苦尽力，要用这些身份来处理求学时遇到的问题。这不只是得到学问上的好处，而且可以借此来磨炼身心，就算以后得到我的庇荫，在毕业之后，谋得一官半职，也要深切了解底层百姓的艰苦，而不至于自认为聪明，自认为杰出。我已是五十岁开外的人了，官居一品，天下闻名，但还是要小心谨慎，常常担心自己做错事，不敢放纵。

你跟随我的时间很长了，一定会亲自实践并努力坚守，不要自认为是尊贵的公子，就随随便便，全不在意，这不是我对你的希望，你一定要谨慎啊。冷暖更应该要自己注意，尤其警戒奸邪之事赌博等行为，即使不被人知道，也耗费时间荒废学业，万一被人知道，甚至有可能被日本官吏拘捕，那么我的脸面往哪里放？你肯定不值得可惜，那我又怎么办呢？你更应该努力革除我所嘱咐的这些事。

我的身体很好，家里的老老少少也都平安，你不必挂念。你要全心求学，不要随便在外乱跑。你如果能百尺竿头，天天进步，我也就胸襟宽阔，身体舒泰了。

父涛示。五月十九日。

张之洞的儿子从小就是个顽主，不是个读书材料，张之洞说他最多也就能秀才终老，得亏是科举废除了，否则一辈子不成人才。也正因如此，张之洞把他送到日本士官学校习武，一方面"不与汝之性情相违"；一方面"国家正在用武之秋"，可以使儿子成为"有用之才"，这也算是因材施教。这个儿子还是个花钱能手，弄不好在东京还喜好嫖赌，所以张之洞告诫他不要"自以为贵介子弟"，要"自视为贫民，为贱卒，苦身戮力，以从事于所学""勿妄外骛""知子莫若父"。张之洞的提醒应该不可谓不一语中的，也不可谓不恰逢其时。

《诫子书》是修身立志的名篇，其文短意长，言简意赅，主旨是劝勉儿子勤学立志，修身养性要从淡泊宁静中下功夫，最忌荒唐险躁。

第六章 近现代名人家教

近现代是我国古代教育向现代教育过渡阶段，也是教育思想的大发展时期。许多名人继承我国重视家教的优良传统，他们胸怀家国，注重家风建设，言传身教，努力培养子女成为国家所需的栋梁之材，既丰富了家教内容，又留下了值得我们借鉴和学习的典范。

宋嘉树子女皆成大器

宋嘉树（1864—1918年），生于海南岛文昌县韩姓人家，原名韩乔荪，别名耀如。

宋嘉树是中华民国实业家，财力雄厚，把大部分资金用于支持孙中山革命，是国民革命成功的重要财力支柱。

宋嘉树有六个子女，其分别有宋霭龄、宋庆龄、宋子文、宋美龄、宋子良、宋子安。宋把大部分资金用来支持孙文的资产阶级民主革命，成为孙文争取国民革命成功的重要财力支柱。1918年5月3日，宋嘉树因患肾病不治，在上海逝世，年仅54岁。

革命经历：

1886年1月，宋嘉树回到了上海，一边传教，一边从事反对殖民主义和推翻清政府的宣传活动。在传教期间，与倪桂珍结婚。宋在传教布道上受人排挤，转而为教会印刷《圣经》，谁知歪打正着，靠印刷《圣经》而发财。他进一步扩大经营，兼做进口机械的代理商，成为中国上海较早的买办商人。20多年的苦心经营，他积累了五六十万两白银。后来，宋把大部分资金用来支持孙中山的资产阶级民主革命，成为孙文争取国民革命成功的重要财力支柱。并用经商所得举办公益事业，创办了一所教会学校，一个儿童乐园和一间大众医药所。随后他又创办了"华美印书馆"。

孙中山、宋嘉树当时都属于广东人，宋嘉树的母语是海南文昌话，属于闽语系，海南岛的移民80%以上来自福建。孙中山讲的是广府话，属于粤语系。宋嘉树未曾系统学习过广府话，孙中山则完全不懂海南话。孙中山和宋嘉树之间，口头交流是讲英语，有时需要用"笔谈"来补足。

1894年夏，孙文与陆皓东北上，途经上海，与宋相识，两人志同道合，一见如故。宋嘉树见到了伟大的民主革命先行者孙文先生，从此就全身心地追随孙先生，成为坚强的反清革命志士。他积极协助孙文筹建"兴中会"和"中国同盟会"，他倾全部精力为革命筹集巨额经费，并在宣传组织方面做了大量工作，为国民革命贡献了毕生的精力。

家庭教育：

宋嘉树在自己投身革命的同时，他和妻子倪桂珍还特别重视对于子女的教育，向他们灌输了大量的民主思想，并希望他们能够在长大之后为国家的建设做出贡献。在他们的培育下六名子女都成了优秀的人才，其中长女宋霭龄嫁给了孔祥熙，次女宋庆龄成了孙中山先生的夫人，三女宋美龄则嫁给了蒋介石。他的儿子里除了幼子宋子安之外也都成了国民政府的高官，在当时具有极高的社会影响力。宋嘉树和他的子女将民国四大家族联系在了一起，而他们也因此成了最有影响力的家族。宋嘉树从自己的人生路就可以看出教育对他人生的改变，妻子也是名门之后，所以同样重视子女的教育。他让孩子要从中国古典文学中汲取营养，对他们的汉语要求极高，且要求母语一定要比英语学得更好。等子女从国外留学回国后，就会马上安排中文教师补课，赶快熟练母语，培养宋家六子女的浓浓中华情。因此宋嘉树对子女也有这样的期盼，希望他们能够爱自己的祖国，长大后为国效力。在外他身兼数职，又要经商，又要为革命、为政府服务。但是无论事务怎么繁忙，他一回到家便同孩子们一道玩耍，交流感情。在一起娱乐的同时，也对孩子进行潜移默化的教育。

宽容是他送给孩子的第一个法宝。从他自己的经历就可以看出他讨厌按部就班，古板僵化，所以对孩子有无限宽容——在选择自己的人生道路上。他认为孩子要自由发展，一幅画才刚刚提笔，谁知道会画出什么呢？有一次，姐妹兄弟玩"拉黄包车"的游戏，宋霭龄装作黄包车夫，宋庆龄扮成乘客，小妹小弟跟在身后又蹦又跳。正玩得开心时，不料"车夫"拉车用力过猛，双手失去控制，一下把"乘客"抛了出去。"车夫"愣在那里傻了眼，知道自己闯了祸；"乘客"又疼痛又委屈，满脸不高兴。这件事被宋嘉树知道了，他慈爱地对宋霭龄说："做游戏也要有分寸，'黄包车夫'可不光是使力气呀！伤了乘客还怎么拉生意呢？"小霭龄不好意思地笑了。宋嘉树又笑着对宋庆龄说："我们的'乘客'这样宽宏大量，这样勇敢坚强，真是了不起！"小庆龄受到父亲的夸赞和鼓励，一脸的不高兴顿时消散。长大以后，宋庆龄成了一位既富有爱心和宽容，面对邪恶势力敢于斗争的伟大女性！

坚强是他送给孩子的第二个法宝。他从小就着意培养孩子的自信与胆识，只要敢想，就能做到，一定要坚持自己的目标。当孩子们做游戏的时候，他会加以引导，从不为眼前的困难和挫折拦住，跌倒了就要爬起来，爬起来就是胜利的第一步，哪怕过程辛苦一点。在下雨天，他还依然坚持让孩子们在雨中跑步。意志力是十分重要的，他年轻时一路走来就是靠着坚强的意志力。

宋嘉树还注重培养子女们独立的性格。当孩子们遇到困难，他并不会第一时间向孩子伸出援助之手，而是鼓励孩子自己解决。比如孩子们走路时摔倒，对于普通的家长可能会赶紧上前抱起孩子，然而，宋嘉树则是在一旁鼓励孩子，让他们自己勇敢地站起来。所以他的子女们就算在国外留学，也依然能够照顾好自己。"独立是闯荡世界的第一步"。这是宋嘉树常常对孩子们说的话。在那个年代，要想"征服"世界，就要先有独立的品格，有独立的人生。宋嘉树像个圣诞老人，满足孩子们的所有想象。

结果，孩子们都养成了良好的品德。宋庆龄尤其突出。1922年6月13日，身在惠州的陈炯明秘密下达了围攻粤秀楼的命令，宋庆龄考虑到跟随同行会引人注意，反而会加大孙中山逃脱的难度。她恳求孙中山快点离开，斩钉截铁地说出了一句令后世极为动容的话："中国可以没有我，而不可以没有你！"一个弱女子独自面对4000多敌军，将孙中山先生安全送出之后，又顺利脱身，这需要多么巨大的勇气和坚强的心态。

宋美龄也极富个性。1943年2月18日，宋美龄向美国国会参议两院作了演讲，最后，她坚定地表示："我中国人民根据五年又半之经验，确信光明正大之甘冒失败，较诸卑鄙可耻之接受失败，更为明智。"宋美龄的演讲赢得了众议员们热烈而长久的掌声与欢呼声，并赢得了许多赞助。

宋霭龄原来是孙中山的女秘书。嫁给孔祥熙后，她就专心致志于相夫教子。宋嘉树让他的二女儿宋庆龄代替女秘书的职位。

1912年1月1日，孙中山在革命运动中被推举为民国临时大总统。新中国成立后，他的夫人宋庆龄也在1981年5月被授予"中华人民共和国名誉主席"。在北伐期间，宋霭龄把三妹宋美龄介绍给有妇之夫蒋介石，不久，蒋介石和宋美龄便结为夫妻。

那么宋嘉树的儿子们怎么样？

大儿子宋子文1925年任国民政府财政大臣，1942年任外交大臣，1945年6月任行政院长和外交部长，1946年1月任最高经济委员会委员长，1946年10月再任行政院院长。次子宋子良留学美国，回国后，担任外交部副部长，中国建设银行总经理，广东省政府委员，广东财政厅厅长等职。三子宋子安，毕业于哈佛大学，曾担任中国国货公司董事，广州银行董事会主席等职，也是一位颇有才干的人。

宋嘉树的家教成果，实为民国时期第一人。

孙中山遗嘱彰显美德

孙中山遗嘱是在孙中山去世前所立。共三份，包括《国事篇》《家事篇》及《致苏联遗书》。前两份遗嘱由孙中山口授，汪精卫笔录。《致苏联遗书》则是由孙中山以英语口授，他的苏联顾问鲍罗廷等笔录。

孙中山先生临终前 17 天，即 1925 年 2 月 24 日，知道自己病已不治，预立了三份遗嘱，这三份遗嘱是《遗嘱》《家事遗嘱》和《致苏联遗书》。孙中山口授遗嘱时，在场的宋子文、孙科、孔祥熙、邵元冲、吴敬恒、戴恩赛、何香凝、邹鲁、戴季陶等人都作为证明人在遗嘱上签了字。孙中山本来也要签字的，但是，因为听见宋庆龄在邻室悲泣，他不忍心让宋庆龄伤心，这天就没在遗嘱上签字。直到 3 月 11 日凌晨 1 时，他自知在世不久，才在遗嘱上补签上自己的名字。

国事遗嘱

余致力国民革命凡四十年，其目的在求中国之自由平等。积四十年之经验深知欲达到此目的，必须唤起民众及联合世界上以平等待我之民族，共同奋斗。

现在革命尚未成功，凡我同志，务须依照余所著《建国方略》《建国大纲》《三民主义》及《第一次全国代表大会宣言》，继续努力，以求贯彻。最近主张开国民会议及废除不平等条约，尤须于最短期间促其实现。是所至嘱！

孙中山在病危之中，仍念念不忘拯救中国、拯救民众。当时的中国处于军阀割据混战四分五裂状态，段祺瑞坚持召开"善后会议"，实行军阀间的重新分赃，使中国继续处于军阀割据的分裂局面。孙中山则极力谋求和平统一，主张召开有各界民众代表参加的国民会议，决定国家的统一和建设大计，并废除帝国主义强加给中国的不平等条约，摆脱政治上和经济上的束缚，从而建设一个新的中国。孙中山在遗嘱中谆谆以此为嘱，把希望寄托于"唤起民众"，表现了他强烈的爱国之心。

孙中山先生一生奔走革命，真正做到鞠躬尽瘁，他临终时遗留下的私产，除了衣物书籍外，只有一幢南美华侨赠送给他的上海住宅（即今上海香山路7号孙中山故居）。

家事遗嘱

余因尽瘁国事，不治家产，其所遗衣物书籍住宅等，一切均付吾妻宋庆龄，以为纪念。余之儿女，已成长，能自立，望各自爱，以继余志。此嘱。

孙中山先生晚年得到苏联的帮助，俄国革命的成功给他很大的鼓舞，他亲自制订了联俄联共扶助农工三大政策，强调"今后之革命非以俄为师断无成就"。孙中山临终前夕，再次把希望寄托于苏联，特地口授了《致苏联遗书》。

梁启超子女成才奥秘

梁启超，是一个生在中国新旧交接时代的伟人。早期从政，参与过"公车上书""维新变法"，民国成立后加入袁世凯、段祺瑞等北洋政权。后期潜心学术研究，涉猎广泛，在哲学、文学、史学、经学、法学、伦理学、宗教学等领域，均有建树，人称"百科全书式的人物"。他一生勤奋，著述宏富，各种著述达1400多万字。其作品的质与量等齐，为世界留下珍贵的文化资产。然而这样的一个大忙人，并没有因工作繁忙而忽视陪伴家人，反而因为教子有方创造出无人能及的纪录。梁家九个孩子个个优秀。

长女梁思顺是诗词研究专家；

长子梁思成是杰出的建筑学家，其妻林徽因，民国"四大才女"之一，近代杰出的建筑学家、诗人、作家；

次子梁思永，中国近代考古学的开拓者之一；

三子梁思忠，毕业于美国西点军校的军官，参加过淞沪会战，不幸早逝；

次女梁思庄是我国图书馆学领域首屈一指的专家；

四子梁思达是经济学家；

三女梁思懿，著名的社会活动家，长期从事对外友好联络工作；

四女梁思宁，在姐姐梁思懿影响下投身新四军，从事宣传工作；

五子梁思礼是著名的火箭控制专家。

其中三位院士分别是：建筑学家梁思成，考古学家梁思永，火箭控制系统专家梁思礼。

一个家走出三位国家级院士，这在中国历史上是绝无仅有的。不免让人好奇到底梁家是怎样教育孩子呢？

家风凝聚的是一个家族的精神与魂魄：

一家的力量在潜移默化之中，好的家风会使得整个家族呈现出一种生机勃勃的状态，人才辈出。梁启超就是在良好的家风中成长。

梁启超出生于广东新会茶坑村，祖父梁维清，父亲梁宝瑛，都是士绅，在当地有一定的势力和影响。

梁启超8岁学为文，9岁能缀千言，17岁中举，妥妥的天才儿童。

祖父梁维清是一名秀才，他喜欢以宋明义理、名节教导后辈，最常讲亡宋、亡明国难之事。

后来梁启超一家流亡到日本，也常常给子女们讲故事，他讲南宋忠臣陆秀夫，保护幼主奋战元兵，最后在他们的老家新会县沿海的悬崖上，先将妻子推下海，然后背着幼主一起投海就义。

这些民族英雄的节义精神，就这样深深烙印在孩子们的脑海里。

如果说梁启超的祖父起到了一个起引开蒙的作用，那么梁启超的父母更多的便是以自身为榜样去教导梁启超。

其父梁宝瑛淑身济物，谦谦君子。在梁启超中举之后并未耀武扬威，而是借此机会亲自带领梁启超拜谒邻村的宗嗣，以此来消除两村之间三十多年的积怨。

还亲身投入禁赌和禁盗中，对赌博的人晓之以理，说得泪涕如雨。

母亲赵夫人知书达理，谨守家规，还教授乡里亲朋的女子识字和女红。

"人们只要得知某个女子跟赵夫人识过字，学过针线活，那么不必访问，这个女子的德行、品性一定受到大家的称赞，婚事也就比较顺利。"这是茶坑村一带流传的佳话。

从祖父到父亲，再到母亲，重点都不在知识的灌输与功利的诉求，而是强调立志与做人，这就是梁家的家风。

九个孩子与不平凡的两个妈妈：

梁启超原配叫李端蕙，字蕙仙。李蕙仙的父亲李朝仪，是道光二十五年的进士，为官的经历丰富，最后做到顺天府尹。她有个堂哥官做到礼部尚书，当时正典试广东，年仅17岁的梁启超参试。他的文章立意新颖畅达，受到堂哥的赏识而中举，并做主将堂妹许配给梁启超为妻。婚后李蕙仙随丈夫一起回广东老家，南方炎热潮湿的天气，加上生活习惯的不同及语言不通，生活上有很大的困难，但李蕙仙没有任何怨言和不悦。

后来李蕙仙在极艰险困难的情况下，代替梁启超服侍老人，还抚养了很多梁家和李家亲戚的孩子。袁世凯复辟帝制时，梁启超要秘密去西南，深夜诀别时，李夫人慷慨地对丈夫说："上自高堂，下逮儿女，我一身任之，君但为国死，无反顾也。"对着如此贤能、深明大义的夫人，梁启超认为她是一位不可多得的"闺中良友"。他在给李蕙仙的信中曾得意地说：他们的结合是"美满姻缘，百年恩爱"。

李蕙仙还是当年妇女运动的发起人之一，刊物《妇女报》的主编之一。

梁启超的第二位夫人，也就是王夫人，原是李蕙仙的陪嫁丫鬟。她虽然出身低微，但品性非常高尚，梁思成称她为"很不寻常的女人"。她督促孩子们做作业的时候，坐在一旁听孩子们读书、写字，她也跟着读，就这样她学会了读书看报，还会记账，写简单的信。王桂荃为梁启超生育6个孩子，分别是思永、思忠、思达、思懿、思宁、思礼。

在李蕙仙生前，梁启超很少公开提到王桂荃，因为这姻缘违背了自己定下的"一夫一妻制"，他要求孩子们叫王桂荃为"王姑娘"或者是"王姨"。但是几乎所有的孩子对王桂荃的感情都非常深。孩子们称呼李蕙仙为"妈"，称呼王桂荃为"娘"。后来梁家的子女们还在梁启超与李蕙仙的合葬墓旁种下了一棵母亲树，纪念这位培育了数名栋梁之材的平凡母亲。

梁思礼说：他与孩子们之间，除父亲与子女之情外，还是知心的朋友。

在梁启超的一生中，有两个时期与孩子们相处较多，一是在流亡日本后期，一是在定居天津饮冰室之后。在日本流亡的14年中有5个子女诞生：思成、思永、思忠、思庄、思达。

梁启超不仅是孩子们的慈父，还是孩子们的朋友。他注意引导孩子们对知识的兴趣，又十分尊重他们的个性和志愿，他非常细微地掌握每个孩子的特点，因材施教。对每个子女的前途都有周到的考虑和安排，但又不强求他们一定按照自己的意图去办，而是反复地征求孩子们的意见，直到他们满意为止。

梁启超生前，一直遗憾他的孩子们没有一个是学自然科学的，曾给海外的孩子们写信说："我想你们兄弟姐妹到今还没有一个学自然科学，很是我们家的憾事。"没想到，他去世后，最宠爱的小儿子实现了他的遗愿。

在天津市河北区民族路46号，有一幢白色的意式建筑，这里就是

"饮冰室"，梁启超晚年生活与著述在这里。他在这里写下"人必真有爱国心，然后方可用大事"，指引了梁家九子女未来的路。

梁启超虽然受过旧式教育，却从不在家里使用封建家长式的权威。他对孩子们的爱是热情的，对孩子的教育是开放式的。他从不把自己的意愿强加给儿女们。比如他很希望次女梁思庄学生物，但女儿兴趣不大，他便写信道："听见你二哥说你不大喜欢学生物学，既已如此，为什么不早同我说。凡学问最好是因自己性之所近，往往事半功倍……不必泥定爹爹的话。"

梁启超的子女中，大多学的不是"热门专业"，但只要子女真心喜欢，对社会有帮助，他必全力支持。

次子梁思永喜欢考古，他便亲自联系当时著名的考古学家李济，自掏腰包，让梁思永有机会参加实地考古工作。当年梁思成学建筑，梁思永学考古，梁思忠学军事，王桂荃风趣又得意地对别人说："我这几个儿子真有趣，思成盖房子，思忠炸房子，房子垮了埋在地里，思永又去挖房子。"

从梁启超给每个孩子取的外号，毫无间隙的父爱也流露无遗。他称大女儿思顺为"大宝贝""我最爱的孩子"，三女儿思懿被他取了个外号叫"司马懿"，还有"小宝贝庄庄""忠忠""达达"，小儿子思礼的代号是"老白鼻"。他直白地表达着对子女的爱："你们须知你爹爹是最富于情感的人，对于你们的爱情，十二分热烈……"

梁启超去世前两年，他的肾病已经十分严重，经常尿血。在病痛中他更思念海外的儿女。他在一封给大女儿思顺的信中写道："每到病发时便特别想得厉害，觉得像是若顺儿在旁边，我向她撒一撒娇，苦痛便减轻许多。"就是这么自然流露，毫不掩饰对子女表现出他的依赖和他的爱，九个孩子除深受他的人格陶冶外，也以十分热爱回报他们的父亲。

在梁启超看来，著书和教育才是他的"天职"，既然不能改变中国的政界，那么，就通过社会教育来恢复中国青年的自觉。他写信给梁思忠说："我自己常常感觉我要拿自己做青年的人格模范，最少也不愧做你们姊妹弟兄的模范。我又很相信我的孩子们，个个都会受我这种遗传和教训。"

梁启超所说的"模范"是什么样的呢？他所指的"遗传和教训"又是什么呢？

首先要做一名负责任的国民。他写信告诉梁思顺："总要在社会上常常尽力，才不愧为我之爱儿。""只要在自己责任内，尽自己力量去做，便是第一等人物……便是天地间堂堂一个人。"

在治学方面，勉励子女"莫问收获，但问耕耘"。他在写给梁思成的信中说："一面不可骄盈自慢，一面又不可怯弱自馁，尽自己能力做去，做到哪里是哪里，如此则可以无入而不自得，而于社会亦总有多少贡献。"

无论是治学还是在生活上，梁启超都主张趣味和乐观，他希望子女们也都能在这方面学习他。

他在《趣味教育与教育趣味》这篇演讲中有一段风趣的论述："假如有人问我，你信仰的什么主义？"我便答道：我信仰的是趣味主义。有人问我，你的人生观拿什么做根底？我便答道：拿趣味做根底。我生平对于自己所做的事，总是做得津津有味，而且兴会淋漓，什么悲观咧，厌世咧，这种字面，我所用的字典里头可以说完全没有。

在当时的中国，青年们容易激进也容易流于悲观失望，但是梁启超绝不愿意看到青年们，包括他的子女走到"悲观沉郁一路去"。他一直抱持乐观主义，也把为什么要乐观的道理讲给青年们听，"因为我们知道宇宙和人生是永远不会圆满的……'仁者'看透这种道理，信得过只有不做事才算失败，凡做事便不会失败……你想！有这种人生观的人，还有什么成败可忧呢?"

梁启超就是这样一个乐观、趣味又充满爱的父亲,在子女的成长路上从不缺席,有爱有典范,这样的家庭教育出的子女怎会不优秀?

徐特立写给女儿的信

徐特立,与董必武、林伯渠、谢觉哉、吴玉章等老同志在党内被尊称为"延安五老",1911年参加辛亥革命,1927年加入中国共产党,同年8月参加南昌起义。1934年,他以57岁的高龄参加长征,坚持走完了全程。

徐特立还是著名的教育家,培养了毛泽东、蔡和森、李维汉、田汉、许光达等,他也非常注重教育子孙后代,今天我们读的是徐特立1949年8月写给女儿徐静涵的一封信。

1928年,徐静涵因参加地下党外围组织的活动被捕,与家人失去联系。直到1949年上海解放,她才和父亲取得联系。回信中,徐老不但不让子女因他而得到关心照顾,还不容置疑地告诉女儿,如果需要我党录用,那么需要比他人更耐苦更努力。

静涵吾儿:

七月十五日信收到,二十二年来未得到你信。

一九二八年我在上海探听你因写标语下狱,一九二九年在莫斯科又有人告诉我你和夏某到了长沙,抗日初我回家你母也不知道你的下落。我估计你已不在人世了,因为抗战前后我们的党已在南京、上海、汉口公开,但未见你向我党探问,又无家信。忽然接到你的信,也只十数行,你何时与铮吾①结婚,你们的职业若何,生活

---

①铮吾,指陶铮吾,徐静涵的丈夫。

状况若何，是否生有儿女，一字未提。是否你已写信给你的母亲，你的母亲是否尚在人世，我不知道，也未见你提及。

厚本①在一九三八年秋患肠热症，死在医院，至今十一年了你母还不知道，所有亲戚朋友都瞒着她，恐怕她忧郁成神经病。一九二七年笃本②之死，你母十年神经昏乱，不能再加刺激。你如写信回家，不宜言及你弟之死。厚本和刘氏女结婚生了一女儿，刘未改嫁，改从夫姓名徐乾，已加入了我党八年，由一家庭妇女成了一知识分子。你妹柏青③与卢姓结婚，已男女成群，虽在高小毕业，文字和知识都不及徐乾远甚，不能独立生活。

一九二八年我到上海，你正在狱中，我以为你如果不是共产党也是一个革命的群众，今接你的信没有一字谈及，希望你把二十年来的生活、工作、学问写信告我。你们夫妇谅有职业，可不来北平。你是否回家来信未提及，你如有职业不可轻脱离，回家后需要仍能到现在的岗位工作。我已七十四岁，每天还要做八小时以上的工作，生活费公家尽量给我，但时局艰难我不敢多开支，所以我不望你北上。你们夫妇既能在上海大城市生活，谅有谋生之技能，或到长沙或仍在上海均好。你们如果需要我党录用，那么需要比他人更耐苦更努力，以表示是共产主义者的亲属。事忙不暇多写，祝你们夫妇进步、健康，做一个共产党的好朋友，一直加入党为盼。

特立 八月

此后，徐特立多次写信给徐静涵夫妇，鼓励女儿女婿政治上要求进步、关心国家的振兴。

---

①厚本，指徐厚本，徐特立的儿子。
②笃本，指徐笃本，徐特立的儿子。
③柏青，指徐柏青，徐特立的女儿。

在1951年9月的信中，他说："政治不在口里能说大道理，而在能和劳动群众站在一起，自己的困难放在第二位，劳动群众集体的困难放在第一位，还要注意国家在建设时期的困难。"

在1953年9月的信中，他说："知我希望你们每一日每一时都不要只为自己着想，上半晚想自己的困难，下半晚一定要想群众的困难，以及政府的困难，机关负责人的困难。这样去做人，自己的个人苦恼没有了，胸怀开展了，就不知不觉变成了一个前进分子。"

黄炎培写给儿子的座右铭

黄炎培，是我国现代著名教育家。生前，他给儿子写了一幅座右铭：

> 理必求真，事必求是。
>
> 言必守信，行必踏实。
>
> 事闲勿荒，事繁勿慌。
>
> 有言必信，无欲则刚。
>
> 如若春风，肃若秋霜。
>
> 取象于钱，外圆内方。

开头四句，他告诫儿子，做人一定要追求真理，不被纷杂的邪说所诱惑，以至误入歧途。凡事首先要探求其内在的客观规律性，按客观实际去做。讲话应当守信用，行动应踏踏实实，不轻浮。

中间四句是对儿子日常的要求。事闲的时候，最易养成慵懒的恶习，要警策自己，抓住时间，勤奋用功，切莫荒疏了学习；事忙繁杂的时候，易生焦急的情绪，一急躁就会因冲动而做出缺少理性的事来，一定要冷静沉着，切忌慌忙。说话算数别人就会相信，没有私欲就会变得刚正，理直气壮。

最后四句，意味深长。他要求儿子对待同志和蔼可亲，像春风一样暖人；对坏人坏事像秋霜一样凌厉。在原则是非上，应该爱憎分明，不可模棱两可。结句用"古钱"外圆内方比喻，要求儿子外表随和，内里严正，养成谦虚谨慎的作风，不要锋芒毕露，盛气凌人。

黄老的这48个字，言简意赅，深刻地阐述了做人应有的修养。

陶行知写给陶城的信

现代著名教育家、伟大爱国者陶行知于1937年11月写给四子陶城的一封信。陶行知信中的"蜜桃"，便是陶城的小名。在信中，陶行知谆谆教导，希望陶城做到三件事：明白做人的道理、乐于助人、勇敢。

蜜桃：

你的十一月四日的信收到了，我很高兴。从你的信中，我知道三桃已到屯溪。我今天也写了一封信给他，告诉他我已学会《大路歌》，并且教了许多人。现在做一个小孩子，要知道三件事。第一，做人的大道理要看得明白。第二，遇患难要帮助人；肚子饿让人先吃；没饭吃时，要想法子找出饭来大家吃。第三，勇敢。勇敢的活才算是美的活。小桃均此。祝你们努力前进！

爸爸

十一月二十九日

陶行知的次子陶晓光因工作需要企图"伪造文凭"——请陶行知创办的学校的副校长出具一份学历证明。陶行知闻讯后，便立即发送电报要求儿子将证明书退回，并附上家书，信中说道："我们必须坚持'宁为真白丁，不作假秀才'之主张进行。"他提出7个字"追求真理做真人"。他勉励儿子："努力朝着这一目标修养，决不向虚伪妥协，这才是真学问。"他希望儿子牢牢记住"追求真理做真人"，记住了"必将终生受用无穷"。这一句话不仅成了陶晓光的座右铭、陶家的家训，从这段话中可以看到老一辈教育家身上求真务实的精神。这句话放到现在，仍旧很有教育意义。陶行知先生的一生，就是"追求真理做真人"的一生。这个故事引起我们年青一代的共鸣："一定要追求真理做真人！认认真真做学问，踏踏实实做人。"

第七章 教育艺术的传承与践行

教育不仅是一门科学，更是一门艺术。教育的对象是人，千人千面，这就注定了教育的复杂性，因此教育是教师与学生沟通的艺术，是教育内容与教育艺术的结合过程。在教育过程中，教师要善于发现学生身上的闪光点和那些纯属个性的东西，因势利导，进行艺术化教育，将起到事半功倍的效果。在全国范围内，教育艺术的传承与践行方面典型案例很多，在此举28例。

在全国范围内，教育艺术的传承与践行方面典型案例很多，在此举28例：

1. 随机应变

有位语文老师让学生在课堂辨别"发言"和"争辩"两个词的词义差别。这时忽然一只蜻蜓飞进教室，分散了学生的注意力，课堂一下子乱了。这位教师却不慌不忙，在黑板上写了"飞舞"二字，让学生造句。混乱立即变成专注的思考。一个学生造出"蜻蜓颤动着薄纱一样的翅膀在自由自在地飞舞"。另一个造出"蜻蜓在我们教室上下飞舞，好像在巡视我们是不是在好好学习"。老师表扬了这两个学生，然后又让大家回答刚才的造句是"发言"还是"争辩"。结果，学生的注意力又很快集中在教学内容上了。

2. 因势利导

有位教师早晨上课刚进教室，就听到一片喧哗。原来一名学生正在吃馍，班长一喊"起立"，他吃了一惊，馍"腾"地掉在地上，同学们一见哄堂大笑，教室顿时乱了套。这位老师没有板起面孔训斥，却风趣地说："教室人人乱喊，原来是一个同学在课堂早餐。"随手把"课堂早餐"四个字写在黑板一角，先问学生"餐"是什么意思，然后话锋一转说："课堂早餐不好，不值得学习，我相信这位同学会改正的。现在我们学习《草地晚餐》一课，这里面值得学习的东西很多，故事也很动人。我先给大家读一遍。"学生听罢，急切地打开课本。

3. 相机行事

盛夏的一天，有位老师要给学生教新课《哈密瓜的故乡》，事先也想好了导入新课的方法。可是刚走到教室门口，他发现学生满头大汗，气喘吁吁，意识到学生刚上完体育课。怎样把学生的注意力从体育活动的兴奋中引向"哈密瓜的故乡"呢？他想了想说："同学们，现在有个大西瓜的话，吃几牙好不好?"学生一听乐了，齐声说好。他又问：什么瓜最甜? 有的说大棚瓜，有的说新红宝，有个学生脱口而出：哈密瓜! 这位老师立即接口说：对! 哈密瓜最甜。可是，你们知道哈密瓜的故乡吗? 学生说不知道。他马上说：那么，现在就让我们学习新课文《哈密瓜的故乡》吧。学生听了心里甜滋滋的，比吃了哈密瓜还甜，个个提起了精神。

4.趁热打铁

一位小学政治教师给学生讲《女排姐姐真光荣》一课，在讲到我国女排力挫群雄、顽强拼搏、夺得世界冠军时，就在黑板上部悬挂出一面鲜艳夺目的五星红旗，并打开录音机，播放出雄壮、激昂的国歌，学生深受感染，不约而同地站起来，向国旗行队礼，爱国激情油然而生，心中升腾起长大要为祖国争光的强烈愿望。教师趁此机会，立刻组织学生展开讨论：怎样以实际行动向女排姐姐们学习? 收到了极为满意的效果。

5.来点幽默

有位教师走进教室上课，发现一个学生起立后没有站直，就诙谐地说：全班除了1/50位同学站立姿势欠端正外，其余同学均已具备军人风度。那位同学听了微微一笑，马上站得笔直。就这样，全班同学在愉快的气氛中坐下，上课顺利开始了。

6.搞些静场

有位教师正在讲课，忽然发现两个学生为争"地盘"而互相对打起来，便停下讲课，一言不发，用严肃的目光静静地凝视了片刻。教室里顿时鸦雀无声，就连呼吸的声音也可以听到。那两个学生感受到一阵无形的压力，满面羞红，不由自主地停下手来，继续听老师讲课，下课后还主动谈心，及时消除了隔阂，搞好了团结，并向老师认了错。在处理这件事中，这位老师一句话也未说，却收到了"此时无声胜有声"的效果，而且使人感受到一种美的魅力。

7.给予机会

著名特级教师斯霞有一次上课时，发现几十个孩子野马归槽似的奔进教室，有的小脸通红，有的汗水涔涔，有的因为游戏没有做完还在小声争吵。面对这个场面，斯霞老师没有生气，反而和颜悦色地说："有些小朋友没有做好上课的准备，现在老师走出去，请大家赶快坐好。"说也奇怪，就这么几句很轻松的话却比什么批评和命令都有效。当斯老师再次走进教室时，孩子们坐得整整齐齐，端端正正，一个个全神贯注地注视着老师的一举一动。

8.捎话带信

北京景山学校特级教师郑俊选在上课中，当小学生做完题向前传本子时，隐约听到两个学生小声说话，就机智地说道：今天第一组同学表现很好，谁都不说话，一点声音都没有。这么一来，那两个同学也就停止说话了。当需要学生在黑板上演算习题时，郑老师说：我请一位坐得最直的同学到黑板前来给大家列横式。真妙，有些原来坐得不好的学生，这时也纷纷挺直了腰板。

9.延迟评价

有一位教师，在课堂上出现两个学生有不同见解时，因一时难以判断谁是谁非，便对学生说：请你们课下把这个问题争出个结果来，下一次向全班同学作个汇报，好吗？那两个学生都非常乐意地答应了。这样，就避免了在课堂上耽误太多的时间，又保护了学生学习的积极性、主动性和创造热情，同时也不会使教师失去主动。

10.超前要求

有位老师走进教室后，一看学生精神欠佳，想了想说道：同学们已连续上了几节课，有点疲劳了，可是这节课的内容同样重要，劳驾各位，请予以配合。学生一听乐了，对老师的要求心领神会，个个振作起精神，疲劳感一下子消失了。

11.巧说为妙

有位老师组织学生到阅览室自由阅读，结果丢失了四本刊物。怎么找回来呢？这位老师反复考虑后集合全班，首先充分肯定了大家在这次课外阅读中所表现出来的浓厚兴趣与好学精神，而且还特别表扬了那些在下课铃响后还舍不得离开阅览室的同学。接着有意强调说：时间到了，可某篇生动感人的文章尚未读完，怎么办？一种可贵的好学精神很可能要促使他借走这本读物，但又缺乏向管理员老师张口的勇气，因此，他又很有可能擅自作出"先带出阅览室，阅读完后再偷偷送回来"的决定。正是出于这种情况，有四本刊物已被特别爱读书的同学带出了阅览室。我估计，现在差不多该读完了。我相信，这几位同学一定很希望别人也被这些文章所吸引住，也想让别人快点从中受到教育。那么，他一定会打算马上把刊物送回去。结果，这位老师刚回到办公室，就先后有几个同学，悄悄地送来了刊物。

12.破格欢迎

《人民教育》1985年第11期载：有个叫陈洪的学生是颇有一点名气的调皮鬼，他与同学之间大吵三六九，小吵天天有。有些老师曾与他恳谈了多次，但收效甚微。有人认为，这孩子是块废铁，百炼难成钢，糊弄到毕业算完事。但陈德均老师仍像勘探者那样在寻觅他的闪光点。突然又发生了一件意外事，陈洪失踪了，一连几天找不见。当时学校议论纷纷，许多人主张一定要拿点颜色给他看看，杀一儆百。但陈德均老师思考再三，原谅了他。因为陈洪看了《少林寺》，也准备去云游天下，寻找世外高人，学得十八般武艺，也好一鸣惊人，因而作出了错误的选择。他记得辽宁曾有三个孩子为了揭开蛇岛的秘密，也曾突然失踪，但这三个孩子都是难得的人才。陈洪也有一股异常的志向和勇气。因此，当陈洪归来后，他组织了一个特别的欢迎会，全班同学像欢迎一个重返家乡的战士一样热烈鼓掌。得到老师和同学们的如此尊重，陈洪激动地流出了晶莹的泪花。后来经他悉心诱导和启迪，陈洪成了一棵体育新苗，小学毕业考取了其林中学的体育班。

13.曲线发问

上海特级教师钱梦龙教《愚公移山》，只用几句话就把40多个学生带到太行、王屋两山脚下的老愚公家里，课堂气氛顿时活跃了起来。"有个孩子也要去帮助老愚公移山，那孩子的爸爸肯让他去吗？"他这一提问，把学生问住了，学生们一时不知怎么回答，望着老师。只见老师双眼光华熠熠，神采飞飞，仿佛有智慧的火花在里面不停地闪烁着。这些"小脑袋"慢慢获得启示，一只只小手陆续举了起来。钱老师让一个欲举手而又未举起来的坐在前面的小同学回答。"这孩子没有爸爸。"小同学迟疑地说。"你怎么知道？""他妈妈是孀妻，孀妻就是寡妇。"钱老师连连点头，听课的老师也连连点头。就这样，学生智慧的火花被他点燃了。这就叫"曲问"，同学们茅塞顿开。这种不直接解词而通过曲线发问让学生自己思考得出答案的教学方法，应当说是典型的启发式教学，有力地开发了学生的智力，也显示了老师高超的教学艺术。

14.婉转作答

据《教师报》1986年第4版载：当年鲁迅在北京大学讲《红楼梦》时，曾幽默地向学生提出一个颇有启发性的问题："你们爱不爱林黛玉？"哪知学生却出乎意外地反问他："周先生，你爱不爱？"鲁迅先生并不生气，反而面带微笑地答道："我嫌她哭哭啼啼。"这种有趣的提问，妙语惊人的回答，既活跃了课堂气氛，又调动了学生的积极性，还显示了一代大师的特有风度和人格魅力。试想一下，如果答成"我不爱"或"我让你们回答问题你们调皮捣蛋什么"的训斥，哪将成何体统?

15.恰当举例

当年，鲁迅在某大学讲授"美的阶级性"时，观察到学生不易理解，就引用家乡农民讨媳妇的标准：不要"杏脸柳腰""弱不禁风"的美人，而要"腰臂圆壮""脸色红润"的劳动妇女。这种生动有趣的举例，使学生听得兴致勃勃，豁然开朗。鲁迅也就瓜熟蒂落地归纳出一个结论：审美标准是有阶级性的，不同的阶级有不同的审美标准。从而使学生理解深刻，终生难忘。

16.心理接吻

上海的特级教师陆继椿老师在外地作示范教学，为了缩小和外地学生在感情上的距离，一上课他就要求学生跟他作对句的练习。他说，昨天我跟同学们见了一面，今天咱们又一起来上课，这就是俗话所说的那样"一回生——"学生回答"二回熟——"。陆老师又说，昨天我见了同学们，很喜欢大家，同学们对我也很热情，咱们真是"一见——"学生回答"如故——"此后，他又在黑板上做成语填空练习：如（见）其（人）、如（闻）其（声）、如（临）其（境），并以如临其境的语言导入新课《记金华的两个岩洞》。这种心理接吻式的导语，使陌生的老师在陌生的地方和陌生的学生马上变得亲近起来，一下子就建立起了能够互相配合的师生关系，保证了教学工作的顺利进行。由此可以设想，刚走上工作岗位的青年老师，只要多动脑筋，也可以尽快和学生建立起亲切的感情。

17.甘拜下风

一次，上海特级教师于漪教学生学《变色龙》。短篇小说大师契诃夫高超的语言艺术和精湛的讽刺笔法深深地吸引住了学生，课堂气氛轻松活跃，笑声不绝。想不到课快结束时，突然有位女同学站起来说："老师，你讲错了！"于漪被这突如其来的判断愣住了，一时意识不到错在哪里。但她没有让课堂出现僵局，马上请这位女生到讲台前面对全体同学发表自己的看法，评论执教者的错误。原来事情是这样的：为了让学生明白课文中主人公奥楚蔑洛夫多变现象背后所隐藏的趋炎附势、奉承拍马的不变的本质，她就在黑板上画了两条线来示意，一条是波浪形的曲线，波峰说明小说主人公对咬人的狗的种种美称，波谷则表现主人公对同是这条狗的诅咒。一条是直线，横贯于上述曲线之中，表现主人公对狗称呼的多变善变取决于他趋炎附势的不变的本质。这位女同学对曲线的画法有不同意见。她认为当奥楚蔑洛夫终于明白了这条狗是将军哥哥的狗时，他奉承谄媚的心情更加急切了，心跳的频率更快了。因此，同等距离的波峰波谷的曲线不足以准确地表达当时的情景，应该是距离更短，波峰更高更陡。于漪觉得这个女同学说得很有道理，理解得极为深刻。她由衷地说：学生是我的老师，我折服了，当堂感谢这位学生的指点。试想一下，如果于老师当时恼羞成怒的话，那又将是怎样的结局呢？还会有这样美好的形象吗？

18.信手拈来

一位小学老师在教《小蝌蚪找妈妈》一课时，通过形象的描述，生动的语言，使学生如临其境。当他讲到小蝌蚪听到大青蛙"呱呱呱"的叫声，看到大青蛙在荷叶中跳来跳去时，一个学生听得入了迷，忘记了自己在课堂，情不自禁地给自己的玩具青蛙上足发条，放在桌面上开动起来，"呱呱"地叫着，"蹦跶蹦跶"地跳着，一下子全班学生都哄堂大笑起来，注意力分散了。面对这种意外情况，这位老师不仅未发火，还微笑着拿起正在"呱呱"叫的玩具青蛙，风趣地说：咱们正在讲青蛙，课堂上就蹦出了青蛙，小蝌蚪找到妈妈了。又是一种笑声，等学生们的情绪稍微平静下来时，这位老师马上又提出了问题：大家看了青蛙的颜色、四肢、眼睛、头，各有什么特点？学生望着玩具青蛙，一边观察，一边描述，对青蛙的特征有了具体明确的认识，还写出了题为《青蛙》的短文。试想一下，如果老师认为这是调皮捣蛋违反纪律而大发脾气的话，那效果又将如何呢？

19.妙笔回春

郭沫若妙笔开导落榜女青年的佳话一直广为流传。郭沫若当年在旅途，遇见一名高考落榜女青年，在海边徘徊，怀着失落、绝望的心情，写下了这样的对联：年年失望年年望；处处难寻处处寻。横额为：春在哪里？接着欲跳水自尽。郭沫若发现后问明情况，也仔细看了对联，然后充满希望和信心地写道：年年失望年年望；事事难成事事成。横额为：春在心中。女青年看罢，有所触动，郭沫若又奋笔疾书蒲松龄的"落榜自勉联"：有志者，事竟成，破釜沉舟，百二秦关终属楚；苦心人，天不负，卧薪尝胆，三千越甲可吞吴。那女青年看罢，深受启发，就和郭沫若攀谈起来，郭沫若肯定了她的才华，指出她的轻生思想太不值得，鼓励她重新振作起来，再接再厉。那女青年深受感动，抛弃了轻生念头，坚定了人生志向，并回赠郭沫若一首四言诗："梵音洞前几彷徨，此身已欲付汪洋。妙笔竟藏回春力，感谢恩师救迷航。"我也曾与一名违纪中学生围坐在火炉前谈话，当其思想有所触动时，便赠其这样一首小诗：炉中一团火，心内火一团。冰雪融化时，春天到眼前。

20.独出心裁

一位英语老师上课前设计了这样的开场白：他首先自我介绍说：我姓范，名毅，模范的范，毅力的毅。可我并不是什么模范，也缺乏毅力，一切都得从头做起。这幽默的话语，谦逊的风度，一下子引起了学生的注意和好感。他顿了顿说：从今天起，你们的英语课由我来上，什么是英语呢？一个学生回答说：英语就是外国语呗。另一名学生纠正说：英语就是英国人的语言。这位老师补充说：世界上几十个国家使用英语，大多数国家都把英语作为一门主课开设。所以学好英语，你们将来成了专家、学者，去世界各国考察、观光、讲学，不愁言语不通。他的话使全班学生兴趣盎然，激发了大家学习英语的动机。（1986年10月14日听于中央台"青年之友"节目）很显然，这位英语老师的开场白很有特色，别具一格，又有严密的逻辑思维和很高的思想水平，所以效果是可想而知的。

21.师生换位

有一次，特级教师斯霞给二年级学生上《蜘蛛》一课，讲了蜘蛛怎样捉飞虫和甲虫的事，没有料到有个学生提了这样一个问题：老师，蜘蛛的网有黏性，能粘住飞虫、甲虫。那么，它自己在网上爬来爬去，怎么不会被粘住呢？斯霞听了，一时无法回答，但她没有发慌，而是略顿一下，胸有成竹地发动学生来解答。有个学生说：蜘蛛身上有油，不会被粘住。斯霞问：你怎么知道的？那学生回答：是从《动脑筋爷爷》上看来的。斯霞表扬了这个学生爱读书、记忆好的优点。就这样，一场被动的局面顺利地避免了，又鼓励了爱读书的学生。看来，要相信学生的知识信息有时候在某些方面不一定亚于老师。如果老师遇到此类问题恼羞成怒的话，那只会造成更加不良的消极影响。

22.热情鼓励

在特级教师钱梦龙的《教学实录》中，可以多次看到他对学生说"你比老师高明""你们完全有能力写文章到杂志上发表"这类鼓动性的话。有次借班上课，观摩者云集，学生有点胆怯，当他听到有个学生答问时说了句"迅哥儿是作者所塑造的艺术形象"。便接着逗趣地说："这话说得多好啊，语言多丰富啊！录音机已经把这句话录进去了。"学生在阵阵笑声中，把自轻自贱感驱除了，代之而起的是大胆地思考，愉快地答问。这正如一位教育家所说，教育的艺术在于鼓舞，在于激励。热情的鼓励，往往能使学生树立信心，增强勇气，强化学习和进步的动机。

23.冷静处理

1986年第6期《人民教育》载：贵阳市第十三中学郑树兰老师因给一个学生未准"吃喜酒"的假，竟收到了百般辱骂的匿名信。他看后气得手直发抖。委屈、埋怨、怒火，说不出的滋味一齐涌上心头，又恨又恼，很想出一出这口恶气。但教师的责任感提醒他，不能简单粗暴地使矛盾激化，而要冷静处理，给学生留有自我教育的余地。他耐心地观察，捕捉教育时机。有一天，他对这个学生说：让我们坐下谈谈好吗？他一张嘴就否定，说他没做过什么对不起老师的事。他说："今天老师找你，不是逼你承认错误，而是给你卸包袱的。学习这么紧张，思想上背个大包袱怎么能搞好学习呢？"他的语气诚恳而真挚，没有丝毫怪罪他的意思，这学生紧张的神经松弛了下来，脸色也和悦多了。他接着说："那天你和你父亲来请假，我没有准假，还批评了你。说实在的，我可以给你请假，一天，两天，乃至更长的时间，这对老师有什么损失呢？但是，准了你去吃喜酒，对你究竟有什么好处？老师不准假，是希望你好好学习，不要浪费了宝贵的光阴呀！坦率地说，那天接到信，心里很不是滋味，真想把你骂老师的那些话公布出来，让同学们、集体舆论来谴责，可那样会使你难堪。思前想后，我决定原谅你，也诚恳地向你检查我态度生硬的错误。"这学生听到这里，头埋得更低了，流下了悔过的眼泪。后来虽有错误，但我批评时从不揭老底。他看到我不记恨，终于受到了感动，纪律性也增强了。毕业后，他报名参了军，从昆明部队给我寄来了一封长长的悔过信。看来，冷静、克制、耐心、宽容、诚恳、技巧等等，都是使用教育机智所必需的基本素质。

24.掌握分寸

给学生的作业写批语，这是每一个老师都会的。但怎样写效果更好，却大有学问。当学生的作业不合乎要求时，一位教师这样写道：你的作业太乱，做得太不认真，你必须重做一遍！！！另一位老师则是这样写的：你的作业太乱，做得太不认真，你要重写一遍。我知道，让你重写一遍，你会不高兴，可为什么还要你重写呢，因为我相信你第二遍肯定比第一遍写得好。结果前一位老师收来重写的作业，与第一次写的相差无几，而后一位老师收来的重写作业，字迹却清楚多了。当然由此也可以看出，讲清道理，给学生以尊重、信任和希望，也是不可缺少的因素。（《人民教育》1987年第2期，第43页）

25.故意遮掩

1987年《人民教育》载：有位数学老师刚进教室，一个学生交给她一张纸条，上面写着：××同学，有句话我一直想对你说却又难开口，最近你的影子总在我的心头萦绕。课堂上，听着你那朗朗的读外语的声音；操场上，望着你那矫健的身影，我的脸莫名其妙地有些发烧，我的心禁不住咚咚直跳……"她看后，辨认出了是谁的字体，却略略沉思了一下，轻轻合上信，若无其事地对交纸条的同学说："这道题比较复杂，下课后咱们再研究。现在先讲今天布置的练习题。"下课后她经调查，原来交纸条的同学偶然发现了班上两个谈恋爱的同学用纸条传递信息的秘密，把信交给老师，想让老师当堂追查，来个爆炸性的新闻。没想到这位老师随机应变，巧妙地处理了这个问题，又未扩大事态。而这位老师上中学时，也曾写过类似的信，被班主任发现后训斥了一顿，尔后又在班上公开批评，思想受到了极大的刺激。所以她以一颗仁爱之心，推己及人，在伤害学生自尊心的公开场合遮掩了这件事情，而下去后又悄悄地做了恰当的处理。

26.修好台阶

1987年第3期《人民教育》载：有个学生在物理课上因回答问题不正确，遭到物理教师的挖苦，就和老师顶起来，闹得一堂课没上好。班主任发现后，及时对这个学生授以台阶——一张纸条：某某同学，出乎我的意料，你竟在物理课上跟老师顶牛，我很痛心。老师的话不对，对老师有意见，可以课后提。明天下午课外活动时找我一谈。学生接到纸条后心想："出乎我的意料"，说明老师平时对我的印象很好；"我很痛心"，说明我辜负了老师的期望；"老师的话不对"，说明老师主持公道，不带偏见。那么我跟老师说什么呢？还是顺"台阶"而下吧，于是主动找物理老师承认了错误。当然，筑"台阶"不是一劳永逸的，也没有固定的模式可搬，要因人、因时、因事而异。对反应迟钝的学生，台阶要尽可能筑得陡一些，而对爱惜脸面的学生，则要留出一定的坡度。看来要修好台阶，还是要多动脑筋，精心策划的。

27.假话真说

"遗失"的"情书"：一名女生回忆说，上高二那年，我因倾慕语文老师的文雅气质、翩翩风度和渊博学识，因而从内心深处偷偷地"爱"上了他。这种爱越压抑越强烈，无法自拔的我最后忍不住写了一封"求爱信"寄了出去。信一投进邮筒，我立即就后悔了。这位王老师已经有了一个幸福的家，他收到信后会怎样看待自己……一天，两天，三天……一切都很正常，从王老师的眼神中看不出丝毫的异样。直到有一天，王老师在讲课中，"无意"中批评了邮局"不负责"的工作态度，说他的信件常常被遗失。这时，我才释然了，也许自己那封信"幸运"地"遗失"了。现在想来，王老师那高超的育人艺术（技巧）真让人信服。对于学生的一些过错，有时也许最善意的处理办法，就是让它"说明也没发生"，这不仅是宽容的品格，更是爱的智慧。

28.无中生有（化贬为褒）

10元钱事件。报载：高二下学期，我看见同桌的语文课本里夹着10元钱，热爱读书的我想到新华书店那些让我眼馋的中外名著，那时的书便宜，10元钱，能买10来本呢。于是，我瞅了个空子把这10元钱抽了出来，迅速夹进了我的书里。同桌找不见问我，我矢口否认，她只好报告给老师。我做贼心虚，脸上火烧火燎，心里乱极了，真不知老师会怎么处置。谁知道老师竟然平和地说："有位同学拾到后已经交给我了，你下课后到我办公室去拿吧。"我茫然地抬起头，恰好与王老师的目光相遇，他的目光还是那样温暖柔和。放学后，我悄悄来到老师办公室，趁他不在，我把那10元钱放在了他的办公桌上。这显然是一种高超的教育艺术，保护了学生的面子，激发了改正错误的自觉性。如果根据准确的判断当堂直接"捉贼"，那就可能使这个学生无地自容，甚至可能再无脸做人，发生悲剧。

第八章　传承师道的岐山师者

　　岐山是周文化的发祥地，是周代教育的源头之一。自先周以来，历代均有师道传承者，他们推动了岐山教育发展，丰富了岐山教育的内涵，赓续了岐山的文脉。本章所收录的16位岐山师者，皆依据1992年版《岐山县志》《岐山县志（1990—2010）》《岐山教育志》，分为简介与传承分两部分：一是县志上的简介；二是对周文化的传承，以报刊登载文章与学生的回忆录为主。其中，有2人资料来自1992年版《岐山县志》，有11人资料来自《岐山县志（1990—2010）》，有3人资料来自《岐山教育志》，除此之外，还进行了相关资料补充。凡其他卷收录的人物，本章不再重复收录。

陈子章

陈子章（1893—1958年），本县著名教育家，益店镇南官庄陈家人，躬耕小学教育30年。小时学商，后弃商求学，敦厚踏实，刻苦勤奋，尤喜文史。民国十四年（1925年），由陕西省立第一师范专修科毕业，回乡后先去净宫小学任教，1927年入县立第三高小任教，1929年入第一高小任教，直至解放，曾任教导主任、校长等职。

他先后讲解农业、自然、地理、历史等课程，尤擅长地理。他授课深入浅出，知识性和趣味性并重，深受学生欢迎。在第一高小任教时，每堂课自己绘制彩图，当讲到某一城市或山脉河流时，随手用教鞭一点，正中所讲之地，被师生誉为"一鞭准"。他擅长书法，重视楷书，授课板书字迹醒目、整齐、美观，学生们交口称赞："听陈老师讲课，简直是一种享受。"

1944年，岐山县临时参议会传令嘉奖陈子章奖金1000元。1947年，他的学生集资现款，在其家乡为他竖立"德教碑"。

解放后，陈子章先后从教于益店、张庄、曹家庄、鲁家庄小学，曾任岐山县各界人民代表会议文教委员会委员，后因病归家，1958年逝世，时年65岁。

金怀玺

金怀玺（1904—1976年），号温斋，汉族，今岐山县京当镇小强村人。早年求学于关学两大学派之一的清麓学派第二代传人、兴平大儒张果斋（名张元勋）门下。1942至1949年在岐山县周三王庙创办岐阳书院，传承周孔之道及张载关学，为往圣先贤继绝学，恢复断代的儒家道统，为乡村子弟启蒙教育起积极作用。

他终生酷爱周文化及孔孟儒家为主体的国学文化，早年曾求学于兴平大儒张果斋（名张元勋，和蓝田牛兆濂同是三原贺复斋先生的再传弟子，清麓学派的第二代传人）先生门下，他的学友有原省中医药研究院院长米伯让，果斋先生之孙张正纲等。面临国学文化深受摧残和断代的景况，1942年，张果斋先生授意在周文化的发源地，文王周公的故里，周礼之乡的岐阳村周三王庙内创办岐阳书院。主要以传承周文化、孔孟之道及张载关学为宗旨，为乡村子弟的启蒙教育起到了一定的作用。岐阳书院受到当时陕西省政府主席熊斌褒奖，并亲笔题写"岐阳书院"牌匾。办学执教九年后，直至1950年，新的教育体制更替了国学文化教育，从此岐阳书院闭幕。

后先生回家躬耕田园，耕读传家，终生未参加任何党派和社会活动，因他心目中主要的信念是宗承先师张果斋先生遗愿，为往圣先贤继绝学，要把将要断代的儒家道统传承下去。特别是在"文革"期间，破除"四旧"，批儒宗法，传统文化经典犹如粪土被扫进了历史的垃圾堆。先生目不忍睹，心如刀绞，将自己经典读本藏之幽室，未敢见人，白天不敢公开研读，晚上在灯下习文悟道，书写诗文，解经辨学，阐发己意，有时评议时政，有时抒发自己的情趣，有时忧国忧民，在他的文稿里随处可见。存留文稿有长文《世界大同策论》《原道》，《诗词》《书信》各两卷，《对联》《论学》《辨学》《周易64卦384爻咏》《卑隘志》《祭文》以及蒙学、杂文等，呈给毛主席关于增产节约及戒烟的一封信未能发出。在此辑录其诗词3首。

学　问

学问为求仁，实行在本身。

处物含恻隐，忧道不忧贫。

世界大同策论倡议

大同世界是天然，人有秉彝生道全。

绝域五洲随处在，潮流百代时改迁。

总为霸权昧明晓，谁识性善是真元。

我发狂思成梦想，窃书鄙语难倡宣。

正　伦

人道至当先正伦，反身省悟尽天聪。

休论种族与朋党，一贯宗传进大同。

郭子直

郭子直（1912—1999年），凤鸣镇城北村西巷人。中国民主同盟盟员，陕西师范大学教授。曾任中国书法家协会会员，中国音韵学会会员，陕西省语言学会顾问。1986年1月被陕西省人民政府聘任为省文史研究馆馆员。

郭子直先生出生于破落地主家庭，幼年为逃匪乱，到处流浪，1924年全家始居西安。1934年考入北京大学教育系。1939年大学毕业后，分别在凤翔师范学校、岐山中学任教师。1955年秋，调西安师范学院中文系任教。1960年8月，调陕西师范大学中文系任教。"文革"开始，曾被下放回原籍，先后任教于岐山中学、蔡家坡中学，1979年重返陕西师范大学任中文系汉语史、古文学硕士研究生导师。1987年5月退休。

郭子直先生在大学任教期间，先后给本科生、函授生、研究生、古籍整理研究班及词典组的青年教师开设过现代汉语、工具书使用法、文字学及文字改革、古文字概论、古汉语声韵学等课程。编写了《现代汉语》《语文工具书概要》《书法初阶》《古汉语声韵学》《古汉语声韵学表解》（上）、《汉语古文字学讲稿》等6部教材。他备课认真，取材丰富，讲授得法，循循善诱，语言流畅，深入浅出，用例准确，生动贴切，观点新颖，发人深思。

郭子直先生一生辛勤耕耘。自1959年即参加了陕西省的方言调查，长途跋涉，往来于岐山、眉县、扶风等县之间。他先后编著了《字的形体演变》《六书初探》《集韵校补》《集韵音节总表》《韵书里的方言词》《中国历代韵书述评》《岐山方言志》《文史工具书入门》等8部著作，参加了《常用文言虚词词典》《古汉语虚词用法词典》《陕西方言概要》等书的撰写，同时发表了多篇论文，其内容兼包文字、音韵、训诂、语法和方言，涉及传统小学的各个领域。郭子直先生的《战国秦封宗邑瓦书铭文新释》一文，以大量史籍和出土竹简为证，对陕西户县解放前出土、陕西师范大学图书馆收藏的一件陶器铭文进行了详细的考释，纠正了前人错误的论断，并考出4字，为研究战国时期秦国的历史做出了杰出的贡献。这篇论文后被收入中华书局出版的《古文字研究》专辑，在学术界引起了很大的反响。

郭子直先生不仅在学术上造诣精深，而且在书法上颇有建树。退休后仍心系教育事业，将自己家藏珍贵书刊793种共3900余册，捐赠给陕西师范大学，赢得了校内外各界人士的广泛好评。1999年1月7日，郭子直病逝于西安，终年87岁。

郭子直先生不仅在学术上造诣精深，著作等身，还在20世纪70年代初在全县各校讲学，大力普及文字学等知识，赢得了广泛的认可与尊重。现将西安中华龙凤文化研究中心副秘书长韩健畅撰写的《怀念郭子直老师》一文节选如下。

怀念郭子直老师

　　我没有从学于郭老师，离得远，没这个福分。到我在杏园念书时，他早已退了，带研究生，深居简出；我自己生性又愚鲁，脚腿慢，很少往前辈处奔跑，故而接触也只是少有的几次，到灵醒过来时，想多多往他处跑时，已经迟了。过去少去，是感到和他在一块递不上话，或者怕他。他太专太深，我太浅陋，怕答不上来，反倒面子上不好看，说穿了是怕。还有，就是他的作为学者的严正、不徇情。这一点我从他给方言学家孙立新兄的信中不止一次看到。信中往往有批评文字，显得严厉锐利。据立新兄说有几次，郭老师当面批评他，他都受不了了，眼泪都出来了，可是他硬受。就这，他在郭老师跟前得益最多最厚，进境也最为疾速。虽然受了批评，他还是最想到郭老师屋里去。郭老师背过他，总在别的师长面前夸奖他，这也是他和别的师友见面时才知道的。郭老师给立新的信不少，他拿来给我看，有一封1992年1月13日的信我复印了，至今还用心保存着。信中先逐条立目回答立新兄的求教，末尾道："你写的文章，毛病在于急于求成，不假思索，一挥而成，从内容到外形，都显得毛糙，缺少仔细加工。要知道这是流传下去，给后辈儿孙要阅读几十年的正式文件，不是匆忙交卷了事的。万一时间不够，就可少写一些，要写就得竭尽全力，认真负责地完成。"这话说得是够重的，然而也是够殷切的。如果关系感情不到，或者是根本不可能，他也就不用费这笔墨了。

　　但这并非说，我在杏园读书时就没有亲接过他的清芬。他在那时就在数学系的阶梯教室给我们上过书法课，讲过楷书的渊源和规矩以及唐人的名帖。

对郭老师的过去，我知道得不多，但传闻不少。他是岐山人，郭家是当地的望族，他生于1912年阳历10月5日，1999年元月7日早发病，至晚去世。学历，先是毕业于北京大学教育系，是唐兰的入室弟子，和任继愈同班同学，之后又在抗战时的西北联合大学上学，故和黎锦熙、罗常培交厚，对黎、罗执弟子礼。郭家处周原之上，又是巨族，书香绵远，庋藏颇丰，加之他为学日富，眼界高迈，几十年里不停地购买、收藏、积累得就更多，古籍、字画、碑帖都有，我就帮着他弄过一幅北魏经幢造像的魏碑拓片。但他并非将这些苦心孤诣搜罗来的东西揣在怀里，以为私产，待时而沽。他一者用于研究，二者也只是暂存，一旦时机成熟，都要零存整捐了。"文革"的风停雨息，他就清理捐送给任教的陕西师大图书馆，丰富馆藏。传说是拉了一汽车。捐出去的书籍、字画的质量，用1998年底黄先生对我说的："郭老师捐了，要是我，我就不捐。"以作为国内有影响的版本学家的黄先生的这话中的分量掂，可想见，郭老师捐赠的绝对不是破旧废品，而是具一定价值的。前些年，有一天在小县城的街道上转悠，碰见地摊上有一本他和人署名合写的小册子，教材，没书号，铅字油印，大16开，但行文著述极扎实，给人一种錾凿的感觉，就毫不犹豫地买回来。是一本讲古文字学的入门书，但里面却有秦封宗邑瓦书的一段文字。按常人心理，他应该多有著述留在人间，做度人金针。而世上的事往往是这样，有价值的认为应多的偏偏欠缺，没价值的或价值不大的废纸却泛滥成灾，古人号曰灾梨枣。他们这一代学人从更老的一辈身上继承了在今日浮躁的人们看来是过分严谨的学问，把自己抠得很紧，攥一把文字总难得出手，其实即就是一册薄薄的讲义，也往往比当今的人连篇累牍的几百万字的书籍更光辉。他们羞于剽窃和誊抄。郭老师也是这一种心理吗？这里面的得失怎么衡量呢？如今都不好说了，可作为我，对他只能是多增一份尊敬和多一重叹息。有时想起他了，就把那册油印的讲义寻出来，捧在手里读读，或者把他送我的书法拿出来在墙上挂些时日，然后收起，怕久了染上尘土。

我曾经不止一次的给人说，陕西的古文字学家严格地说来只有一个人，这就是郭子直郭老师。他在红楼时的北大就跟着唐兰，之后回到老家创办岐山中学，就给那时还处于封闭状态的小县城的学生讲古文字，讲金文，现在想来，那些学生真是幸运，甚至是一种奢侈。之后1949年前后的风风雨雨，最后落脚在杏园，是"文革"后陕西高校中唯一带古文字学研究生的导师。我偏处县隔时，忽然想求他给我写一幅字，就是张载《拾遗录》的四句箴铭，就写了信去，一个礼拜后就收到了他的回信，铅笔的短信，字则是四尺对开的条幅，精湛而精到，那种宿成的笔墨，已臻炉火纯青的修炼，光彩焕发，又坚凝磅礴。特别是落款还专门把为我写这幅字的因果注明了。我总遗憾那时随我的同学去拜望他时，见他把那么多的字拿出来摆在我眼前，我竟然没有斗胆多求讨几幅。前两年，我又在西安小东门里的市场上见到他临的一幅临潼的《利簋》铭文，我一看就是他在生命的最后时间里的功课，因为里面的字还有漏脱笔画的，虽然如此，但一笔一画，毫无虚浮仓皇之象。我看见这幅字，心里莫名地就生出一阵感动。他把中国学问研究了一生，至老还亦步亦趋地膜拜复习，我们则距他更远了！我把这幅四尺整张的内容完整的字就挂在家里迎门的墙上，一回家推开门第一眼就能看到，心里就温温暖暖的，润润的。

任建元

任建元（1917—2005 年），雍川镇杨柳村人，中共党员，大专文化。1947 年，毕业于陕西师范专科学校英语科。曾任麟游中学教务主任，岐山中学英文教员。1948 年 9 月加入中国共产党；解放后与雷宏声先后接管岐山中学，并任代教务主任；1951 年担任扶风中学校长；1952 年 9 月—1964 年 8 月，任岐山中学校长；1964 年 8 月调任陕西省凤翔师范学校党支部书记兼校长；1972 年任岐山县蔡家坡中学党支部书记、革委会主任；1979 年 9 月，他第三次回岐山中学，任党支部书记；1979 年 11 月因病离职休养。

任建元在 30 多年的教育教学工作中，认真贯彻党的全面发展方针，狠抓课堂教学，加强学校思想纪律教育，用政策调动每个教师积极性，组织教师学习凯乐夫教育法，使岐山中学等教学质量不断提高。1956 年升学考试中，获陕西省第二名，先后光荣地出席 1956 年陕西省先进教育工作者代表大会和 1960 年陕西省文教系统群英会，同年，获省劳动模范称号，1977 年当选省人大代表。

任建元坚持原则，严以律己，以德治校，敬业爱岗，学为人师、行为世范。离休后仍关心教育事业，为岐山中学和家乡建校积极捐款，发挥余热。为西府知名的教育家。

任登弟

任登弟（1928—2021 年），岐山县雍川镇杨柳村人，中共党员，中共中央党校教授。1945 年 4 月，参加革命工作。1949 年 5 月，加入中国人民解放军，参加了解放西北、抗美援朝战争，在抗美援朝中荣立三等功，荣获朝鲜民主主义人民共和国颁发的军功章一枚。1953年10月因病回国，在部队做新闻宣传工作。历任解放军师、军、大军区报社编辑，《解放军报》报社少校编辑，湖北军区、北京市交通局宣传处副处长，中央广播事业局党组秘书，中央纪委副处长，《中央党校通讯》副总编辑等职。后转业到地方工作。曾任陕西省地方志编纂委员会副主任，应邀参加《岐山县志》审稿。参与中央党校终身教授、著名经济学家王珏同志主编的《中国社会主义初级阶段经济论纲》的写作，撰写了该书的第三章；同王珏教授合著（执笔）《毛泽东经济思想》；主编《省长访谈录》《百强县县委书记访谈录》《大中城市发展战略——市长访谈录》《三存书集》等重要文献。

作为中央党校的教授，任登弟退休以后在弘扬优秀传统文化方面做了大量工作，在老家经常参加岐山传统文化促进会的活动，给大家留下了深刻印象。以下是来自网上的信息，足以看出任登弟教授生命不息、工作不止的精神状态和高贵品质。

任登弟推广社区以孝治家

以孝治家孝行大使任登弟同志于2021年2月9日8时10分，在北京西庄子觉西庄园辞世，享年93岁。任登弟同志逝世后，以孝治家领导小组沉痛哀悼并向其亲属表示深切慰问。

任登弟同志长期从事报刊和理论研究工作，撰写了《怎么理解"三个代表"重要思想》。他在耄耋之年仍忧国忧民，致力于弘扬与传播中国传统文化，在社会上有一定影响力。任登弟同志所著的《大家都学弟子规》《中国道路中国梦》深受大众欢迎，为弘扬中华优秀传统文化做出了突出贡献。

以孝治家领导小组自2013年12月26日在全国发起以孝治家行动以来，任登弟同志作为以孝治家孝行大使，长期支持以孝治家事业，积极参与在人民日报社举办的"党组织领导以孝治家行动大数据运行平台新闻发布会""孝行天下、天下行孝——以孝治家进社区推广大会""以孝治家群众行动经验交流大会""以孝治家行动部署新闻发布会"等活动。

任登弟同志指出，"以孝治家非常重要，'孝行天下、天下行孝'这口号提出了很多年，只有以孝治家行动把'孝行天下、天下行孝'落到了实处，把'以孝治家、幸福万家'落到了每个家庭。"

在90岁高龄的时候，任登弟同志和贤伉俪牛淑卿副教授回到家乡陕西省宝鸡市岐山县雍川镇杨柳村，看到很多老人生活困苦，尤其是空巢老人，生活难以为继，便在当地村委会和爱心企业家的支持下，身体力行，用自己的退休金照顾老人们。在本该是享清福的时候，任老却心系贫苦、躬身前行、济世安民，切实用行动把"以孝治家、幸福万家"践行到了实际当中，也因此受到了人民的爱戴。

以孝治家孝行大使任登弟同志爱党爱国爱民，为以孝治家留下了宝贵的精神财富，用实际行动践行了以孝治家"从我做起，从家做起，从身边做起"的理念，更加鼓励我们以孝治家的事业要靠我们勤劳的双手和像莲花一样的纯洁心灵去帮助所有需要帮助的人们，将激励我们为"以孝治家、幸福万家""以孝治家、遍地开花"而努力奋斗。

王志道

王志道（1929—2009年），蒲村镇洗马庄村人，中共党员，优秀教育工作者。他忠诚教育事业，师德高尚，平易近人，在岐山县教育界享有崇高威望，受到师生的尊敬和爱戴。

王志道出身于书香世家，1949年7月毕业于西安高中，同年参加教育工作，从事教育工作42年，历任岐山县益店小学、范家营中学、益店中学校长，益店中学党支部书记，1991年退休后任岐山中学名誉校长。岐山县第一至三届政协委员、常委；第八届宝鸡市人民代表；第六届宝鸡市党代表。陕西省先进教育工作者；宝鸡市劳动模范、模范党员。

20世纪50年代在岐山东大街小学工作期间，曾利用业余时间在五里铺举办岐山农民识字试点班，帮助农民脱盲，开岐山解放后成人教育之先河，并被《光明日报》报道。在益店小学任校长期间，以"力争上游"的精神明确提出"创名校，上县进省到北京"的奋斗目标，建立教育质量层级考评制度，并提出后勤要保障教学供给、服务教学生活的理念，达到整体优化，使学校升学率达到90%以上，其经验在凤翔大县推广。1963年，王志道出席了全省社会主义建设群英会，并以劳模身份去北京参加了国庆观礼。益店小学也由一所普通的乡村小学晋升为全省重点小学。1977年恢复高考制度后，他倡导尊师爱生，教学民主，培养自尊，调动积极性，强化教学的中心地位，狠抓教学质量，使益店中学高考质量连年居全县之首。

王志道先生最突出的是善于做思想工作，以正面教育为主，循循善诱，春风化雨。王志道先生担任益店高中党支部书记期间，有一次去一位老师办公室说事，他把这位班主任老师各方面的工作表扬了又表扬，使这位老师很高兴，临走才说了一句："你如果再把班上的卫生抓一抓，那就更好了。"说完才含笑而去。这位老师这才恍然大悟：原来书记是批评他们班上卫生差啊。此后，他就把班上的卫生搞上去了，还逢人就夸赞王书记的教育艺术，说人家真是会做工作啊，让人心服口服。

王志道先生一生从教，桃李芬芳，德高望重，仙逝以后，来自全县及全国各地的同事、学生及各界同仁络绎不绝，其追悼会规模宏大，盛况空前，有400多人参加，老县长李世慧亲自致悼词，至今传为佳话。

王嘉祥

王嘉祥，生于1935年，甘肃省秦安县人，中共党员，1959年毕业于西安师范学校，同年8月至1986年12月在蔡家坡中学工作，先后任教导主任、副校长、校长。其间任市物理教学研究会理事长，省物理教学研究会常务理事，1980年被评为陕西省特级教师；同年10月起先后任中共第八届和第九届县委委员；1983年4月被评为全国"五讲四美，为人师表"优秀教师同时当选为陕西省第六届人大代表；1986年9月被评为全国教育系统劳动模范，并荣获"人民教师奖章"。

1986年12月起调任凤翔师范学校副校长、校长。在教学上，王嘉祥重视加强物理基础知识教学和基本功的训练，善于调动学生的学习积极性，培养学生的观察、实验和思维能力，颇有创见，曾自制、仿制、改制教学仪器40多件。1980年系统地研究了静电学实验，采取红外线干燥解决了中学物理实验中的一个难点；1982年设计组装了激光光学演示器，并先后发表了《实验知识教学和实验技能的培养》《上好实验课提高物理课教学质量》等论文，引起了教育界的广泛关注。

赵芸生

赵芸生，生于1935年9月，雍川镇杨柳村原子头组人。中学高级教师。中国数学奥林匹克二级教练员。1958年毕业于西安师范学院数学系。曾任岐山中学数学教研组长、教导主任，岐山县数学教学研究会会长，市中学数学教学研究会会长，省中学数学研究会理事，中国数学学会会员，县第八、第九届人大代表，县政协第一届委员，第二、三、四届常委，市政协第六、七届委员，县民盟副主委等职务。

赵芸生先生多次被评为县级模范教师和教学能手。先后在省市级刊物发表教学论文多篇。1974年在《中学数学教学》发表的论文，被1979年新编两年制《高中数学》课本第三册、1984年《高中数学》试用课本和1990年《数学必修》课本连续采用，在省市教育界特别是数学领域享有盛誉。加入县老科协以来，钟情书法艺术，经常书写弘扬优秀传统文化的书法作品赠阅同仁。2022年，他被岐山县老科协和老年学学会评为"老科技文化之星"。

王昌明

王昌明，生于1938年，中共党员，中学高级教师，益店镇益峰村人，1960年2月至1972年7月在益店公社中学担任教师、教务主任；1972年7月至1982年6月在岐山县城关公社"五七中学"（今岐山县第二初级中学）担任教务主任、副校长、校长职务；1982年6月至1996年6月在岐山县西街中学先后担任副校长、校长、支部书记职务。

1982年7月至1983年7月任西街中学副校长期间，主管初中部。当时的西街中学，校舍简陋，学生结构复杂，教学质量不高，打架斗殴普遍。面对这样的局面，他从教学这个关键点抓起，使大部分学生端正了思想认识，稳定了教学秩序，学校面貌发生了很大变化，教学质量明显提高，当年就实现了中专录取的"零"突破。

1988年5月，西街中学接待了日本岐阜市教育友好代表团的来访，并于长森南中学结为友好学校；1996年担任学校党支部书记，1999年9月退休。

刘　英

刘英，生于1947年，岐山县故郡镇人，1969年7月毕业于陕西师范大学数学系，同年9月参加教育工作；1984年担任益店高中副校长，1987年被破格评为首批中学高级教师，在省市各级报刊发表教学论文12篇；1989年调任蔡家坡高中校长；从1994年起担任县教研室主任，直至2002年8月退居二线。2003年县老科协成立后，一直担任教育专业委员会主任。他热爱教育，热爱学生，数学教学成绩优异，深受学生好评。在学校管理工作中，善于总览全局，突出教学中心，重视德育工作，学校多次被评为县市先进。担任县教研室主任期间，他以督导检查和赛讲评优为手段，促进了全县教育质量的提高，使岐山教育在省市享有知名度。担任县老科协教育专委会主任以来10多年间，每学期都深入基层学校调研，对教学教育工作进行指导，并在此基础上建言献策，受到市县有关领导重视，促成了不少问题的解决。他富于人格魅力，亲和能力很强，深受学生爱戴，桃李满天下。除多次担任市县先进以外，他还被评为陕西省先进教育工作者和全国教学改革先进个人。

郑鼎文

郑鼎文，生于1948年11月，枣林镇仝寨村郑东组人。中学高级教师、陕西省作家协会会员、宝鸡炎帝与宝鸡周秦文化研究会常务理事、岐山周文化研究会终身名誉会长、岐山县老科协教育专委会副主任兼秘书长、岐山县县关工委青少年教育讲学团副团长、陕西省十佳志愿辅导员，曾任岐山县范家营高级中学校长。在各级报刊发表文章210多篇，在国家省市交流发表学术论文23篇，在县内外讲学230多场。主要著作有《中学生成才20法》《教坛走笔》《松柏长青》《凤鸣岐山》《周公演义》《爱我岐周》等。

郑鼎文在1993年通过粉笔演示点拨、提醒了一个误入歧途的学生，后来将其写成文章，发表在1998年4月13日的《德育报》上。

粉笔演示的神效

那是我在一所高中担任政教主任期间发生的一件小事。

当时我正在埋头看书时，高二（8）班班主任气呼呼地进来报告说：学生小白下晚自习后在校外小路拐角处趁天黑诈骗，要同学拿钱拿烟，否则便怎样怎样。这些同学前来告状，要求老师处理。可是小白铁口钢牙，硬是不承认，怎么办？

听完事由，我立即和班主任一起赶过去。凝视、逼视、审视，我用无声的目光和小白较量着。然而小白一声不吭，面不改色，始终与我对视着。这个学生显然不一般，用一般方法恐怕不顶用。我忽然灵机一动，既没有追问，也没有训斥，只是让班主任取来两支粉笔。我把第一支粉笔放在略微倾斜的桌面上，很快，粉笔便滚到地上，摔得"粉身碎骨"。我又把第二支粉笔放在同样的桌面上，当它快要滚下去时，我及时用手挡住，使之避免了"粉身碎骨"的下场。演示完毕后我用期待的眼神看着小白说："你看清了没有？人，也是这样，顺着一个错误的方向发展，又不听别人的劝阻，是很危险的，听从劝阻，才不至于毁了自己。你说是不是？"小白心有所动，低下头说：郑老师，我明白了，以后请您看我的行动吧。

好啊，用不着再说什么了，承认也在其中，醒悟也在其中，决心也在其中。这个沾染了抽烟、诈骗等毛病的学生，以后果然转变了。

由此可见，对于那些个性极强的学生，必须采用适合其个性的教育方法，不要以硬碰硬，不要让其当面出丑，要照顾其自尊心，另辟蹊径，启发其自觉性，让其领悟老师的善意点拨，往往会产生神奇的效果。

郑鼎文所写的《校长要学点心理学》刊登于《陕西教育》1987年第7期，后被中国人民大学复印报刊资料刊出目录索引向全国学界推荐。

校长要学点心理学

有一次放学路上，我听见几个小学生议论说：一个学生上到树杈上读书，被校长发现后喊了一声，那学生冷不防吓了一跳，手中的书滑落到地下，溜下树飞快地跑了。

无独有偶，返校后我和一位同行谈及此事，他不无感伤地说：有一年某校一初二学生上树摘桑葚吃，校长发觉后脱口喊道："谁在树上？"想不到那学生心中一惊，举止失措，竟从树上掉下来摔死了。

这两件事加在一起，重重地压在我的心头，使我久久地陷入沉思。

平心而论，这两位校长的出发点都是好的，都考虑到了学生这样做是不安全的，也是违反纪律的，必须立即阻止。但事与愿违，后果可悲，轻者吓坏，重者摔死。这肯定是校长们始料未及的，他们也一定非常后悔。尤其是后一位校长，可能不仅有负疚感，甚至有负罪感吧。

为什么好心办了坏事？究其原因，我觉得除了缺乏经验以外，根本原因是教育科学素养差，不懂学生在此类特殊情况下的心理。

心理学的研究证明，少年儿童在某种程度上还带有好动、好玩、好奇的心理特点，他们控制自己情感的能力还比较差，意志的自制力也很弱。在毫无思想准备的情况下，突然出现的强烈刺激会使他们产生恐惧心理，以至于惊慌失措，丧失控制力。特别是在危险的境地，还可能发生意外事故。因此，凡是有经验的、熟悉学生心理的学校领导和教师，当发现学生在沟边、井边、崖边、树上等不安全的处境中时，总是特别小心谨慎，设身处地地为学生着想，灵活而巧妙地加以处理；反之，既缺乏经验又不懂学生心理的学校领导和教师，必然鲁莽行动，草率处理，使不良后果在所难免。上述例子，即是明证。

苏联教育家苏霍姆林斯基在《和青年校长的谈话》中说过：作为一个学校的领导者，只有把教学和教育以及研究和了解儿童这些学校工作中最本质的东西摆在第一位，他才能成为一个好的领导者。这是颇有见地的。所以我呼吁：为了关心教育下一代，校长要带头学点心理学，并组织教师把"研究和了解儿童"的心理当作一件大事，认真地抓起来。

龙纳虎

龙纳虎，生于1950年8月，大营乡龙家河村人，历任凤鸣镇东街中学、岐山县西街中学、岐山双语学校校长，县政协委员。被教育部、国家体委、《人民日报》、《光明日报》社评为全国优秀班主任，获得金质奖章。被中国民办教育联合会授予"全国民办杰出校长"。

岐山县志资料文库《步入辉煌》"科教英才"载有黄怀岐所写的《执着的追求——记全国优秀班主任 岐山县西街中学校长龙纳虎》。现选择其部分内容照录如下：

大营中学是他成才、也是他成名的地方。那时他正是20多岁的小伙子，年富力强，精力充沛，无论干什么事都是任劳任怨和信心十足的样子。那年秋季开学时，一个从一年级开始就是乱班的班级要升到毕业班了，谁来当这个班的班主任，领导感到头疼，其他老师也感到棘手。最终领导还是想到了他，但他已经带了一个毕业班的课，还兼任团支部书记和教导干事，工作已经够多了。龙纳虎似乎明白了领导的难处，于是主动请缨，挑起了这个乱班班主任的担子。

上任后，他首先从班级纪律抓起。早上，他站在教室门口迎接第一个来校学生；放学，他送走最后一个离校学生；早读，他和学生一起在教室读书；自习他和学生一起在教室工作学习。只要有空，他就在学生中间辅导作业或谈心。这样不出一月，班级纪律明显好转，首次把纪律优胜红旗挂在了教室门口。学校领导为他的工作感到高兴，其他老师也受到了启发。这是龙纳虎又开始思考如何提高学生学习成绩的关键问题了。

这个班一年级时各科平均成绩和其他班级相差竟在30分以上，一年时间要赶上去谈何容易。但龙纳虎知难而进，备课先要了解学生过去知识的缺陷，上课深入浅出，循循善诱，作业批改一丝不苟，考完试和学生一个个促膝谈心。早上他和学生比其他班级早半个小时进教室，下午晚走半个小时加班加点，上新课，补旧课。星期天，他和学生仍在教室学习。没有开水，就用茶缸从窗子舀出凉水喝，灶上没饭，吃家里带来的掰也掰不破的玉米面粑粑。一年40多个星期天就是这样度过的，耽误了家里多少农活，也没有收取一分钱的报酬。一分耕耘一分收获，出现奇迹了。升学考试成绩公布以后，全班48名学生，考上高中的30多名，中专录取8名，其余全部合格毕业。领导自豪，家长高兴，学生满意，他成功了！

学校师生、周围群众给龙纳虎以极高的评价，各级行政部门也给他极高的荣誉。不久，龙纳虎被教育部、国家体委和光明日报社联合评为"全国模范班主任"。1984年，他被收入《陕西教育年鉴·人物》，优秀事迹在全县教师中广外传播，县教育局破格提拔他为大营中学副校长。

龙纳虎的先进事迹，在今天看来，好像实干有余，科学性不足，比如让学生早去半小时，迟回半小时，又比如星期天加班加点补课等。但在当时的大背景下，这种实干苦干、革命加拼命的精神，正是大力提倡的。

麻拉乾

麻拉乾（1955—2017年），蔡家坡镇高家崖村六组人。硕士研究生，中学正高级教师，中学语文特级教师。长期从事语文教学工作。发表科研论文500多篇，其中100多篇荣获国家级、省级以上教研成果奖励。获国家级、省级、市级以上科研论文大奖10余次，编撰《新思维高考漫画作文》《高考作文夺分技巧》等16本，指导教师撰写教研论文200余篇，在县内外各高中和10多所初中巡回作文教学辅导30余次。指导学生在各类作文大赛中获奖30余次。先后荣获市级劳动模范、宝鸡市有突出贡献的拔尖人才、宝鸡市"首批宝鸡名师"称号。

麻拉乾原为高中学历，先教初中，后教高中。他边教边学，一直拿到了硕士研究生文凭。当年获得大学本科文凭后，为了由民办教师转为公办教师，他考取凤翔师范学校学了几年，才得以转正。此后发愤图强，工作学习双丰收，成为正高级教师，中学语文特级教师，又获取了多项荣誉。他是名副其实的终身学习的光辉典范。麻拉乾病逝后，学生蔡妮在挽辞中写道：

勤学一生，耕读文章堪楷模；育人数载，树梁培栋遍天下。

麻老师蔡家坡高级中学语文老师、陕西省首批正高级教师、省特级教师、宝鸡市劳动模范、市管拔尖人才、首批宝鸡名师，因病于2017年1月22日因病去世，享年61岁，麻老师是我的初三、高三语文老师，我也曾与其长子同班一年！我从初中升高中，老师也从初中调高中，一生坎坷，出身地主，升学无门，自学成才，入赘蔡镇，落户农家，教书种地，养猪卖菜，含辛茹苦，赡养三老，抚养三子，老年丧子，悲痛欲绝，退休之际，本享天年，一场大病，痛失吾师！教书育人，笔耕不辍，文章无数，出有专著！一介布衣，出身民办，自强不息，勤学苦读，身体力行，教遍初高，身正为范！自考专本，年届五十，攻读硕士，学高为师！

程虎平

程虎平，生于1956年10月，枣林镇神差村东组人。大学学历，中共党员。语文高级教师，陕西省特级教师。长期从事教育教学工作，曾连续9年高考语文成绩获全县均分第一。出版《新思维高考作文》丛书、《全国5年高考满分作文》、《新课标高考古诗词名言名句辞典》、《高考文言文阅读应考辞典》等专著18本，达500多万字。发表论文、散文、小说等90多篇，数篇获奖。曾连续5年获全国作文竞赛"育才奖"，多次获"优秀指导奖"。先后被评为宝鸡市优秀教师，宝鸡市有突出贡献拔尖人才，首批"宝鸡名师"。

扫地断想

我每天坚持打扫我们语文办公室的卫生，且卫生面貌焕然一新，博得同组及外组老师之赞誉。我觉得既锻炼了身体和毅力，又养成了一个良好的习惯。此外，在清扫之中，我又生发了诸多的感悟，并与教学及教育、管理学生莫不契合，且深入浅出，颇有意味。房间的地面看起来很脏，其实扫成一堆，垃圾才小小的一把！小小的一把，竟然使房间的地面如此之脏！我由此想到教育学生。有的学生看起来几乎浑身是毛病，其实仔细梳理梳理，毛病并不很大。不过就是学习不很用功、纪律性不够强罢了。故而，作为学生，要及时"扫"除看起来很多，其实只有"一把"的思想毛病，就可以如同房间一样，一经清扫精神面貌会焕然一新！正如德国诗人海涅所说。"反省是一面镜子，它能将我们的错误清清楚楚地照出来，使我们有改正的机会。"作为老师，千万不要把学生看得一无是处，应是要以发展的、进步的、鼓励的眼光来看学生，督促学生及时扫除虽则不多却极易污染地面的"垃圾"，使他们在不断地清扫、清除中得到进步，健康成长。正如史铁生所说："心灵的房间，不打扫就会落满灰尘。蒙尘的心，会变得灰色迷茫。我们每天都要经历很多事情，开心的，不开心的，都在心里安家落户。心里的事情一多，就会变得杂乱无序，然后心也跟着乱起来。有些痛苦的情绪和不愉快的记忆，如果充斥在心里，就会使人萎靡不振。所以，扫地除尘，能够使黯然的心变得亮堂；把事情打理清楚，才能告别烦乱。把一些无谓的痛苦扔掉，快乐就有了更多更大的空间。"

其实，我这"断想"，正是一种教育的智慧。正如我曾经为《中华名人格言》《新时期中国共产党人优秀格言选集》等书所写的其中一则格言："做人要有智慧。其一是有责任心，其二是有热情。"有了这两样，就可成就美好人生！

（程虎平）

程虎平作为一名中学语文高级教师，陕西省中学语文特级教师，宝鸡市优秀教师，宝鸡市有突出贡献拔尖人才，首批"宝鸡名师"。从事中小学语文教学40多年，确实做到了爱校如家、爱教若命、爱生犹子。以"耐得寂寞，静心有为，实实在在，为人唯崇低调，勤勉做事，只求静在心中"为座右铭。以"促进学生成人成才，为其终身发展奠基"为教育教学理念，在课堂教学中形成了融知识性、思想性和趣味性于一体、善于启发诱导、探索研究的体现新课改精神的独特教学风格。尤在高三语文复课中自创了一套独到、简捷、高效的经验和方法技巧。比如"中高考语文复课的四大策略""高考作文取胜高招""高考文言文阅读、命题探秘及解题对策""高考现代文阅读技巧"等等，曾连续9年高考语文成绩获全县均分第一，本人任组长的语文组也连续9年获县级"高考先进学科"，两次获市级"先进教研组"。已出版《新思维高考作文》丛书、《全国3年高考满分作文》、《新课标高考古诗词鉴赏辞典》、《高考文言文阅读应试辞典》等专著19本，达500多万字。论文、散文、小说等200多篇在国家正式报刊发表，有数篇在全国中文核心期刊发表或在各级各类报刊获奖。搜写的8则格言、8则名言分别获奖并入选《中华名人格言》《中外哲理名言》和《中华盛世醒言》等书。指导的学生作文有上千篇在省级以上报刊发表或获奖。本人曾连续5年获全国作文竞赛"育才奖"，数十次获"优秀指导奖"。所教学生有数十人成为著名作家（如常晓军、王晓阳、醉我等）。

为师准则：要做到"六心"：真诚无私的爱生之心，淡泊名利的求是之心，博采众长的勤学之心，永无止境的钻研之心，追求卓越的事业之心，境界高远的使命之心。

作文教学感言："作文如做人，来不得半点的虚假和做作。""情感之帆一旦扯起，作文之舟方可启航。"

蔡家坡高级中学教师程虎平

"程特"是蔡家坡高级中学的程虎平老师，现在已经退休三年了。他曾是陕西省政府命名的第六批特级教师，荣耀至极。再加上程老师平易近人，性情和善，学校的老师们都称呼他叫"程特"。

我是2003年暑假期间调入蔡家坡高级中学后认识程老师的。每年暑假结束新学期即将到来的前几天，学校都要举办暑期教师学习会。在那年的学习会上，我最先认识了程老师。他那年被评为师德模范先进个人，学校安排他在大会上介绍个人事迹。他的发言稿很长，声情并茂，文笔也不错，讲了好多他工作中的往事。其中有一节，讲他身患重病，住进医院后，躺在病床上放心不下毕业班学生，心系教学的事情。我听着觉得特别俗套，觉得根本就不可信。我以一种质疑而不屑的口吻悄悄询问身旁同座的一位中年老师："这些事迹都是编的吧?"没想到那位老师神情凝重语气肯定地告诉我："你刚来，不知道，这些事例都是真的!"这着实让我吃惊不小。真的? 真有这些事? 真有这样的人? 我一方面惭愧自己的臆想，一方面更加重了对高中老师的一种别样的认识。我重新用一种肃然起敬的目光望着坐在前台的程老师。他看起来是那样的平平常常，带条纹的很普通的白衬衣，皱巴巴的蓝裤子，身体清瘦，头发稀疏而深黑，一看就是染的。要说有什么特别的地方，就是始终有着一张含笑的脸，温和的目光中隐隐透着一丝倔气，讲话的语气激情有力。

程老师是教语文的，和我同组，但不在一个备课组。他带高三，学校安排我带高一。当时，一个备课组在一个办公室，我和程老师并不熟悉，碰面只是礼节性地打个招呼而已。高中的老师都很忙，每个人都在忙碌自己的事情。我是新接触高中教材，不仅要仔细地钻研课文，家里还有老人小孩一摊子事，感觉更忙。唯一能与大家坐在一起的时间，就是教研活动了。教研活动一般都在高三备课组举行。程老师是语文组的组长，但他不是一个谈笑风生的人，每次讲话或者安排工作，都是那种稳重谨慎型的。程老师办公桌上下和别人明显不同。桌子下面挤着几个大纸箱，里面的书本都差不多和桌底一样高了，只留下能容纳两个弯曲腿膝盖的地方。桌子上面也是摆满了书，还有好些塞满教案本的牛皮纸文件袋。我原以为那里面是他保存的教案，抽出来一看，才发现是他粘贴的从各种报纸杂志中剪辑的文章，有的还是他手抄的。我粗略估计，如果把他抄写的本子摞在一起，恐怕差不多有一人高。当时，我心里特别震撼。像程老师这般勤奋的人，在我执教生涯中，实在少见！后来从一位老师的口中得知，有一年冬天，程老师编写一本高中古诗文鉴赏的书籍，每天笔耕不辍。为了方便程老师的工作，学校安排他爱人管理女生公寓楼，他就和爱人住在女生公寓楼的一层，房子很小，里面也没有暖气，清清冷冷。由于每天熬夜，几个手指头都冻肿了。

程老师爱写，这是全校师生都知道的。每当有作品在某个报纸杂志上发表，他都会去复印几十份，然后给语文教研组的老师每人分发一份。好多年下来，我积攒了他好些文章。这些年，程老师编写出版了六七本教学用书，有作文指导方面的，有教学研究方面的。程老师因此先后获得省特级教学能手、宝鸡市市管拔尖人才、首批宝鸡名师等殊荣，这与他善于总结、勤于动笔、执着钻研是分不开的。

在一起工作时间长了，相互之间慢慢地就熟悉起来了。特别是后来学校建成了崭新气派的教师办公楼，语文组所有教师合并在一个大套间里办公的日子里，我和程老师邻桌而坐，我们就更加了解了。程老师的教案可以说是与众不同。笔迹清秀流畅，每一节课都书写得认认真真，教案本的右侧留一绺空白，补记教学过程中的新感悟和新问题。在办公室里，程老师好像没有闲着的时候，备教案改作业之余，常常是拿着一本书或杂志埋头看看写写，别的老师闲聊他很少参与。如果有人主动和他交谈，他会放下手中的书和笔，认真热情地回应。有时候，我听他给前来询问的学生指导作文，那一段该写啥，那一段和那一段该如何衔接，怎样写才能让人看了印象深刻，等等等等，我就暗暗感叹，要是我上学的时候能够遇上一位像程老师这样的语文老师，该是多么的幸运啊！

　　程老师是蔡家坡高中毕业的学生，毕业之后，先是回乡到生产队参加劳动，过了两年，被大队安排到村上的小学当民办教师。又过了几年，民办教师可以报考师范学校转正，程老师顺利考入了武功师范学校。进了师范学校以后，恰似如鱼得水，因为有了学校的工作经验，他心里更清楚学什么和该怎样学。程老师不但数学成绩好，更是喜欢上了文学和写作。20世纪80年代，改革开放的春风吹遍神州大地，文学之花格外绚烂。那时候，如果有人在报纸杂志上发表了文章，就会成为轰动四方的名人。程老师毫无例外地成了文学青年。对文学的热爱，极大地激发了他的学习劲头。师范毕业的时候，因为成绩优异，县上安排他到教育局机关工作。工作了一段时间，程老师感觉自己并不合适待在机关，就毅然恳请回学校任教。许多人认为他傻，领导也无奈，最后只得安排他去了岐山县教师进修学校。再后来，许多高中老师羡慕南方的工资待遇，纷纷"孔雀东南飞"了。高中老师缺乏，程老师的语文功底深厚，教育局又将他调入蔡家坡高中任教。在蔡中工作期间，西安一所名校得知程老师是省级特级教师，重金邀请他去西安任教，并且给予他分房的待遇，程老师觉得自己作为岐山人，就要为岐山教育事业贡献智慧和力量，觉得离开蔡中，就有点不仁不义，于是就婉言谢绝了。程老师人生道路上的几次选择，似乎有一些令人遗憾的地方，但他却不那样认为。他始终觉得，做了自己喜欢做的事，就没有什么遗憾的。

业余时间，程老师喜欢下象棋和打乒乓球。我和他有同样的爱好。我们一起在电脑上与人对弈，常常是他主战，我参谋，有胜也有负。但程老师有一个特点，就是不到最后，永不服输。有时候，我觉得已经完全没有赢的希望，但他还是坚持要走下去。当我劝他重新开局时，他总是说，时间没到，或许对方还有失误。有时候确如他所料，我们反倒就胜利了。打乒乓球的时候，程老师的球不是那么凶猛和旋转，扣杀少，但接挡的功夫很过硬，常常是以守为主，一般人很难对付。程老师打球和下象棋一样，就是永不服输，不到最后一分，永远充满信心。这是程老师的性格特点。唯其如此，他与我们就是不同。

（郑忠信）

李晓燕

李晓燕，女，生于1959年5月，凤翔县董家河乡双中村第五组人，英语高级教师。毕业于西安外语学院，曾在凤翔县高级中学、岐山县蔡家坡高级中学、岐山高级中学担任高三英语教学工作。在国家级刊物上公开发表教学论文100余篇，出版高考复习专著6部。先后荣获全国优秀教师、国家基础教育研究中心优秀实验教师、全国中学生英语竞赛优秀指导教师、陕西省骨干教师、宝鸡市劳动模范、宝鸡市首批名师、岐山县教学能手、岐山县五好文明家庭标兵户等称号；被聘为国家中小学英语教育研究中心特约研究员和《双语学习报》名师在线栏目特约编辑；连续三届被选为岐山县人大代表，连续两届担任岐山县政协常委。《宝鸡日报》《各界导报》等报纸报道了她的先进事迹。现整理摘录如下：

手持国家中小学英语教育研究中心特邀研究员证书、陕西省英语骨干教师培训授课专家聘书，多次婉言谢绝高薪聘请；自己经济并不宽裕，却慷慨资助贫困学生；虽患病住院，却不耽误学生一节课。她，就是被人们誉为新时代活雷锋的全国优秀教师，岐山高级英语教师李晓燕。

1977年，李晓燕踏上了三尺讲台，实现了她人生的夙愿。她说：博学是教师成功的桥梁，无尽的追求是我进取的人生信条。从此，工作和自学成了她人生的全部。1984年，她考进凤翔师范。凭着坚韧的毅力，1990年又考入西安外语学院，不仅取得了英语专科学历，还通过自学考试拿到了英语本科学历。她以渊博的知识和赤诚的爱心教书育人，连续几十年所带学生高考成绩远远超出全县平行班级其他学生成绩，她还撰写了几十万字的教学心得，《初高中英语衔接教学集论》等20多篇论文获国家级论文科研奖。她被聘为国家中小学英语教育研究中心特邀研究员和《英语周报》特约编辑。这时，北京师范大学附属高中和北京双语报社等外地单位找熟人聘请她，面对高薪和优厚的待遇，她坚决地回绝了。

"只有爱孩子，才能教育好孩子。"这是李晓燕的口头禅。几十年来，她以雷锋为榜样，用雷锋精神启迪孩子们的心灵。

李晓燕的婆婆常年有病，两个孩子都上大学，家里经济并不宽裕。可她把学生们都看成自己的儿女，把慈母般的爱奉献给了他们。学生赵雄功家遇不幸，父亲暴病身亡，眼看就要辍学，李晓燕知道后，多次鼓励他要树立完成学业的信心，并四次从家里拿出2000多元钱资助他完成高中学业。赵雄功考上大学后，李晓燕四处奔波，为他申办了特困生大学助学补助金。不仅如此，李晓燕还多次从自己工资中拿钱帮贫困学生治病，给体质差的特困学生买营养品。

现在，有的教师只爱优等生，对差生另眼相看，可李晓燕却对差生高看一眼。2000年初，李晓燕用自己的稿费专门为英语差生编印了辅助资料，把全校140名英语差生组织起来利用双休日义务为他们补课。仅仅一个学期，这些学生的成绩一下赶上来了。学生和家长非常感激，坚持要给她辛苦费，李晓燕不但分文未收，还给每个学生赠送了一套她新编英语复习资料，学生张浩的家长感动得请来了宝鸡电视台真情联播节目组的记者报道此事。

李晓燕爱学生，唯独没有她自己。

有一年5月，眼看高考临近，在这个节骨眼上，李晓燕不巧摔伤了腿，躺在病床上她心急如焚，刚刚能拄着拐杖挪步，便让丈夫在课前把她从医院接回来送到讲台上，下课后又在病床上批改作业。她的精神感动和激励着应考的学生们。当年，她所带三个班学生的高考成绩超出了全县平均分49分。

李晓燕凭着一颗赤诚之心，把知识传授给学生，更把爱心播进学生的心田，师生和家长们有口皆碑。她先后被授予宝鸡市劳动模范、宝鸡市首批名师、市级三八红旗手、陕西省特级教师、全国优秀教师等多项殊誉。

刘　丽

刘丽，女，生于1968年2月29日，益店镇妙敬村人，中共党员，中学高级教师，陕西省小学语文研究会会员，岐山县实验小学副校长。先后荣获"全国模范教师""全国教育系统巾帼建功标兵""陕西省教学能手""宝鸡市优秀教师""宝鸡市有突出贡献中青年拔尖人才""宝鸡市学科带头人""岐山县青年突击手"等称号。曾荣获"全国中小学生作文竞赛育才奖""全国迎奥运作文大赛指导奖一、二、三等奖"，荣获"第二届全国青年教师语言文学基本功大赛二等奖"。在全省做公开示范课两节、在全市做公开示范课两节。撰写的40多篇论文或教学设计在市级以上的刊物上发表或获奖。指导的30多名学生的习作，在各类刊物上发表或在全国各类竞赛中获奖。《岐山党建网》登载了她的先进事迹，现摘录如下：

刘丽同志是岐山县城关小学副政教主任，中共党员，大专文化程度，小学高级教师，陕西省小学语文研究会会员。她从事教育教学工作18年，18年来，她以对党的教育事业的无限忠诚，以对学生慈母般的关爱，恪尽职守，乐于奉献，博学多思，锐意进取，在平凡的教育教学工作中取得了显著的成绩。近年来，她连续两次被授予"陕西省教学能手"称号，先后被市委、市政府评为"宝鸡市优秀教师""市管拔尖人才"，四次荣获"市（县）级教学能手"称号，"岐山县青年突击手"称号，同时，她所做的思品课电教课、所撰写的论文和辅导的学生习作多次在省、市、县评选活动中获奖或在刊物上发表。她的先进事迹，《宝鸡日报》和市电台曾做过专题报道，并被吸入《岐山年鉴》。回顾刘丽同志十多年来的教育教学生涯，她走过的是一条艰难求索、奋发进取的拼搏之路……

在此，就说说刘丽转变差生的一个故事：

刘丽热爱学生，从教十多年来，她一直担任班主任，她总是用爱心呵护学生，用热情唤醒学生，用信任鼓励学生，用知识武装学生，她从不歧视任何一名差生，因为她懂得："爱好学生是人，爱差学生是神。"她坚信，只有教得不好的老师，而绝没有教不好的学生。学生张博是从乡下转到城关小学的，父母在县城做生意，家境较好。刚来时，张博不仅学习底子差，而且有逃学、进游戏厅、不按时交作业等坏毛病。针对这种情况，刘丽不是简单粗暴地去批评，而是认真地分析其中的原因。经过分析，她认为，张博之所以有上述缺点，主要是由于家庭教育跟不上，家长给孩子零花钱过多和学习兴趣不浓等原因造成的。于是，她利用课余时间多次到张博家进行家访，向其父母讲述家庭教育的重要性，讲述不能一味地挣钱而不顾孩子的成长和教育，长此以往会耽误孩子的美好前程。经过她苦口婆心地做思想工作，张博的父母不仅开始关心孩子的学习和教育，而且学校每次召开家长会都能按时参加。同时，刘丽又多次找张博谈话，给他讲学习和做人的道理，并且课堂上对他多提问，课后又陪他做作业。不久，张博又一次溜出学校去游戏厅，刘老师就在岐山"名吃城"内的游戏厅一个挨着一个去找。回到学校，她没有责怪张博，又开始新一轮耐心细致的教育。精诚所至，金石为开，终于，她用自己的一片火热的炽爱之心融化了张博坚硬的心。从此，张博再不逃学了，也再不去游戏厅了，慢慢地学习也进步了，最终他以优异的成绩跨进了中学的大门。在张博小学毕业的那年暑假，当张博的父母邀请刘丽一家人同赴"谢师宴"时，刘丽在婉言谢绝的同时，告诉张博的父母："教书育人是教师的天职。教育好张博是我这个当老师的应尽的责任。"

参 考 文 献

［1］司马迁：《史记》，中华书局2006年版。

［2］韩婴：《韩诗外传》，团结出版社2020年版。

［3］伊梦：《感动中国的十位成功父母》，军事谊文出版社2005年版。

［4］张明：《教子有方》，湖北人民出版社2001年版。

［5］孙培青主编：《中国教育史》，华东师范大学出版社2009年版。

［6］岐山县志编纂委员会：《岐山县志》，陕西人民出版社1992年版。

［7］岐山县地方志编撰委员会：《岐山县志（1990—2010）》，三秦出版社2017年版。

［8］岐山县教育体育局编：《岐山县教育志》，2016年版。

后　记

2022年春暖花开的时节，有一天清晨，岐山县人大常委会原主任、岐山周文化研究会会长傅乃璋先生给我打来电话说，研究会决定编写一套《周文化传承丛书》，得到了县上主要领导的大力支持，丛书共八卷，其中《教育卷》商定由你编写。我一听，觉得这是好事，况且我担任会长十年后已经卸任，时间充裕，便当即答应下来。

经过一番思考酝酿筹划，从去年初夏开始，我便进入了状态，每天都坚持写一点。如此日积月累，到年终时便基本写成初稿。

在编写过程中，我越来越感到震撼。原来周文化中的教育元素，也是博大精深、洋洋大观啊！周代的教育体系也是十分完善的。我们研究周文化10多年，对这方面虽有所接触，却只是皮毛而已。经过这样的开掘和整理，周文化教育资源的广泛性、深刻性、经典性、传奇性和趣味性便统统体现出来了，让人深感其"博大精深"，禁不住叹为观止。

全书共分为八章，第一章西周的教育制度与内容；第二章先周及周代圣贤的教育理念；第三章周文化典故中的教育思想；第四章西汉以来历代名家教育思想传承；第五章古代名人家教典例；第六章近现代名人家教；第七章教育艺术的传承与践行；第八章传承师道的岐山师者。

写书之事，谁都知道是很辛苦的。然而苦中也有乐趣。亚圣孟子认定"得天下英才而教育之"是"君子之乐"，而我观赏古今圣贤人物育人成才，建功立业，岂不是一件乐事？"学而不思则罔"。《教育卷》编写的过程，其实是品味经典、开阔眼光、提升境界的过程；也是自己深刻思考、反复提炼的过程。在此期间，虽有"衣带渐宽终不悔，为伊消得人憔悴"的体验，也有"众里寻他千百度，那人却在，灯火阑珊处"的惊喜，更有"踏破青山人未老，风景这边独好"的灵魂体验会袭上心头。

郑板桥诗曰："删繁就简三秋树，领异标新二月花。"初稿草成之后发给傅乃璋先生，他提出了很好的修改意见。费尽功夫编写出初稿，还一定得反复修改。好文章是改出来的，好书也是如此。不过我编写的这本书，也谈不上什么好，可尽管如此，也得狠下功夫修改啊。回想起来，大约前后修改不下20次。

"丑媳妇总要见公婆"，尽管《周文化传承丛书·教育卷》就要付梓了，但书中还有诸多不尽如人意的地方，敬请广大读者不吝赐教，指正批评。

郑鼎文

2023年3月23日初夜

跋

　　2021年10月，我有幸当选为第三届岐山周文化研究会会长，在会员代表大会上，我表态要学习继承前任经验，按照创造性转化、创新性发展的思路，拓宽研究领域，在周文化传承践行上下功夫、做文章，使地方优秀传统文化更好地服务于经济社会发展。按照县委、县政府"做活周文化"战略部署，经过反复讨论，我们提出编撰一套《周文化传承丛书》，涉及《勤廉卷》《德行卷》《诚信卷》《家风卷》《教育卷》《孝道卷》《礼俗卷》《人物卷》共八卷，挖掘整理历史典故和民间故事，垫实基础文化资料，找准主题内容的源头，然后从历代传承入手，理清传承人物和传承故事，包括岐山人的传承践行事迹。要求语句通俗易懂，不穿靴戴帽，成为大众通俗读本和老百姓的"口袋书"。思路理清后，我们召开周文化研究会常务理事扩大会议，反复修改讨论，广泛征求意见。同时，征求了宫长为、孟建国、范文、霍彦儒、王恭等专家学者的意见和建议，并与杨慧敏、郑鼎文、刘剑峰同志反复沟通协商，提出编撰大纲。再次召开周文化常务理事扩大会议，进行讨论修改，落实撰写人员，明确分工任务，确定完成时限。随后，我向县委书记杨鹏程、县长张军辉分别汇报，得到了领导的肯定和支持，要求抓紧编撰，打造周文化传承精品工程。

跋

　　《周文化传承丛书》八卷本大纲确定之后，各位撰稿人踊跃积极撰写，主动走访座谈，广泛搜集资料。年逾古稀的老会长郑鼎文先生冒着酷暑，坚持每天撰写在10小时以上。刘剑峰同志为了搜集孝道方面的内容，翻阅了大量文史资料，走访了多名文化人士，当他搜集到历代岐山人传承孝道的感人故事时，流下了热泪，为岐山人传承孝道而感动。青年作者马庆伟同志，承担着《德行卷》和《诚信卷》两大编撰任务，他白天忙于机关工作，利用晚上和休息日加班撰写，有时写到天亮，家属多次催他休息，他趴在桌子上打个盹又继续写作。每位编撰人员认真勤奋刻苦敬业的编撰故事，件件令人感动，催人奋进！有的作者风趣地说，《周文化丛书》人称"周八卷"，我们现在编撰的是"新八卷"，新八卷是《周文化丛书》的继承和发展。编委会要求高质量完成编撰任务，既要体现周文化的博大精深，又要传承发扬光大，从而使周文化深深扎根于读者的心坎里！

　　《周文化传承丛书》的编撰发行，离不开各级党政组织和社会各界的大力支持与厚爱。宝鸡市社科联周文化资深学者王恭先生，担任本丛书编辑和统稿工作，从2022年10月开始，王恭先生对送来的丛书初稿，按照体例要求，逐字逐句推敲，认真仔细修改，为丛书出版做出了贡献！中国先秦史学会会长宫长为先生对丛书编撰给予精心指导，并为本丛书作序，对丛书给予充分肯定，鼓励要求我们大力挖掘周文化资源，花大力气传承周礼优秀文化，使周文化彰显璀璨魅力。县人大常委会主任王辉，县政协主席刘玉广对丛书编撰出版工作给予大力支持、精心指导。县委常委、宣传部部长王武军对丛书编撰工作高度重视，要求高质量完成编撰任务。县文化和旅游局局长杨慧敏在丛书编撰过程中，从历史典故、历代传承到现代传承提出了意见和建议，对丛书出版予以精心指导。在出版社审稿期间，马庆伟同志对书稿又进行认真核校，并与出版社衔接沟通，精益求精，力求做到万无一失。

由于丛书编撰时间紧迫，内容还缺乏系统性和完整性，词汇和语句有许多不足和缺陷，有些典故和传承故事难免出现重复，望广大读者给予指导雅正，以便更进一步做好编撰工作。

岐山周文化研究会会长　傅乃璋

2023年12月